사회적 경제와 사회적 가치

자본주의의 오래된 미래

* 이 연구는 한국고등교육재단 부설
사회적기업연구소의 지원을 받아 수행됨.

사회적 경제와 사회적 가치

자본주의의 오래된 미래

고동현 · 이재열 · 문명선 · 한솔 지음

한울
아카데미

차례

머리말

바야흐로 '사회적인 것'이 시대적 화두로 떠오르고 있다. '사회적 경제,' '사회책임투자,' '사회적 가치' 등 사회를 강조하는 개념들은 이제 더 이상 낯설지 않다. 이미 정당들마다 사회적 경제와 관련된 법안들을 준비하고 있고, 지방자치단체들은 경쟁적으로 사회적 경제를 활성화하기 위한 조례를 제정하거나 지원센터를 마련하고 있다. 언제부터인지 사회적 기업은 정부의 집중적인 관심과 지원의 대상이 되었고 이를 전담하는 조직도 만들어졌다. 이뿐만 아니라 대기업들도 사회적 기업을 지원하고, 사회적 기업가를 훈련시킬 수 있는 학위 프로그램들을 만들거나 지원하고 있다. 많은 젊은이들이 사회적 기업을 창업하기 위해 뛰어들고 있다. 바야흐로 사회적 경제가 시대의 대세이고, 사회적 가치가 시대의 화두인 것처럼 느껴진다.

그러나 조금만 떨어져서 바라보면, 사회적 기업에 관한 정책보고서들이 무분별하게 양산되고 있고 협동조합을 조직하기 위한 방법을 소개하는 안내서들이 즐비하며 다양한 형태의 이슈보고서들과 사례연구들이 넘쳐나고 있음에도, 정작 사회적 경제가 존속해온 역사적 맥락이나 앞으로 4차 산업혁명의 시대에 어떤 방향으로 발전해갈 것인지에 대한 깊은 고민들은 자리 잡지 못한 것으로 보인다. 더구나 사회적 가치를 어떻게 측정하고 평가할 것인가 하는 질문에 대해서는 체계적이고 학술적인 대안이 마련되지 않은 것으로 보인다.

이런 저간의 사정을 배경에 두고, 이 책은 이 시대의 화두가 된 사회적 경제와 그것의 핵심적 지향을 담은 사회적 가치에 대해 포괄적으로 이해해보고자 하는 노력으로 시작되었다. 그러다 보니 새로운 가설을 제기하거나 명제를 검증하는 방법보다는 관련된 국내외의 연구들을 포괄적으로 검토하는 개설서의 형태를 띠게 되었다. 특히 관련 전문가 및 관련 기관과의 협력을 통해 현실적 합성이 있는 결과를 만들고자 했다. 처음 연구계획서에 담았던 목적은 다음과 같은 것이었다.

① 사회적 가치 및 사회적 경제에 대한 포괄적이고 심층적인 접근을 통해 이론적 기반을 구축하는 것
② 사회적 가치 평가를 위한 분석틀을 제시하여 사회적 기업의 성과를 가늠하는 기준으로 활용할 수 있게 하는 것
③ 사회성과 인센티브 생태계를 구축하기 위한 이론적 프레임을 제시하는 것

그러나 연구를 진행하다 보니 처음 목표와는 조금 다른 방향으로 연구가 진화했다. 사회적 기업이 생산하는 사회적 가치를 평가한다는 것은 어떤 의미인가를 중심으로 하여 경제사회학적 연구들을 검토하고 사회적 가치 평가에 관한 이론적 논의들을 정리하다 보니, 사회적 경제의 생태계가 활성화될 수 있게 하는 방향에 대한 정책적 대안을 제시하고자 하는 처음의 의도 대신 연구의 내용이 점차 근본적인 이슈들로 확대되었다.

우선 주목한 것은 사회적 경제에서 경제를 형용하는 '사회적인 것'이 무엇인가 하는 내용이었다. 이러한 관심은 자연스럽게 그동안 서구를 중심으로 발전해온 사회적 경제에 대한 논의들을 탐색하는 과정으로 이어졌다. 그 결과 우리가 익숙한 시장경제 이전에 오랫동안 지속되어온 도덕경제와 선물경제에 대해 소개하게 되었다. 또한 경제사회학을 중심으로 하는 다양한 경제의 조정양식에 관한 제도주의적 접근법을 검토하면서, 사회적 기업뿐 아니라 협동조

합이나 공제회, 자선조직 등 사회적 경제의 다양한 형태들이 어떤 방식으로 분포하는지, 그리고 그것들이 나라마다 어떤 방식으로 진화해왔는지에 대해 검토하게 되었다. 또한 사회적인 것을 구성하는 인간의 모습은 단지 경제학적 가정에 갇혀서는 안 된다는 생각에 행동경제학이나 심리학, 혹은 인류학적 연구에 담긴 '사회적인 것'의 의미를 확인하고자 했다.

처음부터 관심을 가졌던 또 다른 이슈는 사회적 가치의 평가 문제였다. 평가해야 할 가치는 사회적 기업이 창출하는 가치에 국한되지 않는다. 화폐가치로 표현되지 않는 가사노동의 가치, 환경적 가치, 국민들의 삶의 질이나 한 사회의 질, 그리고 지구적인 지속가능성 등이 모두 유사한 평가의 대상이 될 수 있다는 점에 주목했다. 그동안 사회적 가치를 어떻게 평가했는지에 대한 국내외 사례들을 검토했는데, 역시 결론은 단일한 기준은 없다는 것이다. 그만큼 가치를 가격으로 평가하는 것은 많은 어려움을 내포한다. 그러나 사회적 가치를 평가하는 다양한 방법들을 관통하는 규칙성에 대해 주목하고자 했는데, 이는 사회적 가치를 만들어내는 조직들의 생태계와 그 규칙 간에 밀접한 연관이 있다고 생각했기 때문이다.

연구를 진행하는 과정에서 관심은 미래로 향하게 되었다. 매우 빠르게 네트워크 사회로 진입하고 있는 한국 사회에 대한 관심 때문이었다. 세계적으로 보면, 정보화가 심화되면서 우버택시나 에어비앤비(Airbnb)로 상징되는 공유경제가 급속하게 확장되고 있고, 비영리부문에서의 변화도 매우 급속하다. 이런 점에 비추어 보면 사회적 경제의 양상도 급속히 변화할 것이라고 생각된다.

이 연구는 시작부터 공동연구로 기획하고 공동으로 집필한 노력의 결과이다. 집필에 참여한 이들은 지난 2015년 4월부터 약 일 년간에 걸쳐 정기적으로 모여 집필 방향에 대해 토의하고, 또 이슈마다 논지들을 정리하고 자료를 보완하고 방향을 확인하는 일을 반복했다. 이 과정에서 수년간 사회적 경제에 관한 연구회를 조직하여 활동해온 공저자의 한 사람인 고동현은 계획서 작성에서부터 집필에 이르는 전 과정에서 가장 중요한 역할을 했다. 특히 제1장부터

제3장에 이르는 사회적 경제에 관한 개념과 이론, 그리고 시대적 맥락과 한국적 현실에 대한 분석은 거의 전적으로 그의 노력에 의한 것이라고 할 수 있다. 문명선은 사회적 경제에 관한 연구로 석사논문을 썼고 사회적 경제를 담당하는 조직에서 일한 경험을 바탕으로 한국적 현실에 관한 생생한 자료들을 수집했다. 또한 사회적 가치 평가에 관한 다양한 국내외 사례들을 수집하고 정리했으며 제8장의 내용을 집필하는 데도 크게 기여했다. 연구의 진행과정에서 가장 미래세대에 속하는 한솔은 강한 지적 호기심을 발휘하여 미래 네트워크 사회에서 디지털 공유재의 확산이 사회적 경제에 어떤 영향을 미칠 것인지에 대해 끊임없이 문제를 제기했으며, 그 토론의 내용을 제5장과 제6장에 담는 데 중요한 역할을 했다. 그래서 이 책은 분업의 결과이기도 하지만, 심층적인 토론을 거쳐 줄거리를 마련하고 이를 나누어 집필했으며 그 원고를 서로 돌려가며 여러 차례 다듬는 과정을 거쳤다는 점에서 명실상부한 공동저작이라고 할 수 있다. 그러나 가장 큰 기여를 했다는 점을 기억하고자 이 책의 제1저자를 고동현으로 삼게 되었다.

이처럼 이 책을 구상하고 공동연구로 발전시키게 된 것은 온전히 한국고등교육재단 사회적기업연구소 서재혁 소장의 제안과 적극적 지원에 힘입은 것이다. 그는 이 연구의 필요성에 대해 연구자들을 강하게 설득했으며, 또한 연구의 전 과정에 걸쳐 매우 적극적으로 후원해주었다. 이 연구의 마무리가 공동연구자들의 이러저러한 사정으로 인해 매우 늦어지게 되었지만, 너그럽게 기다려주고 격려해준 데 대해 서 소장께 다시금 감사드린다. 아울러 연세대학교 장용석 교수와 SK의 최준 상무는 과제의 시작부터 마무리까지 수차례의 공식, 비공식 토론을 통해 사회적 가치의 측정이 가지는 중요성에 대해 공감해주었고, 또한 실제 사회적 가치의 측정과정에서 겪게 되는 여러 가지 어려움들에 대해 소상한 의견을 제시하여 이 연구의 내용을 풍부하게 하는 데 도움을 주었다. 이에 대해서도 또한 깊이 감사드린다. 아울러 연구의 진행과정에서 행정적으로 어려움이 없도록 배려해준 한국사회과학협의회의 윤여령 사무국장과 사회적기업연구소의 조희진 연구원에게도 감사드린다. 또한 이 책의 출간이 늦어졌음에도 불구하고 인내심을 가지고 깔끔히 편집해준 한울엠플러스(주)의 배유진 팀장에게도 감사드린다.

필자들을 대표하여 이재열

．．．

제1장

'사회'의 재발견

1. 시장과 국가를 넘어

최근 사회적 가치와 사회적 경제에 대한 논의가 대두된 배경에는 새로운 경제 패러다임과 사회발전 모델에 대한 관심이 놓여 있다. 시장의 실패는 불평등, 빈곤, 사회적 배제 등의 문제를 낳았다. 복지국가는 이러한 시장의 실패를 극복할 수 있는 대안으로 떠올랐지만, 최근 복지국가의 한계가 논의되면서 전통적인 시장과 국가 영역이 아닌 제3의 영역을 대안으로 찾는 논의가 활발해지고 있다.

시장경제는 오랫동안 우리 사회를 지배해온 제도이자 가치로서 우리 삶을 지배하는 원리로 작동했다. 더욱이 1980년대 이후 세계적 신자유주의의 발흥은 시장경제의 원리를 제도와 생활의 최우선 원리로 부각시켰다. 세계가 경쟁과 효율, 경제성장을 지고의 가치로 삼으며 이익추구의 도덕적 우위를 강조하는 경제체제를 가동하면서 금융과 경쟁이 지배적 이념으로 부상했다. 그러나 시장을 지고의 가치로 신봉하는 글로벌 자본주의는 결과적으로 실업과 불평등의 심화를 가져왔다. 특히 2008년 글로벌 금융위기는 시장경제 체제에 대한 의구심을 더욱 크게 만들었고 이와 함께 인간의 이익추구와 경쟁에 기초한 시장원리가 세상을 더욱 좋은 곳으로 만들 것이라는 믿음이 허물어지기 시작했다. 위기는 단순히 눈에 보이는 경제만 무너뜨린 것이 아니라, 시장의 기능에 대한 환상이 깨지고 사람들의 믿음과 가치체계를 바꾸는 계기가 되고 있다(이

원재, 2012).

또 다른 축은 '국가의 실패'이다. 국가가 관리하는 사회보장 시스템은 서비스의 표준화 내지 획일화를 가져왔다. 신사회운동의 등장에서 보듯이 양보다 질을 중시하는 삶의 욕구가 늘어나면서, 국가가 공급하는 복지서비스는 이러한 욕구를 충족시키기에 유연하거나 탄력적이지 못했고 비효율적이어서 많은 한계를 보여왔다. 결국 시장이나 공적 전달체계가 해결하지 못했던 일자리와 사회적 편익에 대한 욕구를 사회적 경제가 충족시킬 수 있으리라는 기대와 전망이 생겨났다. 이와 같이 복지국가의 위기와 시장의 실패는 불평등과 사회적 배제 등의 사회문제를 해결할 수 있는 대안적 경제체제로서 사회적 경제에 대한 관심을 촉발시켰다. 사회적 경제는 복지와 일자리의 사회적 필요를 충족시키는 새로운 사회경제 모델로서 각광받고 있다.

1) 자본주의의 새로운 물결

더구나 2008년 세계 금융위기를 거치면서 무한경쟁과 시장주의로 점철된 자본주의의 문제가 전면에 부각되면서 지금과 같은 방식으로 운영되는 자본주의 체제가 과연 지속가능한가에 대한 의문이 제기되었다. 그에 더해 최근 성장의 한계와 환경문제 등이 대두되면서 지속가능성에 대한 관심이 점차 커지고 있다. 이에 따라 시장경제를 보완할 새로운 자본주의에 대한 논의가 대두되고 있다. '자본주의 4.0', '창조적 자본주의', '공동체 자본주의', '포용적 자본주의' 등 자본주의의 새로운 방향에 대한 논의가 그것이다(칼레츠키, 2012; 킨슬리, 2011; 권영준 외, 2007; Conference on Inclusive Capitalism, 2014).

이와 함께 기업 영역에서도 사회적 가치가 중요한 문제로 부상하고 있다. 기업의 윤리경영과 사회적 책임을 강조하는 것은 전 세계적 흐름이 되었다. 경제활동에서 사회적 가치가 부각되다 보니 경제활동의 주체인 기업의 역할도 변화를 요구받고 있다. 특히 자본주의 체제와 신자유주의의 중심에 있던

마이크로소프트(Microsoft)의 빌 게이츠(Bill Gates)는 2008년 스위스 다보스 세계경제포럼 기조연설에서 '창조적 자본주의'라는 개념을 제시하여 사회적 관심을 불러일으켰다. 이 개념은 전통적 방식의 기부자 자선의 의미를 확장한 것이다. 시장의 작동원리를 활용해 경제적 불평등과 같은 사회문제로 고통을 겪는 사람들을 도울 수 있는 시스템을 만들자는 것이다. 창조적 자본주의는 기업이 이윤추구와 더불어 사회적 책임을 다해야 한다고 강조함으로써 시장의 힘을 이용하여 현재 인류가 안고 있는 빈부격차, 소득 불평등, 인간 소외, 환경오염 등의 문제를 해결하자고 주장한다 (Gates, 2008).

기업의 역할에 대해서는 전면적 재검토가 요구되고 있다. 기업들도 적극적으로 사회적 가치를 수용하고 시민사회와 다양한 제도적 연계를 시도함으로써 '기업의 시민성' 또는 '기업의 사회적 역할'을 확대하고 있다. 그 결과 이른바 공정생산과 윤리적 소비 등을 강조하는 '착한 기업'이 시장에서 더 각광받게 되었다. 기업의 사회적 책임이나 사회공헌활동은 이제 단순 기부를 넘어 사회문제의 해결을 적극 모색하는 방향으로 확대되는 경향도 나타나고 있다.

이제 기존의 경제활동에 대한 반성과 성찰이 요구되고 있다. 기업 경영의 근본 목표가 무엇인지, 그리고 기업이 어떻게 운영되어야 하는지에 관해 지금까지와는 다른 개념이 등장하고 있는 것이다. 기업은 이제 지속적 이윤 창출을 위해 새로운 수익모델을 만드는 데 그쳐서는 안 된다. 윤리경영과 친환경경영, 사회공헌활동 등을 통해 기업에 대한 사회의 신뢰를 지속적으로 확보하지 않으면 안 되는 새로운 단계에 진입하고 있는 것이다. 예를 들면, 소비자와 근로자 등 이해관계자들과 건전한 관계를 형성하는 노력 없이 수익극대화 중심 경영 관행을 고수하게 되면 사회적 신뢰의 상실로 이어져 기업의 존립 기반이 위협받을 수도 있다. 과거에는 고객 요구에 맞는 제품과 서비스를 제공하고 비용을 절감하거나 위기를 관리하는 데 뛰어난 기업이 성공모델로 각광받왔다. 그러나 오늘날에는 자연자원 부족, 기후변화, 빈부격차 심화, 인구 고령화, 환경규제 강화, 소비자 주권문제 등 기업 환경을 둘러싼 다양한 사회적·환경적 이슈들이 기업 경영에서 중요한 이슈로 부상하고 있어 이러한 문제를 외면하고는 성공적인 기업이 될 수 없다.

최근 기업의 사회공헌활동에 대한 논의는 수익의 일부를 사회에 환원하거나 봉사활동에 참여하는 수준을 넘어, 기업 경영의 목표와 운영방식을 근본적으로 바꾸는 데까지 나아가고 있다. 지금까지 자본주의 경제의 발전과정에서 경제적 가치와 사회적 가치는 서로 분리된 것으로 다루어져 왔다. 특히 이윤을 추구하는 기업에게 사회적 가치는 기업의 경쟁력을 저해하는 장애물로 인식되어왔다. 하지만 최근에 들어 영리기업도 사회적 가치를 창출해야 경쟁력이 높아진다는 인식이 점차 주목을 받게 되었다. 기업의 사회적 가치 실현은 더 이상 외부적 활동이나 부차적 활동에 머물지 않는 것이다.

이와 관련하여 본격적으로 주목을 받은 개념은 '공유가치창출(CSV)'이다. 이 개념을 처음으로 소개한 포터(M. E. Porter)는 공유가치창출이란 "기업이 사회가 추구하는 새로운 가치를 만들어내면서 동시에 기업 자체도 직간접적 이익을 얻는 경영원리"라고 정의한다(Porter et al., 2011). 기업이 수익을 창출한 후 부가적으로 사회공헌을 하는 것이 아니라, 기업 활동 자체가 사회적 가치를 창출하면서 동시에 경제적 수익을 추구하는 방향으로 갈 수 있다는 의미이다. 또한 '사회혁신(Social Innovation)' 전략은 기업이 사회문제를 해결하는 데 더 큰 역할을 할 수 있다는 것, 그리고 그것이 기업의 영리활동과 무관하지 않다는 점을 강조한다. 이는 사회변화와 경제적 가치를 결합하는 새로운 경제활동의 특성에 주목하는 것이다. 따라서 기업 활동이 어떤 사회적 영향(Social Impact)을 만들어낼 것인가가 중요해졌다. '협력적 임팩트(Collective Impact)' 개념은 기업이 사회적 기업 등 시민사회 내의 여러 사회주체와 창의적인 방식으로 협업하여 만들어내는 새로운 가치를 의미한다.

이러한 점들을 고려할 때, 변화하는 새로운 자본주의의 새물결 속에서 기업을 어떻게 바람직한 방향으로 이끌어갈 것인가를 모색하기 위해서는 '사회적 가치'라는 관점에서 기업 활동의 방향과 기업 목표, 기업 운영방식 등을 평가하고 이에 대한 사회적 논의를 활성화할 필요가 있다.

2) 삶의 위기와 사회적 가치의 대두

오늘날 증대되고 있는 사회경제적 양극화는 사회 전체에 불안감을 확산시키고 있다. 치열한 생존경쟁을 부추기는 현상들은 곳곳에 있다. 협력과 연대 대신 무한경쟁과 생존의 논리가, 행복과 지속가능성 대신 성장과 물질주의의 가치가 우리의 생활세계를 황폐화시키고 있다.

이 같은 경제성장 위주의 발전 모델이 바람직한 사회를 만들지 못했다는 반성으로부터 대두된 것이 '삶의 질'과 '사회의 질(Social Quality)'에 대한 관심이다. 우리 사회가 이러한 도전 과제에 효과적으로 대처하기 위해서는 경제 중심의 양적인 성장 논리를 넘어서 성숙한 사회로 전환해야 한다는 것이다. 지금 우리가 경험하는 것은 '성장의 사회적 한계' 문제이다(Hirsch, 1976). 더 이상 성장으로는 해결할 수 없는 많은 문제들에 봉착하고 있는데, 이는 모두 경제를 구성하는 '비경제적 요인들'에 대한 관심을 환기시킨다. 예를 들어 불평등과 빈곤의 문제는 그냥 방치하게 되면 성장 잠재력을 훼손하는 주된 요인으로 작동하게 될 것이라는 지적이 나온다. 그만큼 공정성과 형평성 같은 사회적 가치가 중요해진 것이다. 사회적 가치는 '성장의 한계'를 넘기 위한 새로운 원동력이 되고 있다. 사회의 질이 높아져야 성장도 가능하다는 것은 여러 연구를 통해 확인된다(Beck et al, 2001; Yee and Chang, 2011).

이 점에서 우리 사회는 경제적 가치에 대한 강조에서 벗어나 사회적 가치를 회복해야 한다는 시대적 과제, 즉 '가치의 전환'을 요구받고 있다. 최근 새로운 사회발전 모델의 구성 원리로 부각되고 있는 삶의 질, 행복, 사회적 연대, 호혜성, 참여 등은 어떤 사회적 가치가 중요한지를 잘 보여준다. 사회적 가치를 구현하려면 제도의 변화만으로는 불충분하다. '사회성(the social)'의 변화가 중요한 관건인데, 이것은 제도주의 경제학에서 강조하는 경제의 비경제적 요인, 즉 신뢰, 협동, 사회자본, 공정성 등의 사회적 요인들과 맥을 같이한다. 신고전경제학에서는 경제와 사회가 서로 분리된 것으로 간주해왔다. 그러나 사회학적 시각에서 보면 경제적 가치는 사회적 가치 없이 달성될 수 없다. 오히려 사회적 가치의 실현을 통해 새로운 경제적 가치를 창출할 수 있다.

3) 사회적 가치와 사회적 경제: 사회학적 접근의 필요성

사회적 가치는 궁극적으로 사회문제의 해결과 사회적 변화를 낳는 가치이다. 그런데 이 문제를 본격적으로 검토하기 위해서는 오늘날 사회문제를 해결하고자 하는 다양한 노력들이 어떤 상태에 놓여 있는지 검토해볼 필요가 있다. 그동안 시장, 국가, 시민사회는 각각 우리가 직면한 다양한 사회문제를 해결하려 다양한 시도를 했지만, 각각의 한계는 점차 분명해지고 있다. 시장의 실패, 복지국가의 한계, 시민사회의 위기가 그것이다. 어느 한 부문만의 힘으로는 해결할 수 없는 사회문제가 점차 늘어나고 있다. 그런데 사회적 경제는 부문 간 융합, 공유와 협력, 네트워크를 통한 해결방식을 추구한다. 시장의 실패를 정부로 대체하거나 정부의 실패를 시장으로 대체하는 방식이 아니라 시장과 정부, 그리고 시민사회가 새로운 융합을 통해 문제의 해법을 찾는 것이다. 이러한 해법을 체계화하기 위해서는 몇 가지 사항에 대해 고려할 필요가 있다.

첫째, 사회적 경제에 대한 논의가 '이념형'을 설정하는 수준에 그치지 말고 사회적 경제가 어떻게 작동하는지, 그리고 사회적 경제가 어떤 다양한 모습으로 나타나는지를 보여줄 수 있게 구체적인 논의로 심화될 필요가 있다. 그동안 사회적 경제에 대한 분석은 규범적 준거에 치우쳐온 감이 있다. 사회적 경제를 시장경제의 대안으로 생각해온 탓이다. 또한 시장이나 국가와 구별되는 '대안적인 사회경제적 질서'가 가능할 것이라고 선험적으로 가정하는 경향도 있었다. 물론 사회적 경제가 주목받게 된 것은 시장경제가 낳는 문제에 대한 대안을 추구하기 때문이다. 그러나 사회적 경제는 국가나 시장과 분리된 존재가 아니다. 그래서 현실에서 사회적 경제는 국가 및 시장과 서로 포섭하거나 침윤되는 관계에 놓여 있다. 그 연관성을 구체적으로, 그리고 경험적으로 드러내야 하는 것이다.

둘째, 그동안 진행된, 그리고 앞으로 더욱 그 속도가 빨라지게 될 것으로 예상되는 기술적·경제적 발전의 기반 위에서 사회적 경제가 어떻게 진화해왔는지, 그리고 앞으로 어떻게 진화해갈 것인지 주목할 필요가 있다. 그동안 사회적 경제의 다양한 유형들은 정태적인 방식으로 개념화되었다. 그러나 우리가 살고 있는 세계는 매우 빠른 속도로 변화하고 있다. 네트워크 사회로 진입한 이후 급변하는 기술 구조는 경제, 사회, 정치 분야의 변화를 촉발하고 있다. 개방적으로 연결된 환경 속에서 사회적 경제도 그 성격이나, 활동방식, 형태, 목적 등에서 빠르게 진화하고 있다. 그래서 고정된 사회적 형태의 이념형에 매달리기보다는 경제나 사회의 변화와 어떻게 구체적으로 결합되는지에 초점을 맞출 필요가 있다. 포괄적인 경제사회적 변화를 검토한 위에서 사회적 경제의 성격이나 형태가 어떻게 변화하는지 추적해야 하는 것이다. 19세기 사회적 경제와 21세기 사회적 경제의 기반은 매우 다를 것이다. 새롭게 등장하는 기술-제도적 기반 위에서 사회적 경제가 어떻게 새로워지는지 검토하되, 특히 새롭게 등장하는 사회적 경제의 형태들은 무엇인지, 그리고 이들 간에 융합과 혼성이 어떻게 이루어지는지 주목할 필요가 있다(김의영·임기홍, 2015).

셋째, 사회적 경제의 양적 확대를 넘어 '가치의 확장'이 필요하다. 단기적으로 사회적 경제의 성과를 측정하고자 하는 조급함에서 탈피하여 어떻게 하면 지속가능한 사회적 경제를 만들어낼 것인가 하는 고민이 필요한 것이다. 사회적 경제에 대한 관심이 단기간에 폭발적으로 증가한 이후, 그동안의 정책적 노력들은 사회적 경제에 대한 자원의 투입 대비 산출(성과)을 평가하는 데 집중했다. 그러나 이제는 '사회적 가치'를 어떻게 정의하고 어떻게 측정할 것인가에 대한 보다 근본적이고 과감한 재평가가 절실해졌다. 사회적 경제를 활성화하기 위해서는 사회적 경제가 추구하는 사회적 가치가 무엇인지, 사회적 경제는 어떤 과정을 거쳐 어떤 가치를 창출하는지 하는 문제에 대해 심도 있게 접근해야 하는데, 그러려면 사회적 가치의 의미를 분명히 하는 것이 매우 중요하다. 그런데 지금까지 사회적 경제는 경제적 성과 및 정책적 개입의 문제로만 다루어져 온 감이 있다. 주로 행정학, 복지학, 경영학 등의 응용분야 중심으로 논의가 진행되어왔기 때문일 것이다. 그러나 사회적 경제가 새로운 발전모델 및 삶의 패러다임 전환의 기제가 될 수 있는지에 대해 근본적으로 그 성과를 재검토하려면 '지속가능성'이나 '사회적 가치'와 같은 핵심 개념을 체계적으로 정의하고, 정교한 이론적 토대 위에서 현실적·조작적으로 정의해낼 수 있는 새로운 평가의 기준이 필요하게 되었다.

2. '사회적인 것(the social)'의 재발견

1) 사회적인 것의 쇠퇴: '함께 살아가기'의 어려움

신자유주의를 상징하는 대표적 인물인 영국의 마거릿 대처(Margaret That-cher) 전 수상은 1987년 어느 인터뷰에서 '사회 같은 것은 없다'고 주장하면서 다음과 같이 말한 바 있다. "사람들은 자기들의 문제를 사회에 떠넘기고 있다. 그런데 솔직히 사회라는 것은 존재하지 않는다. 개인이 있고 가족이 있을 뿐이다." 이 말에서 대처는 모든 것을 개인의 책임으로 돌리고 있다. '만인에 대한 만인의 투쟁'이라는 냉혹한 현실을 적나라하게 드러내는 것이다. 그러나 대처리즘 이후의 영국사회가 잘 보여주듯이, 시장에만 모든 것을 맡길 경우 사회적 결속과 연대는 쇠퇴하고 타인에 대한 배려는 사라지며 생존경쟁에서 살아남기 위해 각자도생하는 모습만 남게 된다. 시장과 경제의 논리가 세상 전반을 지배하는 유일한 질서로 대두되자 '사회적인 것(the social)'은 소멸하거나 주변부로 밀려났다. 이에 따라 사람들은 각자가 관계성에 기초한 서로 연관(association)된 존재라는 본질을 망각한 것처럼 보인다. 그래서 '함께 살아가는 것'은 오늘날 점점 어려운 일이 되고 있다. 사람들이 서로를 필요로 한다는 인식을 상실하고 있는 것이다.

그러나 "서로를 필요로 하지 않는 사람들 사이에서는 공동체가 생길 수 없다"(아이젠스타인, 2015: 453~454)라고 한 아이젠스타인(Charles Eisenstein)의 언급처럼, 타인에게 의존하지 않고도 필요를 충족하는 삶은 공동체가 결여된 삶이다. 오늘날 우리는 필요한 모든 것을 돈으로 사기 때문에, 다른 사람들을 필요로 하지 않는 것 같은 착각 속에 산다. 끈끈한 관계나 선물 교환은 유료 서비스로 전환되고, 거의 모든 물질적 필요를 나와 무관해 보이는 낯선 사람들의 유료 서비스에 의존하다 보니 돈만 주면 언제라도 다른 사람을 구해 쓸 수 있게 되었다. 이러한 사회에서는 '나는 당신이 필요하지 않다'는 인식이 무의식 중에 커진다. 그래서 사회적 모임들은 공허하고 불필요한 것이 되고, 개인들 간에는 단절과 고립이 생겨난다.

나아가 시장만 남은 개인화된 사회에서는 자신이 가진 자원에 기대서 자기계발을 부추기게 된다(민가영, 2014: 190). 신자유주의의 가장 큰 특징은 개인 선택의 자유, 자기계발, 자기의존성을 통한 개인의 성취를 강조하는 새로운 주체의 테크놀로지를 구사하고 있다는 데 있다(서동진, 2009). 오늘날 우리 사회는 개인의 선택과 자유를 증가시키는 만큼 선택의 결과와 책임을 개별화함으로써 불확실성을 증대시키고 있다(조주현, 2012: 166~170). 사회적 책임과 연대는 사라지고 각 개인이 타고난 자원과 자기계발에 개인의 생존을 맡기는 '각자 문화'(Beck & Beck-Gernsheim, 2002)가 만연해 있다. 즉, '상호의존성'이 아닌 '자기의존성'의 문화가 팽배해지는 가운데 사회적 결속감과 연대성은 점차 사라지게 된다.

사실 '사회' 또는 '사회적인 것'의 쇠퇴는 이미 여러 학자들에 의해 논의된 바 있다. 왜 사람들은 고립되고 원자화되고 파편화되는가? 여기에는 크게 두 가지 논의가 있다.

첫째는 유동적 근대 사회의 '개인화' 경향이다. 울리히 벡(Ulrich Beck)은 전통사회의 관습과 억압에서 자유로워진 개인들이 더 자유로운 선택을 할 수 있게 되었지만, 선택가능성의 증대가 생애과정의 탈표준화를 낳았고, 결과적으로 불확실성을 증대시켰다는 데서 개인화의 근거를 찾는다(Beck, 2006). 바우만(Zygmunt Bauman)은 『액체근대』에서 '모든 단단한 것은 녹아내린다'는 마르크스의 표현을 원용하면서, 예측과 통제가 가능했던 전통 사회가 불안정성과 유동성이 증대하는 현대 사회로 변모하면서 개인화가 가속화되었다고 진단한다(바우만, 2009).

둘째는 시장자본주의로 인해 사회적 유대가 쇠퇴하고 인간성이 파괴된다는 지적이다. 세넷(Richard Sennett)은 새로운 자본주의로 인해 삶의 안정성이 도전받고 서사적 가능성이 축소되다 보니 '사회적인 것'이 종언을 고하게 되었다고 말한다(세넷, 2002). 불평등이 만연하고 노동 공간에서조차 사회적 관계가 제거되다 보니, 현대 사회에서 사람들은 남과의 차이를 감당하지 못하고 자기 안으로 움츠러드는 '비협동적인 자아'를 갖게 된다는 진단이다.

새로운 자본주의는 금융 발전, 다국적기업화, 노동유연화 등으로 특징지어지는데, 빈곤과 불평등을 심화시켜 삶의 안정성을 침해함으로써 사회적인 것을 위기에 빠뜨리고 있다. 특히 유럽의 경험에 비추어 보면 사회적인 것의 제도적 토대인 복지국가의 위기는 근원적 의미에서 '사회적 상상력'의 좌초에 기인한다. 사회적인 것의 해체는 사회적 상상력의 약화로 표상되는데, 이는 진보된 미래를 표상할 수 있는 집합적 능력의 위기라는 것이다(김홍중, 2013: 3).

혹자는 현대인들이 겪고 있는 지위 불안이라는 특징을 근대 사회 이후에 등장한 업적주의의 강화에 따른 경쟁의 격화 때문이라고 해석한다(드 보통, 2011).

바우만은 개인화의 관점에서 현대 사회에 대해 진단한다. '액체근대(Liquid Modernity)'란 기존 근대 사회의 견고한 작동 원리였던 구조·제도·풍속·도덕이 해체되면서 유동성과 불확실성이 증가하는 국면을 일컫는 바우만의 독특한 개념이다. 바우만에 따르면, 세상은 갈수록 불확실성이 지배하는 곳으로 변모하고 있다. 기존의 정치·사회 제도는 빠른 속도로 해체되거나 소멸하고 있다. 안정적이고 예측 가능했던 근대에서 벗어나 안정적이지도 않고 확실한 것도 없는 곳이 된 현대 사회를, 정해진 형태를 유지하는 견고성(고체성)과 달리 끊임없이 변화하는 성질을 가진 유동성(액체성)에 빗대고 있는 것이다.

집단적 유대와 결속으로 관계를 만들고 노동에 신성한 의미를 부여하던 '무거운 근대'는 종말을 고했다. 액체근대 세상의 공간에서는 과거 그 안에 거주하던 거주민과의 견고한 결속은 사라졌고, 그 대신에 수많은 일회적이고 비전통적인 관계들이 그 자리를 채우고 있다. 그래서 모든 사회관계는 일회성이고 응집력을 잃어버렸다. 액체근대 사회의 주체는 자유를 누리는 듯 보이지만, 바로 그 대가로 개인의 불안, 불행에 대해 홀로 무한책임을 지도록 강요당한다. 이 모든 변화와 문제 앞에서 문제를 해결하고 제 살길을 책임지는 것은 개인의 몫이 되었다. 개인은 '선택하는 자유인'으로서 자신의 선택과 그에 따르는 결과를 책임져야 한다. 모든 선택에 포함되어 있는 위험부담은 개인의 이해력과 행위 능력을 넘어선 구조적인 힘들에 기인한 것이지만, 그 대가를 치러야 하는 것은 개인의 의무가 된 것이다. 개인들의 선택을 집단적 기획이나 집단행동으로 모아서 증폭시켜주던 유대 관계들은 모두 해체되었다.

이렇게 경쟁이 연대를 대신하게 되면, 개인들은 자신이 가진 빈약하고 불충분한 자원에 매달리게 된다. 불안과 공포에 시달리는 사람들은 역량 증진을 위한 자기계발이 자신을 지켜줄 것이라고 생각하지만 실상은 그렇지 않다. 불안과 공포는 자기계발로 해결되지 않는 근본적 문제이기 때문이다. 오히려 이런 식으로 자기 책임을 강조하는 해결방식은 결국 개인들을 더욱더 요새로 고립시킬 뿐이라는 것이다.

리처드 세넷은 『뉴캐피털리즘』에서 현대자본주의의 조직 형태가 관료제에서 네트워크로 바뀌고 유연 노동시장이 증가하는 시대적 변화가 사람들에게 어떤 영향을 주는지를 분석했다(세넷, 2009). 그는 인간이 인간을 대할 때 그 사람이 어떤 경험을 했고 어떤 삶을 살았는지에 대한 관심이 없어진다는 것을 발견했다. 기업은 이 사람을 고용하면 얼마만큼 성과를 내고 이득이 될 것인 가만 평가한다는 것이다. 다른 사람과 자신의 과거를 공유할 필요도 없고 인 간관계도 장기적 관계보다는 단기적 관계로 점차 바뀌다 보니, 사람을 만날 때 도 상대가 나에게 얼마나 도움이 될 수 있는지만 생각하게 되고 상대를 깊이 알려고 하지 않는다는 것이다. 그래서 개인의 삶과 진솔한 이야기보다는 미래 의 효용 가치에만 관심을 가지게 된다는 것이다. 세넷은 자신의 삶을 연속적 인 이야기로 만들어줄 수 있는 어떤 연관성도 사라지게 하는 것이 오늘날 새로 운 자본주의의 속성이라고 진단한다. 이러한 단기 자본주의적 속성 때문에 다 른 사람과 유대 관계를 맺으면서 지속가능한 자아(sustainable self)의 의식을 간 직하는 인간성의 특징들이 훼손될 위기에 처하게 된다는 것이다(세넷, 2002).

2) '사회적인 것'의 복원과 그 의미

그러나 최근 시장경제의 실패가 전면에 부상하면서 그 대안을 모색하는 과 정에서 '사회적인 것'에 대한 논의가 새롭게 부상하고 있다.

오늘날 '사회적'이라는 용어는 매우 다양한 조합을 이루며 다양하게 사용된 다. 단독 명사로 쓰이는 '사회'가 대체로 고정적이고 틀 짜인 개념이라고 한다 면, 형용사로 수식된 '사회적인 것'은 선택적이고 비고정적이며 단일하지 않은 개념이라는 점이 특징적이다. 또한 무엇보다도 다른 영역, 개념, 대상과의 결 합을 통해 새로운 의미를 창조하는 유동적 개념이다. 최근에 부상하는 용어들 을 크게 구분해보면 첫째, 사회적 네트워크, 소셜 미디어, 소셜 펀딩, 소셜 커 머스 등과 같이 '여럿이' 또는 '함께' 하는 활동이라는 의미로 사용된다. 둘째, 사회적 경제, 사회적 기업, 사회적 책임, 사회적 서비스, 사회안전망, 사회적 자본, 사회통합 등과 같이 '공적인 것(the public)'이라는 뜻으로도 사용된다. 여기서 사회적이라는 의미는 공적인, 즉 개인의 이익이 아닌 사회의 이익을 위한 어떤 것이라는 뜻이 내포되어 있다(전병길·김은택, 2013: 78).

'사회적인 것'의 개념이 단일하게 정의내리기 어려울 정도로 다양한 측면을 포함하다 보니, 사회적인 것은 개인적인 것과 대비되는 의미로, 때로는 시장적인 것과 대비되는 의미로, 그리고 때로는 국가적인 것과 대비되는 의미로도 사용된다. 역사적으로 살펴보면, 라틴어에서 societas가 교제와 동맹, socius가 친구와 동료를 의미했던 것처럼, 서구사회에서 society는 수 세기 동안 친교관계를 가리키는 것이었다. 그런데 17세기에서 19세기에 이르는 동안 이 용어에는 적어도 세 가지 용법이 더해졌다. 비개인적인 것으로서 집합성, 비국가적인 것으로서 시민사회, 비시장적인 것으로서 공통의 생활양식 등의 의미가 첨가된 것이다. 나아가 20세기에 이르러 사회적인 것은 좀 더 일반화된 의미를 획득하여 상호작용적인 관계성과 관행들의 차원으로까지 사용되고 있다(김성윤, 2011).

사회적인 것에 대한 관심은 여러 학문 분야에 걸쳐 늘어나고 있다. 진화심리학과 생물학, 사회학, 정치학, 경제학, 인류학 등 분과학문의 경계를 가리지 않고 '공유'와 함께 '협력'이란 단어가 주목받는 것도 같은 증상이다. 노벨물리학상 수상자인 아인슈타인(Albert Einstein)은 다음과 같이 말했다. "사회라는 추상적인 말은 자신이 동시대 및 이전 세대의 모든 사람들과 직접적 및 간접적으로 맺는 모든 관계들의 총합이다. 물론 개인은 혼자서 생각하고 느끼고 애써 노력하고 노동할 수 있다. 하지만 육체적·지적·감성적 존재로서 누구든지 사회에 매우 크게 의존하고 있어서 사회라는 틀을 벗어나서는 자신에 대해 생각하거나 이해하는 것이 불가능하다. 사람들에게 음식, 옷, 집, 노동 도구, 언어, 생각의 형식과 내용들을 제공해주는 것이 바로 사회이다. 한 개인의 삶은 '사회'라는 작은 단어 뒤에 숨어 있는 모든 과거와 현재의 수백만의 사람들이 노동하고 성취해낸 것을 통해 가능해진다"(Einstein, 2009).

이는 오늘날 사회적인 것이 위기에 처했음을, 그리고 동시에 사회적인 것에 대한 요구가 커지고 있음을 보여주는 발언이다. 민가영은 개인화가 가속화할수록 역설적으로 개인들이 공통의 운명을 가지고 있음이 드러나게 된다고 설명한다(민가영, 2014). 개인화는 역설적으로 아래로부터 형성되는 불안정성을 매개로 공통성에 대한 새로운 감각을 만들어낸다. 삶의 불안정성과 위기 앞에서 사람들은 새롭게 공동체적 움직임을 보여주는 것이다. '사회적인 것'의 소멸은 사람들에게 극단적인 개인화의 경험을 선사해줌과 동시에 그러한 '개인화의 불가능성'을 동시에 경험하게 해주고 있다(민가영, 2014: 217). 자기에만 의존해서는 성취는 고사하고 생존도 불가능함을 인식한 사람들은 이와 유사한 타인들에게 공통성을 느끼게 된다. 이런 공통성은 삶의 조건과 내용이 하향평준화하면 소수를 제외한 그 누구도 이 하향평준화의 흐름에서 자유롭지 못하게 됨을 깨닫는 데서 기인한다. 예컨대 시장화된 개인화 사회에서 빈곤층과 경제적 하층일수록 집단적 해법을 찾게 된다는 것이다(신경아, 2013). 이러한 경향은 집단에 따라 그 강도가 달라질 수도 있는데, 박기남은 모든 것을 개인의 책임으로 돌리는 개인화된 서사 속에서 여성들 사이에서 친밀함을 나눌 수 있는 공동체에 대한 욕구가 점차 증가하고 있다고 주장한다(박기남, 2012).

3. 경제적인 것과 사회적인 것: 경제와 사회의 재구성

경제와 사회의 관계 속에서 '사회적인 것의 복원' 전략은 크게 네 가지 차원으로 구분하여 볼 수 있다. 첫째, 정의(justice)의 관점에서 시장의 한계를 지적하고 경제의 도덕적 기초와 경제의 윤리를 강조하는 논의이다. 두 번째의 논의는 시장경제의 침투에 맞서 '사회를 보호하자'는 주장으로 대변되는데, 도덕경제에 관한 전통적인 논의가 대표적이다. 이 입장에 서면 시장은 도덕적 가치를 잠식한다는 점에서 '도덕적 한계'를 가지는 것으로 이해된다. 세 번째는 기존의 성장주의 및 시장주의적 삶 대신 코뮤니타스(communitas)로서 '사회성'

을 복원시키자는 입장이다. 즉, 신뢰, 협동, 연대의 원리를 통해 삶의 방식을 변화시키고 가치를 전환할 것을 강조하는 시각이다. 넷째, 경제를 사회적으로 재구성하자는 적극적 논의가 있다. 이 논의는 경제적 행위의 사회성을 강조한 다. 즉, 사회적 관계 기반 또는 시민사회 영역에서 활성화되는 경제활동을 강 조하는 것이다.

1) 경제의 도덕적 기초

애덤 스미스(Adam Smith)는 흔히 오해받는 것처럼 이기심을 마냥 찬양한 것 만은 아니었다. 『도덕감정론』(1759)에서 그는 지나친 이기심을 싫어하는 감정 이야말로 사회정의의 바탕이 된다고 주장했다. 또한 "인간의 공감이 없다면 사회 자체가 유지되지 못할 것"이라고 강조했다. 사회는 이기심이 아니라 연 민, 동정심, 타인의 고통에 대한 동류의식 등과 같은 공감(sympathy)을 토대로 형성된다는 것이다.

애덤 스미스는 정의(justice)와 자선(benevolence)을 모든 사람이 갖추어야 할 덕목으로 꼽았다. 정의의 덕은 '타인의 생명, 재산, 명예에 상처를 입히는 행위를 하지 않는 것'을 의미하며, 자선의 덕은 '타인의 이익과 행복을 증진시 키는 행위'를 말한다. 애덤 스미스는 이러한 덕목이 자리 잡은 토대 위에서 개 인들의 '자연적 권리'인 경제적 자기 이해관계가 국가의 부를 증대시키는 결정 적 요소가 된다고 보았다. 즉, 개인의 경제적 자기 이해관계는 공정하고 개방 적인 경쟁 상황하에서 제대로 작동한다는 것이다. 시장의 '보이지 않는 손'에 의해 사회 전체의 경제적 부를 증가시킬 수 있는 것도 이러한 도덕적 기반이 존재할 때 가능하다.

경제의 도덕적 기초를 강조하는 이들은 시장의 왜곡을 막고 시장의 정당성 을 회복하는 것에 초점을 맞춘다. 공정하고 개방된 경쟁 속에서 경제적 자기 이해관계가 제대로 작동한다고 믿기 때문이다. 샌델(Michael Sandel)은 탐욕의

억제, 지나친 경쟁의 제어, 불평등의 개선, 시장의 부패를 막는 시장의 정의(jus-tice)가 중요하다고 주장한다(샌델, 2014). 시장은 도덕적 규범을 넘어서지 않는 범위 내에서 자율성을 지녀야 한다는 것이다. 이런 시각에서 샌델은 세계 금융위기를 초래한 거대 금융기업의 경영자들이 높은 보상을 받는 것은 윤리적으로 정당하지 못하다고 비판한다. 그들은 자신들의 역할에 비해서는 과도한 보상을 받는 반면, 그들의 오류에 대해서는 아무런 사회적 책임을 지지 않는다는 것이다. 더불어 공동체의 다른 구성원들의 어려움을 틈타 폭리를 취하는 것도 비윤리적이라고 비판한다. 그러면서 어떤 보상이 정당한가를 논한다.

그러나 이와 같은 샌델식 도덕경제는 시장 자체의 문제는 전혀 다루지 않는다. 샌델은 시장원리가 모든 것을 지배해서는 안 된다고 주장하지만, 실제로 그가 상품이 되어서는 안 된다고 주장하는 대상에는 폴라니(Karl Polanyi)가 시장에서 가장 핵심적인 특수 상품으로 규정한 인간의 노동력, 토지, 화폐 등은 포함되지 않는다. 샌델이 문제삼는 것은 누가 보아도 부도덕하고 비정상적인 것들이다.

2) 시장적 가치로 환원될 수 없는 사회적 가치

'도덕경제'는 근대자본주의 등장 과정에서 시장의 위협에 직면하여 공동체를 지키기 위해 농민들이 보여준 저항과 도덕적 분노를 설명하기 위한 개념이다. 올바른 경제라면 농민의 생존 수준을 유지할 수 있게 해주어야 한다는 것이다. 도덕경제는 '서로 돕고 보살피며 유대관계를 보존하고 모두의 운명과 행복에 대한 책임을 함께 나누는' 것을 의미한다. 스콧(James Scott)은 공동체의 도덕이 구성원들로 하여금 생계를 이어나갈 수 있게 보장해준 기반이었다고 강조한다(스콧, 2004). 전근대 사회에서 농민 공동체의 구성원들은 기본적인 사회적 권리로서 '생계에 대한 권리'를 요구할 수 있었으며, 엘리트들조차도 가난한 사람들이 최소한의 생활을 위해 남겨둔 것을 빼앗지 못했고 오히려 어려운 시기에는 가난한 이들의 생계에 대해 '도덕적 의무'를 졌다고 지적한다.

칼 폴라니에게 도덕경제는 화폐경제 이전 공동체 규범에 의해 운영되던 경제를 의미한다. 폴라니는 노동력, 화폐, 토지 등이 상품화되고 자본주의가 전면화되면서 이러한 도덕경제가 무너지게 되었다고 강조한다. 그러나 과거 도덕경제에서 중요한 작동원리였던 호혜성의 원리는 현대경제 체제에서도 일정 부분 살아 있다. 사람들은 적지 않은 경제 영역에서 여전히 비시장적 가치와 동기를 중시하는 것이다.

돈으로 살 수 없는 것들

이와 유사한 맥락에서 샌델은 '시장의 도덕적 한계'를 지적한다(샌델, 2012). 그의 저서 『돈으로 살 수 없는 것들』에서 샌델은 시장에서 팔 수 있는 것과 팔아서는 안 되는 것을 구분하는데, 그 분류 기준으로 공정성과 부패를 제시한다. 공정성은 빈부격차 때문에 가난한 사람들이 사고팔아서는 안 되는 것에 대해 이성적으로 판단하지 못하고 거래하게 될 가능성을 말한다. 부패는 돈으로 거래할 수 있게 되면서 그 재화의 가치가 변화하게 될 가능성을 말한다. 돈으로 살 수 없다고 생각했던 것들이 돈에 의해 거래되면 그 재화의 가치는 확연하게 달라진다. 사람들은 돈을 지불했을 때 양심적인 미안함이나 타인에 대한 배려보다는 계산한 돈에 대한 타당한 대가를 받아야 한다고 생각하게 된다. 이러한 감정이 물건에 대한 것이라면 별 문제가 없지만 이전에는 돈의 가치로 환산되지 않던 것들에 적용되기 시작하면 점점 우리 삶이 돈을 빼놓고는 살아갈 수 없는 곳이 되어버린다.

특히 2000년대 들어서면서 시장이 있어야 할 곳과 시장이 들어서지 말아야 할 영역의 구분이 점차 사라지게 되었고, 그 결과 시장에서 상품화되는 것들은 원래의 의미와 목적을 상실하고 그것이 내포해야 할 가치도 변질되었다. 예컨대 장기 매매, 대리모 출산, 생명을 담보로 한 보험, 죽음의 거래, 대신 줄서기 등 오늘날 많은 것들이 거래의 대상으로 전락했다. 이처럼 시장논리가 사회를 구성하는 경제주체들 간의 상호작용뿐만 아니라 인간의 의사결정을 포함하는 모든 삶의 측면에까지 파고들어 영향을 미치기 시작하면서, 오늘날 시장논리는 교육, 성, 결혼, 출산, 건강, 여가활동, 삶과 죽음, 시민생활의 영역 등에까지 확장되고 있다.

마이클 샌델은 세상에는 돈으로 살 수 없는 것들이 있다고 강조하지만 우리는 거의 무엇이든 사고팔 수 있는 시대에 살게 되었으며, 지난 30여 년을 거치면서 시장 및 시장가치가 현대인의 삶을 지배하게 되었다고 말한다. 샌델은 모든 것을 사고팔 수 있는 사회의 결과로 불평등과 시장의 부패 문제가 나타난다고 지적한다. 우선 돈으로 살 수 있는 대상이 많아질수록 넉넉하지 않은 사람들은 생활하기가 더욱 힘들어지고, 더 나아가 돈이 모든 차별의 근원이 되기 때문에 한 개인이 부유한지 가난한지가 더욱 중요해진다. 즉, 모든 것의 상품화로 인해 돈의 가치가 더욱 중요해지고 모든 것의 기준이 되면서 부의 불평등 때문에 발생하는 고통이 깊어진다. 둘째, 시장이 단순히 재화를 분배하는 역할에 그치지 않고 교환되는 재화에 대해 어떤 태도를 드러내도록 부추기기 때문에 비시장적 가치가 설 자리는 점점 사라진다. 이에 따라 삶의 다양한 행위들이 내재적 만족의 원천으로 간주되는 대신, 전적으로 시장가치 유무에 따라 평가된다. 이렇게 사회적 삶과 시민생활을 구성하는 다양한 영역을 시장가치가 지배하게 됨으로써 시민정신의 의미가 퇴색된다(샌델, 2012: 26~27).

이러한 이유들로 인해 '시장의 도덕적 한계'에 대한 논의가 필요하다. 최근 시장지상주의 시대가 막을 내리고, 시장이 도덕에서 분리되어 버렸다는 인식이 널리 퍼지면서 시장과 도덕을 다시 연결해야 한다는 목소리가 커졌다. 샌델은 시장지상주의가 위기에 처하게 된 주된 이유는 단지 인간의 탐욕이 증가했기 때문이라기보다는, 시장과 시장가치가 원래는 그에 속하지 않았던 삶의 영역으로까지 확장되었기 때문이라고 주장한다. 따라서 탐욕을 비난하는 데 그치기보다는, 시장이 사회에서 행사하는 역할에 대해 다시 생각하고 이에 대해 공적으로 논의하는 것이 필요하다고 강조한다.

즉, 시장의 도덕성 문제는 단순히 월가의 탐욕이나 헤지펀드, 구제금융 조치, 규제개혁 등의 문제에 그치는 것이 아니라, 보다 보편적이고 일상적인 문제로서 사회관습, 인간관계, 일상생활 등에서 시장이 어떤 역할을 하고 어떤 영향을 미치는지와 밀접하게 관련된다는 것이다. 특히 시장가치에 의해 비시장 규범이 밀려나는 현상은 심각하다. 시장적 관계와 태도는 교환되는 재화의 가치를 감소시킨다. 예컨대 특정 행동에 돈을 지급하면 그 행동이 증가하지 않고 오히려 감소한다. 행위 자체의 본래적 충족감이 감소하기 때문이다. 즉, 보상적 동기로 인해 근원적 동기나 내재적 동기가 감소할 수 있다. 보상금을 이용한 유인책이 공공정신을 훼손하는 예는 쉽게 찾아볼 수 있다. 재정적 인센티브가 시민적 인센티브를 강화하기보다는 오히려 사적 이익을 제공하기 때문에 시민의 문제를 금전 문제로 인식하게 만들고, 시장 규범이 침입하면서 시민의 의무 의식이 밀려나는 현상이 발생할 수도 있다. 이렇게 시장이 확대되면 결국에는 시장 존재의 전제 조건인 신뢰와 협동의 정신을 궁극적으로 훼손하는 결과를 낳을 수 있다.

시장이 비시장 규범을 밀어내는 현상을 우려해야 하는 또 하나의 이유는 점차 증대되는 상업화 경향이 사회의 공공성을 잠식할 수 있기 때문이다. 돈으로 살 수 있는 대상이 많아질수록 각계각층의 사람들이 서로 마주칠 기회는 줄어든다. 모든 것이 시장의 지배를 받게 되면 부유한 사람과 그렇지 못한 사람들의 삶이 지속적으로 분리된다(샌델, 2012: 275).

공정과 부패를 기준으로 시장의 도덕적 한계를 판단하는 샌델의 논지를 따라가보자. 공정성을 기준으로 시장을 판단할 때는 불공정한 거래가 이루어지는 경우에 대해서만 시장이 생기는 것을 반대하면 된다. 그런데 부패를 기준으로 할 경우에는 공정한 거래조건이 만족되었다고 문제가 해결되는 것은 아니다. 시장의 범위를 명확히 정해서 시장이 들어서도 되는 부분과 그렇게 하면 안 되는 부분을 나누어야 하며, 이 시장의 범위를 판단하는 기준은 규범과 도덕이다.

기존의 주류경제학은 가치판단을 배제하고 시장을 통한 조정을 강조한다. 그러나 시장메커니즘이 효율적인 자원배분을 가져온다 해도 '정의(justice)'의 관점에서 보면 문제가 될 수 있다. 빈부격차는 하위계층에게 자유의지가 아닌 물질적 결핍에 기인하는 불공정한 거래를 강요한다. 그렇다고 자유에 기반을 둔 공정성이 보장된다고 해서 모든 거래가 정당화되는 것도 아니다. 공정성이라는 거래의 형식적 조건이 충족됐다고 해도 더 근본적인 문제, 즉 도덕이라는 가치를 하찮게 만드는 '부패'의 문제가 남는다. 모든 것이 거래의 수단이 되는 현실 앞에서 인간의 감정, 삶과 죽음과 같은 고유한 것들조차 교환대상이 되고 저평가되며 가치가 변질된다. 샌델은 이런 상황에서 인간의 존엄성, 시민의식, 도덕이라는 고유한 규범적 영역이 시장 영역과 어떻게 다른지에 대해 사회의 구성원들이 함께 고민해야 한다고 강조한다.

3) 공동체로서의 사회: '사회성'의 전략

오늘날의 경제와 사회의 관계에 대해 고찰해보면, 경제는 단순히 사회와 분리되어 자기조절적인 체계로 기능하는 것을 넘어서 사회 영역 안으로 그 논리를 깊이 침투시켜 확산하는 것을 볼 수 있다. 하버마스(Jürgen Habermas)의 개념을 빌자면, 체계의 논리에 의해 생활세계가 왜곡되는 '식민화' 현상인 것이다. 시장의 상품화 논리도 생활세계 속 깊이 침투하고 있다. 시민사회의 연대성과 협력적 관계는 무너지고 있다. 시장의 상품화와 경쟁의 논리가 경제 영역을 넘어서 시민사회와 생활세계 영역으로 확장되는 것을 우리는 곳곳에서 쉽게 목격한다. 문화의 상품화, 가족·이웃·친구 관계 같은 친밀성 영역의 황폐화나 파편화 등이 이러한 식민화의 사례들이다(세넷, 2002).

미셸 푸코(Michel Foucault)는 자유주의 '통치성'이 시장 영역뿐 아니라 일상적인 삶의 논리도 모두 경쟁과 수익성 위주로 재편한다고 강조한다. 모든 '사회적인 것'은 '경제적인 것'으로 대체된다. 모든 영역에 시장 원리가 침투하면서 인간은 스스로 자기 자신에 대한 기업가가 되는 '호모 에코노미쿠스(Homo economicus)'로 살아간다(김윤태, 2015: 34~35). 신자유주의 시대의 개인들이 능력주의와 자기계발의 논리에 몰두하는 모습들이 바로 그런 현실의 단면을 보여주고 있다.

그렇다면 국가나 시장과 구분되는 시민사회 영역 내부에서 연대성의 원리를 회복할 수 있는 힘을 자체적으로 이끌어낼 수 있을까? 또한 그것은 어떻게 가능할까?

바우만은 '소시에타스(societas)'와 '코뮤니타스(communitas)'를 구분한다. 소시에타스는 여러 제도들을 통해 틀이 짜여 있는 '사회'를 의미한다. 이와는 구분되는 의미에서 코뮤니타스는 '서로 돕고 보살피며, 타자를 위해 살고, 상호 헌신의 조직을 만들어내며, 사람들 사이의 유대를 단단히 하고 보완해나가며, 권리를 의무로 해석하고 모두의 운명과 행복에 대한 책임을 함께 나누는 것'을 뜻한다(바우만, 2009: 178).

세넷과 바우만이 보기에 신자유주의 질서는 이제 단순히 복지국가의 제도적 틀을 훼손하는 것을 넘어 그 토대인 대중의 '사회성'까지 해체하고 있다. 세넷은 사회성을 함양하지 않고 단지 제도를 변화시키는 것만으로 좋은 사회를 만들 수는 없다고 강조한다(세넷, 2013). 일상에서 새로운 삶을 훈련하지 않고서는 새로운 사회로 도약할 수 없다는 주장이다.

이는 시장(상업화) 논리에 의한 사회(사회성)의 침식에 맞서 사회적 영역(사회적 가치)을 확장(확대)하여 '경제의 과잉'을 제어하자는 논의이다. 달리 표현하면 기존의 성장주의 및 시장주의적 삶의 방식을 버리고 코뮤니타스로서의 '사회성'을 복원하자는 것이다. 즉, 신뢰, 협동, 연대의 원리를 통해 삶의 방식을 바꾸고 사회적 관계성과 가치를 복원하자는 시각인데 이것은 경제와 구분되는 '사회'를 보호하자는 방어적 전략이라고 할 수 있다.

그러나 이는 결국 '경제와 사회의 분리' 속에서 논의를 전개하는 것이다. 사회적인 것은 경제의 잔여 영역으로, 여전히 주변적인 것으로 다루어진다. 경제는 시장경제(상업화), 사회는 시민사회(공동체/연대) 영역이라는 확연한 경계와 분리 속에서 논의가 전개된다. 이러한 입장에 서면 사회적 경제는 주류 경제 질서의 바깥에서 시장경제의 부작용을 보완하는 주변적 영역으로 다루어질 우려가 있다. 사회적 경제를 활성화한다는 것은 자선/비영리의 영역에 국한되는 일로, 그것도 소규모 지역이나 직업 공동체를 복원하는 일로 간주될 수 있다.

경제와 사회를 분리하는 시각에서는 물질적 욕구 충족이라는 우리 삶의 핵심적 부분을 차지하는 경제활동 및 경제적 방식을 어떻게 바꾸어야 하는지, 그것이 사회와 어떤 내적 연관 속에서 이루어져야 하는지에 대한 답을 찾기가 쉽지 않다. 그래서 경제의 사회적 재구성 없는 '시민사회의 보호'라는 관점만으로는 불충분하다. 보다 적극적인 입장에 서야 시민사회 영역에서 경제적·정치적 체계의 논리를 새롭게 재구성할 수 있는 새로운 방식을 고안할 수 있다. 국가가 시장의 침투에 대한 방어막이 되어왔지만, 최근 서구 유럽 복지국가의 위기에서 보듯이 국가의 기능도 한계에 처하게 되었다. 또한 시민사회도 자체 동력을 갖기에는 파편화되고 개인주의화되어 있다. 그래서 '사회의 보호'라는 관점만으로는 불충분하다. 오늘날 복잡한 사회에서 사회의 보호는 자체의 힘만으로는 달성될 수 없기 때문이다. 그래서 등장하는 근본적 질문은 과연 경제의 재구성 없이 사회의 보호가 가능할까 하는 것이다. 이런 점에서 가장 적극적인 의미의 사회적 경제는 시장에 대응하는 사회적 가치를 회복하여 경제를 전반적으로 재구성하려는 시도라고 할 수 있다.

4) 경제의 사회적 재구성

모든 사회문제의 해결책이 시장의 확대나 효율성의 논리에 있다고 보는 시각은 기업을 비사회적(asocial)인 존재로 간주하는 경향이 있다(Zamagni and Bruni, 2015: 25~26). 즉, 사회적 이슈를 시장의 작동 기제와 동떨어진 것으로 간주하여 분리시키다 보니 시장은 윤리적으로나 사회적으로 중립적인 기구로 그려진다. 시장은 효율성을 추구하는 곳이자 부를 창출하고 파이를 키우는 곳이라고 보는 것이다. 이러한 관점에서 보면 연대는 시장이 끝나는 곳에서 시작한다. 연대는 파이를 조각내어 개인들에게 나누어주기 위한 정치적 행위의 기준을 제공한다. 또는 시장이 아직 손을 뻗지 못한 사회의 사각지대에 개입한다. 그에 따르면 시장은 언제나 공공선을 위해 작동한다. 시장은 시민사회의 최고 형태이며, 시장에 대한 개입은 무엇이든 공공의 목표라 할지라도 위험하고 비도덕적인 장애물로 여겨진다.

한편 이와는 정반대쪽에 시장의 발달이 시민의 삶을 위협하기 때문에 시장과 싸워야 하고 시장에 대한 보호를 강구해야 한다고 보는 시각이 자리 잡고 있다. 이런 시각에서 보면 기업은 본질적으로 반사회적(antisocial)이다. 마르크스(Karl Marx)와 폴라니, '반세계화 운동' 등이 그러한 관점에 서 있다. 시장이 사회를 위협하면서 발전하는 상황을 폴라니는 '사회의 사막화'라고 부른다. 그 래서 시장논리가 우정, 신의, 조건 없는 상호성, 사랑 등 인간 본연의 특성을 완전히 파괴하기 전에 시민사회는 시장으로부터 스스로를 보호하는 행동에 나서야 하는 책무를 가진다. 이런 시각은 물론 시장의 역학구도를 일정 부분 파악하고 그 가치를 인정한다. 그러나 일반적으로 시장이나 경제는 인간성을 말살하고 진정한 경제적 진보에 필수적인 '사회적 자본'을 파괴한다는 입장을 취한다.

사회적 경제의 전통은 이상과 같은 두 개의 시각과는 다른 견해를 제시한다 (Zamagni & Bruni, 2015). 즉, 인간의 사회성과 호혜성이 정상적인 경제생활의 중심 요소라고 보는 것이다. 또한 이익추구와 도구적 교환 이외의 원칙들이 경제활동 안에 자리 잡을 수 있어야 한다고 본다. 이것은 시장과 경제가 등가 교환의 원칙만으로 구성되는 중립적인 장이라는 시각을 넘어선다. 또한 시장 과 경제를 분리해서 보지도 않는다. 시장도 다른 원리들과의 상호작용 속에서 존재하기 때문에 순수한 등가교환, 이익추구, 도구적 교환의 장으로만 볼 수 없다는 것이다. 다른 원리들이 시장경제와 어떤 관계를 맺느냐, 또는 어떻게 작용하는가에 따라 시장경제의 결과는 달라진다고 주장한다(Zamagni and Bru-ni, 2015: 27).

시장과 경제 일반을 오직 이익추구와 도구적 합리성로만 간주하면 '악화가 양화를 구축한다(crowding-out effect)'는 의도치 않은 결과를 낳을 수 있다. 그 런 의미에서 시장의 폭력에 대항하는 '사회의 보호'라는 관점만으로는 불충분 하다. 경제를 재구성하는 것이 필요한 것이다. '시장의 도덕적 한계'를 단지 돈 으로 살 수 없는 것(또는 영역)이 존재한다는 소극적 개념으로만 이해해서는 곤 란하다. 경제가 가격/계약/이익추구로만 움직일 수 없고 그것을 유지하기 위 해서라도 신뢰, 호혜 등의 관계가 필요하다는 점에서, 경제는 사회 또는 사회 적 관계 속에서 운영되고 작동되거나 견인되고 재구성되어야 한다.

본래 시장의 존재 기반은 신뢰와 호혜이다. 이런 맥락에서 뒤르켐(Émile

Durkheim)은 '계약의 사회적 기초'를 강조한 바 있다. 반면에 자유주의적 개인주의는 대인 관계의 대부분을 계약 관계로 환원해버린다. 자유주의자들은 개인들의 선호를 합산해 그것을 공공선이라고 주장한다. 이 입장에 서면 계약 당사자 간의 합의가 공정성과 선의 근본 기준이 된다. 시장이 공동선인 것이다. 그러나 모든 사회적 관계를 계약이라는 우산 아래 밀어 넣겠다는 주장은 합당한 계약을 맺을 위치에 있지 못한 이들을 배제하는 위험을 고려하지 않는다는 점에서 한계가 있다.

이런 의미에서 칼 폴라니가 설명하는 경제와 사회 간의 관계에 주목할 필요가 있다. 폴라니는 '형식적 경제'와 '실질적 경제'를 구분한다. 실질적 경제란 '모든 인간들의 구체적 삶과 연결되어 있는 경제'라는 의미이다. 전통적인 경제학 관점에서 경제는 희소한 자원에 대한 개인의 합리적 선택을 전제로 한다. 시장경제는 노동과 인간의 가치를 화폐로 평가하기에 그들을 객체화하는 결과를 낳는다. 반면에 폴라니는 경제가 본질적으로 사회적 과정이며, '인간의 경제 행위는 경제적·비경제적 제도에 배태되어 있다'고 주장한다. 그는 현대 주류경제학이 시장 분석에 집중하다 보니 경제의 '형식적 의미'를 탐구하는 데만 빠져 있다고 비판한다. 사실은 인간이 생존을 위해 경제활동을 하기 때문에 주위 사람들과 맺는 관계에 주목해야 경제의 '실질적 의미'를 확인할 수 있다는 것이다. 그가 보기에 시장은 다양한 문화적 맥락 속에 배태된 여러 가능한 경제적 조직화 원리들 중의 하나에 불과하다(유홍준·정태인, 2011). 시장은 이러한 경제적 조직화의 한 양식일 뿐이다. '형식적' 의미의 경제는 19세기 후반 서유럽이라는 특수한 시공간에서 등장한 자기조절적 시장체계에 국한된 것인 반면, '실질적' 의미의 경제(substantive economy)는 고대나 현대, 서구나 비서구 사회를 막론하고 보편적으로 발견되는 현상이라고 주장한다.

폴라니는 근대 이전의 사회에서는 경제와 비경제 영역이 긴밀히 연결되어 있어서 경제 영역을 비경제 영역으로부터 구별해내는 것 자체가 어려웠고, 경제의 모든 측면들이 정치적·종교적·사회적 통제하에 있었다고 보았다. 그런데

19세기 후반에 서유럽에서 시장 메커니즘이 경제를 조직하는 지배적 원리로 새롭게 자리 잡게 되면서부터 경제 영역의 배태성이 급격하게 축소되었고, 경제 영역은 다른 비경제 영역의 영향에서 벗어나 독립적으로 기능하게 되었다고 주장한다. 경제의 통합과 조정을 담당하는 시장이라는 메커니즘이 외부의 간섭을 필요로 하지 않는 자기조절적 메커니즘이 되었기 때문이라는 것이다.

신고전경제학과 달리 경제사회학은 경제가 본질적으로 '사회적 경제'라고 본다. 이러한 관점은 파슨스(Talcott Parsons)가 사회체계론에서 모든 인간 사회가 체계로 유지되기 위해서 몇 가지 기능적 요건을 필요로 한다고 주장하면서 제기한 AGIL 모델에 잘 드러나 있다. 파슨스에 따르면 사회체계 개념은 경제에도 적용된다. 경제는 전체 사회에 종속되는 부분 체계이며, 경제는 전체 사회의 다른 부분 체계 및 전체 사회와 상호작용한다는 것이다. 이 모델에서 그는 '적응(adaption)' 기능(즉, 자연환경에 적응해서 자원을 확보하고 이를 가공하고 생산하여 구성원들에게 배분하는 기능)이 현실의 경제가 담당하는 기능인데, 이것은 전체 사회체계의 한 하위 부분이면서 동시에 다른 하위 부분들과 밀접한 상호 균형관계를 유지하기에 사회가 존속가능하다고 주장했다. 그래서 사회학적 전통하에서 경제와 사회 간의 관계를 개념화하는 문제는 경제사회학의 중요한 과제가 되었다(유홍준·정태인, 2011).

스웨드버그(Richard Swedberg)는 현대 시장경제의 문제를 개선하기 위해서는 시장의 작동이 비경제적 사회관계의 영역 속에 '재배태'되어야 한다고 주장한다(Swedberg, 2003: 28). 특히 그는 새로운 형태의 사회경제 체제가 성장하고 있다고 주장한다. 즉, 전통적인 국가-시장의 이분법을 벗어나 공적 영역과 사적 영역을 넘나들며 이들을 복합적으로 결합하는 조직들이 발전한다고 보는 것이다. 이처럼 국가와 시장의 한계가 분명히 드러남으로써, 이 둘의 영역을 보완해주는 제3의 영역(the third sector)이 중요해졌다는 것은 여러 곳에서 확인된다. 예를 들면 시민사회의 다양한 자발적 조직뿐 아니라 새로운 사회경제적 조직으로서 기업의 형식을 띠면서도 지역사회의 공적·사회적, 그리고 경제적 수요를 충족시켜주는 공-사 복합적 성격을 띤 사회적 기업들이 성장하고 있다는 것이다(최석현 외, 2011). 이는 시장의 작동이 비경제적 사회관계 속에 재배태되는 좋은 사례라고 할 수 있다.

요컨대 등가교환, 재분배, 호혜라는 세 가지 조정 원리를 갖추어야 사회체제는 조화롭게 발전한다. 등가교환의 목적은 파레토 효율, 재분배의 목적은 공정성 확립, 호혜의 목적은 사회적 결속이다. '사회의 결속은 일반화된 신뢰이며 그것 없이는 시장도 사회도 존재할 수 없다.' 그러나 우리는 아직 세 원칙을 동시에 결합한 사회질서를 탄생시키지 못했다는 것이 자마니(Stefano Zamagni) 등의 진단이다(Zamagni and Bruni, 2015).

첫째, 복지국가는 시장이 효율적으로 부를 생산하면 국가는 공정한 기준에 따라 재분배하는 체제인데, 여기서 제3섹터는 부차적이며 국가에 의존하는 부속기관일 따름이다. 둘째, 박애 자본주의(philanthropic capitalism)는 시장이 최대의 부를 생산한 다음 부자가 자선단체와 재단을 통해 가난한 이들에게 박애를 베푸는 체제이다. 즉, 시장경쟁에서 밀려난 이들을 연민이라는 도덕적 감정을 가지고 대하는 것이다. 이 상황에서 시민사회 조직은 비영리조직 외의 다른 이름으로 불릴 수 없다. 비영리조직은 시장거래의 부정적 효과를 상쇄하기 위한 것일 뿐 그 원인을 해결하지는 못한다. 호혜성이라는 관계의 본질은 사라지고 자선이나 기부가 그 자리를 차지한다. 셋째, 등가교환 원칙을 배제하거나 평가절하하게 되면 집단주의와 공동체주의가 나타나고 비효율성이 발생하게 된다. 이러한 이유들로 인해 효율성, 공정성, 상호성은 함께 공존해야 한다(Zamagni and Bruni, 2015).

이상적 형태의 세 영역을 구분하여 작동하게 한 후, 사후적으로 이 영역들을 연계하는 것은 논리적으로만 가능하다. 현실에서는 시장, 국가, 시민사회 등 각 영역이 서로 맞물려 돌아간다. 만일 이익추구의 상업적 장인 시장만 작동하고 다른 가치를 추구하는 행위는 설 자리가 없다면, 시장의 효율성만이 유일한 가치로 인정받고 개인들에게는 유일한 동기부여 요인이 될 것이다. 이런 상황이라면 효율성 규범을 따르는 경제 주체가 점점 더 많아질 것이다. 같은 논리로 국가만 존재하고 국가가 자신의 윤리적 규칙에 따라 사태를 정리하게 되면 온통 금지와 통제의 공간만 남게 될 것이다. 하지만 사람들은 시장, 국가, 시민사회라는 세 영역 모두를 살아간다. 그래서 상충하는 규범과 규칙들이 삶에 영향을 미치지만, 그런 상충과 모순이 곧 삶이라는 점을 부인하기 힘들다.

그런 의미에서 자마니와 브루니(Luigino Bruni)는 사회적 경제의 발전을 위해서는 공진화(co-evolution)가 필요하다고 주장한다(Zamagni and Bruni, 2015). 세 개의 원칙이 작동해서 서로 상호작용하다 보면, 일정한 시간이 흐른 후 점진적으로 어떤 성격을 가진 사회적 구성이 출현하게 된다고 보는 것이다(Zamagni and Bruni, 2015). 이런 관점에서 보면, 시민사회조직이 결국 영리조직의 행동양식으로 수렴되어야 한다거나 반대로 시민사회조직은 반드시 비영리조직의 특성을 지켜야 한다는 것과 같은 논의는 한계가 있다. 오히려 비영리활동의 논리가 영리활동에 얼마나 어떻게 파고들어 가 영향을 미칠 것인지, 마찬가지로 영리기업의 전략 개념이 비영리활동을 어떻게 바꾸어 놓을지를 파악하는 것이 더 중요하다고 볼 수 있다.

⋮

제2장

호혜와 협력의 경제는 가능한가

1. 경제적 인간과 사회적 인간

1) 이기적 인간과 이타적 인간의 가정

신고전파 경제학의 기본 가정은 개인적 이익을 추구하는 '경제적 인간(homo economicus)' 개념이다. 인간은 본성적으로 이기적이고 합리적인 경제인이며, 따라서 경제적 행위동기가 인간 행동을 설명하는 궁극적 요인이라고 본다. 자신의 효용을 극대화하려는 자율적이고 원자화된 합리적 경제인이라는 가정은 신고전파 경제학에만 국한되지 않으며, 현대 사회과학을 지배하는 유력한 가설로 인정받고 있기도 하다(김윤태, 2015: 14). 이러한 믿음은 리처드 도킨스(Richard Dawkins)의 『이기적 유전자』에서처럼 최근 진화생물학의 주장에 의해서 뒷받침되기도 한다.

신고전파 경제학에서 정의하는 합리성이 인간의 이기적 행동이라는 점은 애덤 스미스가 『국부론』에서 언급한바, 즉 "우리가 저녁식사를 할 수 있는 것은 푸줏간 주인이나 빵 제조업자의 이타심이 아니라 돈을 벌려는 이기심 때문"이라고 한 말에 잘 드러나 있다. 신고전파 경제학은 우리가 사회라고 믿는 공동체는 없고 실제로는 무수한 개인들만이 존재할 뿐이며, 그 개인들은 자신의 이익을 극대화하기 위해 행동한다고 본다. 이러한 전제 위에서 신고전파 경제학은 개인의 합리적 행동을 예측할 수 있다고 주장한다. 시장이 균형상태를 유지한다면 인간은 합리적으로 행동할 수밖에 없다는 것이다. 물론 개인적 차원에서 종종 비합리적 선택이 있을 수 있지만, 그것은 개별적이고 확률적인 예외에 지나지 않는다. 왜냐하면 불합리한 선택은 좀 더 큰 이익을 주는 합리적 대안에 의해 시장에서 도태될 수밖에 없기 때문이라는 것이다.

애덤 스미스는 '보이지 않는 손'에 의해 개인 이익추구에 기초한 경쟁이 사회적으로는 경제적 자원의 바람직한 배분을 낳을 것이라고 말한다. 경쟁은 유인과 처벌의 원칙에 의해 촉진된다. 즉, 승자에게는 보상을, 패자에게는 벌칙을 주어야 경쟁이 촉진된다는 것이다. 이것은 자본주의와 시장경제의 핵심원리이다. 차별적인 물질적 보상이 사람들의 행위 동기를 촉진시키고, 이것이 곧 경제성장의 원동력이 된다는 것이다.

그러나 이른바 '죄수의 딜레마'는 협력의 부족이 조정의 실패를 초래할 수 있다는 것을 보여준다. 죄수의 딜레마는 각 개인이 자신의 이익만을 추구하려고 할 때 어느 누구도 이익을 얻지 못하는 상황을 말한다. 이는 보이지 않는 손이 작동하는 것과 정반대의 상황이다(보울스, 2005: 68~69). 이것은 경제영역에서도 마찬가지로 발생한다. 우리 모두가 이기적인 방식으로 이익을 극대화하는 거래 전략을 취한다면 실제로는 상거래가 일어날 수 없는 것이다.

크로폿킨(P. Kropotkin)은 『상호부조론』(1902)에서 동물과 인간은 경쟁하지만 동시에 협력을 통해서 살아가는 존재라고 주장했다. 그는 "만인에 대한 만인의 투쟁이 자연의 유일 법칙은 아니다. 상호투쟁만큼이나 상호부조 역시 자연의 법칙"이라고 주장한다. 그는 서로 싸우는 개체보다 서로 연대하고 돕는 개체들이 자연선택에서 더 잘 살아남는다는 것을 보여주는 수많은 사례를 들었다. 개미, 벌, 딱정벌레, 게, 독수리에서 인간 세상에 이르기까지 사회성과 연대가 없는 종들은 결국 멸망했다고 주장했다. 협동하는 사회는 이기적 본성과 마찬가지로 유전자의 진화적 산물이라는 것이다(크로폿킨, 2005).

최정규는 『이타적 인간의 출현』에서 주류 경제학의 전제와 달리 인간은 금전적·물질적 제약에 수동적으로 반응하는 단순한 존재가 아니라고 주장한다.

사람들은 자신의 이익을 고려하여 행동하지만, 때로는 자신에게 이익이 돌아오지 않음에도 불구하고 다른 사람을 위하여 행동하기도 한다는 것이다. 또한 물질적·금전적 유인만이 아니라 규범, 관습, 제도가 사람들의 행위를 이끄는 나침반이 되기도 한다고 강조한다(최정규, 2009).

문제는 이기적/경제적 인간과 이타적/사회적 인간의 논리가 경제적 영역과 사회적 영역의 엄격한 분리 속에서 각각의 영역에 배타적으로 위치한다는 점이다. 주류경제학은 경제적 인간을 인간 행동을 설명하는 근거로 삼는 '경제 영역만 다루는 과학'으로 자리 잡았다. 반면에 사회학은 '사회화된 인간'이라는 전제 위에서 사회적 영역에 한정된 과학이 되고 말았다. 경제학과 사회학, 또는 경제적 영역과 사회적 영역의 엄격한 분리가 일어난 것이다. 파레토(Vilfredo Pareto)는 논리적 행동, 즉 도구적 합리성에 따른 행동에 대한 연구는 경제학 연구의 대상이며 비논리적 행동, 즉 사회적 관계와 동기, 가치관이 중요한 역할을 하는 행동은 사회학의 대상이라고 구분한 바 있다. 이런 관점에서 보면 시장은 개인들이 자기 이익을 좇아 행동하는 장으로 규정된다(Zamagni

> ● ● ● 헌혈과 이타적 동기
>
> 티트머스(Richard Titmuss)는 『선물관계』에서 영국과 미국의 헌혈제도를 비교한다. 자발적 헌혈제도를 운영한 영국과 달리 미국에서는 혈액의 상업적 거래가 가능했다. 그런데 거래되는 혈액의 질은 영국보다 미국에서 훨씬 더 나쁜 것으로 나타났다. 경제학자의 예상과 달리 혈액 '시장'에서는 자원의 '효율적 배분'이 이루어지지 않았고, 만성적으로 혈액이 부족하여 '균형의 개념'은 환상에 불과한 것으로 나타났다. 미국의 혈액 시장에서 혈액을 얻기 위해서는 영국보다 5~15배까지 더 많은 비용이 소요되었다. 혈액시장의 재분배 과정에서 가난한 사람의 혈액이 부유한 사람에게 전달되었다. 혈액시장은 헌혈을 위한 이타적 동기를 약화시키고 편협한 이기심을 조장한 것이다. 이는 이기심을 기반으로 하는 제도가 오히려 실패할 수 있다는 역설을 증명하는 사례이다(Titmuss, 1970).

●●● 에스키모와 겨울나기

마르셀 모스(Marcel Mauss)에 따르면 알래스카의 에스키모들은 이기적이면서도 동시에 이타적인 존재이다. 기온이 온화한 여름에 에스키모들은 가족별로 흩어져 생활한다. 지극히 가족중심적이며 이기적인 경쟁을 하는 것이다. 반면 모든 것이 꽁꽁 얼어붙는 겨울 동안에는 마을 사람들이 한 장소에 모여 공동체적 생활을 유지한다. 모스의 관찰에 따르면 계절 변화에 따라 연속적으로 달라지는 생활에서 에스키모들은 별다른 갈등이나 모순을 느끼지 않는다고 한다. 인간은 실존의 현장에서는 이기적인 존재이면서 동시에 공동체적이고 이타적인 존재일 수 있다는 것이다(Mauss, 1925).

and Bruni, 2015: 188~189). 그리고 행위 주체의 이익을 최대화하는 '효율성'은 시장의 유일한 가치 준거가 된다.

반면에 사회학은 사회적 규범을 내면화하는 존재로서의 인간을 전제한다. 이타적 인간의 가능성을 열어두는 것이다. 즉, 인간은 고립된 개별적 존재가 아닌 사회적 존재이며, 자기 이익추구에만 몰두하는 존재가 아닌 협동적 존재라는 것이다. 그런데 전통적으로 사회학은 경제적 영역 바깥에 있는 존재만을 대상으로 하다 보니 이타적/협동적 인간이 경제적 영역에서 어떻게 행동하는가에 대해서는 본격적으로 연구하지 않았다. 우리는 흔히 시장 안에서 사람들은 자기 이익을 추구하는 존재이지만 시장 바깥에서는 서로 협력하고 공적 덕성에 따라 움직이는 존재라는 이분법을 견지한다. 이러한 이분법을 견지하다 보면, 하나의 경제 안에서 움직이는 행위 주체들이 때로는 서로 다른 동기와 다양한 목적을 아우르는 통합된 주체들로 이루어진다는 점을 간과한다.

인간은 경제적 존재일 뿐만 아니라 사회적 존재이기도 하다. 이기적 행동이 인간의 본성이라고만 볼 수 없다. 또한 무한경쟁과 적자생존의 논리가 시장의 본질이라고만 볼 수도 없다. 우리는 이미 현실 속에서 자기이익과 합리성에 따르지 않는 경제활동을 하고는 한다. 경제활동이 순수하게 이기적이고 합리적이며 효용을 극대화하는 인간의 모습만으로 설명할 수 없다는 것을 잘 보여주는 사례 중 하나는 행동경제학이다. 행동경제학은 경제활동의 비합리적 모습과 경제적 행위의 기반이 되는 정서적·감정적 행동에 대해 탐구한다.

또 다른 사례는 경제사회학 영역에서 진행되고 있는 제도에 대한 연구인데, 시장과 교환의 관계, 그 역사적 발전 과정 등이 연구대상이다. 선물경제에 대한 연구는 대표적이다. 최근 이 역사적 탐구의 전통을 이어받아 선물경제의 현대적 형태에 대한 연구, 선물경제와 시장경제와의 관계 등에 대한 연구, 시장경제 체제 및 자본주의 체계에 대한 다양한 형태의 대안 경제 연구 등이 이루어지고 있다.

2) 협력의 조건과 규칙

경쟁과 협력의 균형: 상호이익의 추구

경제적 인간에 대한 가정은 무한경쟁과 적자생존의 논리로 이어졌다. 그러나 이제는 경쟁과 협력의 균형, 또는 협력을 동반하는 경쟁 등에 대한 논의가 필요하다. 불변하는 인간 본성의 문제에 집착하기보다 구체적 조건 속에서 어떻게 협동이 가능한지, 우리의 이기심과 이타심이 어떤 조건과 구체적 제도 속에서 어떻게 다양한 형태로 발현되는지를 구체적으로 들여다볼 필요가 있다.

물론 경쟁은 중요하다. 경제적 효율성을 촉진하기 때문만이 아니라 그것이 삶에 불어넣는 활력 때문이다. 조지프 스티글리츠(Joseph Stiglitz)는 『시장으로 가는 길』에서 "자본주의는 개인들의 이기적 행동과 비이기적 행동이 특이하게 결합된 환경에서, 즉 한 사람의 말이 그 사람의 명예가 되고, 경제적 인정보다는 사회적 인정(즉, 신뢰)이 계약을 강제하는 환경에서 가장 번창한다"(스티글리츠, 2003: 391; 조계완, 2012)라고 강조한다.

인간 사회는 경쟁과 협력이 공존하는 사회이다. 그래서 개인적 이익추구를 무시할 수 없다. 만일 협동만 강조하고 개인의 이익추구를 무시한다면 무임승차자 문제로 인해 사회를 유지하기 어려울 것이다. 그러나 인간에게는 상대를 도움으로써 협동관계를 구축하고 상호 의무를 다하고자 하는 본성이 있는 것도 사실이다. 그래서 협동을 인간의 본성으로 규정함으로써 협동의 존재를 정당화하기보다는 어떤 조건에서 협동이 가능한가에 대해 논의할 필요가 있다. 사회학자들은 서로 돕고 협력하는 것이 사회적 필요성의 산물이라고 주장한다. 칼 폴라니는 인류의 역사를 돌아볼 때 생산 활동에서 경쟁보다는 오히려 협동과 협력이 지배적이었다고 주장한다.

로버트 액설로드(Robert Axelrod)는 『협력의 진화』에서 "협력은 하나의 구조이지 이기심이나 이타심과 같은 개인의 성향은 아니다"라고 강조한다. "협력은 아무런 중앙 권력 없이 이기주의자들로 가득 찬 세상에서도 충분히 발생할수 있다"는 것이다(액설로드, 2009).

언제 경쟁하고 언제 협동하는가: 협력의 조건

'죄수 게임의 딜레마'가 주는 교훈은 첫째, 먼저 경쟁적 선택을 하지 말라는 것이다. 배반은 당장은 유익한 것처럼 보이지만 성공에 필요한 신뢰를 파괴하여 장기적으로는 결국 손실을 낳기 때문이다. 둘째, 선하게 행동하되 배반에 대해서는 강력히 응징하고 그다음에는 용서하라는 것이다. 초기에 협동하다가 경쟁으로 바뀌는 것보다, 경쟁을 하다가 협동으로 바뀐 경우가 더 효과적이기 때문이다. 셋째, 비영합(non-zero-sum) 게임에서 장기적으로 타인의 성공은 자기 자신의 성공에 꼭 필요한 조건이라는 것이다.

협동과 경쟁 상황에서는 이른바 '맞대응 전략(Tit-For-Tat)'이 가장 합리적이다. 협동에는 협동으로, 배신에는 배신으로 '맞대응'하는 것이 가장 효과적인 전략이다. 같이 협동하면 윈-윈하고, 한쪽이 배신하면 배신한 쪽이 이익을 취하게 되며, 서로 배신하면 모두 공멸한다. 따라서 배신자로 가득한 세계에서 맞대응 전략은 자기와 비슷한 전략을 구사하는 협력자를 만나지 않으면 살아남을 수 없다. 결국 우리는 타인의 행동을 고려해서 자신의 행동 양태를 결정

해야 한다는 것이다(이성록, 2007: 230). '맞대응 전략'은 이기심을 설명하기도
하지만, 왜 협동을 해야 하는지를 설명해주는 것이기도 하다.

맞대응 전략을 협력이론에서는 '직접 상호성'이라 부른다. 맞대응은 협력의
시작이므로, 협력구조가 어떻게 발전하는가를 보기 위해서는 어떤 요소가 중
요한지 주목할 필요가 있다. 중요한 요인 중 하나는 신뢰이다. 맞대응은 계산
된 이기심만이 아니라 어느 정도 '신뢰'를 기초로 움직인다. 처음에는 상대가
배신할지 협력할지를 모르기 때문에 일단 협력을 해야 하는데, 이때 필요한 것
이 신뢰이다. 그리고 신뢰가 깊어지면 협력도 확장된다. 이른바 '메아리 효과'
또는 '네트워크 효과'가 발생하는 것이다. 맞대응을 하는 두 개체가 서로 협력
하면, 협력자들끼리는 굳건한 유대관계가 생겨나고 외부 배신자들에게 저항
할 수 있다. 때로는 배타적으로 안정적인 협력 체계를 만들기도 한다.

사회적 경제에 대해 이해하기 위해서는 협력의 범위를 넓히고 깊이를 더하
기 위한 조건과 규칙을 찾을 필요가 있다. 맞대응 전략이 직접 대면하는 상황
에서 신뢰를 쌓아 협력을 확장하는 것이라면, 인간 사회의 협력은 불특정 다수
와의 관계를 포괄한다. 이때 협력을 가능하게 하는 것은 '평판'이다. 평판에 신
뢰를 부여하는 것을 '간접 상호성'이라고 부른다. 이러한 평판의 힘 때문에 직
접적인 보상을 기대하지 않는 부분에서도 협력을 할 수 있는 가능성이 작용한
다(Nowak and Highfield, 2011).

이렇게 볼 때 협력은 일정한 사회적 조건과 규칙 속에서만 제대로 이루어질 수 있다. 특히 개인들 간의 조정과 소통, 신뢰와 네트워크, 제도와 규범 등이 협동을 촉진하는 사회적 조건이라고 말할 수 있다(정태인·이수연, 2013).

2. 호혜경제와 사회적 경제

1) 선물과 증여: 호혜경제

호혜는 기본적으로 '주고받음'을 의미한다. 그래서 큰 틀에서 보면 교환의 한 행위유형이라고 볼 수 있다. 그러나 시장 교환은 '사고팔기'의 행위로 구성된다는 점에서 호혜와는 다르다. 시장교환은 호혜에서 인격적 관계를 제거한 것이며, 화폐의 물적 교환원리가 그것을 대체한 것이다. 따라서 시장교환이 사물(화폐)로 표시되는 데 반해, 호혜는 선물 증여의 순환에 참여하는 이들의 사회적 관계로 표현된다(김정원, 2014: 290).

또한 시장교환과 호혜는 그 동기에서 차이가 있다. 시장교환은 경제적 이윤이나 물질적 욕구충족이라는 경제적 동기에서 이뤄진다. 반면에 호혜는 경제적 동기뿐 아니라 타자로부터의 인정, 주목받기, 과시, 배려, 존중, 평판, 명예, 지위, 친밀감, 사랑, 우정, 사회성 등 다양한 동기에 의존한다(Offer, 1997: 451; 김왕배, 2011 재인용).

나아가 호혜는 의무를 바탕으로 하는 규범에 의해 역할이 규정된다는 특징이 있다. 선물을 주는 것은 그 사람에게 부채를 안기는 행위이며 그로 인해 야기된 선물 주고받기는 사회적 명예를 잃지 않기 위해 가능한 한 많은 재화를 타인에게 보내려는 시도를 낳는다. 선물은 "이론적으로는 자발적이고 이해관계가 개입되지 않는 증여의 방식이지만, 실제로는 의무적이고 이해관계가 개입된 증여의 방식"(Mauss, 1925; 김정원, 2014: 291 재인용)이다. 호혜성은 대칭적 의무를 지닌 쌍방을 지정해주고 그들 간의 의무와 행동규범을 명시해주는 확립된 제도적 장치가 뒷받침되어야 제대로 작동한다. 이를 통해 호혜는 사회적 결속력을 강화시키고 유대감을 만들어낸다. 호혜가 양자 간에 작용한다면 양자 간 유대로 그치겠지만, 사회 전반에 걸쳐 작동한다면 사회적 유대의 구축이 가능해진다.

선물은 감사와 의무감을 불러일으켜 사람들을 결속시키고 그 바탕 위에서 공동체가 만들어진다(아이젠스타인, 2015: 380). 그러나 선물은 순수하게 이타적인 것만은 아니다. 자크 데리다(Jacques Derrida)는 '공짜 선물'의 이상에 대해 언급한 바 있다. "선물이 성립하려면 호혜성, 보답, 교환, 부채의식이 전혀 개입되지 않아야 한다"는 것이다. 즉, 선물을 베푼 사람에게 사회적 지위, 칭찬, 감사 표현, 좋은 일을 했다는 느낌까지도 허용하지 않아야 한다는 것이다. 공짜 선물의 이상적 형태가 실현된다면, 어떤 의무감이나 유대관계도 남기지 않을 것이다.

그러나 그런 공짜 선물은 찾기 힘들다. 현실에서 선물은 의무감을 낳고 공동체 내의 경제적 순환이 계속되게 만들지만, 익명의 선물은 그런 유대를 만들어내지도 공동체를 강화하지도 못한다. 받는 사람은 고마워하지만 그것은 대상이 없는 추상적이고 보편적인 감정일 뿐이다(아이젠스타인, 2015: 382). 사회적 진공 상태에서는 선물이 발생하지 않는다. 선물은 나 자신의 이익과 내게 필요한 것을 줄 사람의 이익을 서로 연결해 자아의 범위를 확장시키는 것이다. 어디에도 얽매이지 않는 선물이라는 이상은 보편적인 감사의 마음을 확산시킬지 모르지만, 우리 자신을 모든 존재의 공동체와 동일시하는 한에서만 의미가 있다.

아이젠스타인에 따르면, 선물 주기나 받기를 거부하는 것은 "나는 너와 연결되기 싫다. 너는 내게 타인일 뿐"이라고 말하는 것에 다름 아니다(아이젠스타인, 2015: 384). 의무감을 갖기 싫은 사람들은 오히려 돈을 매개로 한 거래에 더 매력을 느낀다. 무엇을 받을 때마다 그 대가를 지불한다면, 의무감도 유대관계도 없이 독자적이고 단절된 삶을 살게 될 것이다. 그것은 누구에게도 도움을 구하지 못하고, 누구의 영향도 받지 않는 삶이다. 반면에 선물을 기꺼이 받는다는 것은 선물을 준 사람 또는 사회 전체에 대한 의무를 기꺼이 받아들인다는 뜻이다. 선물경제를 살아가려면, 선물을 베풀 의무뿐만 아니라 받을 의무도 인정할 필요가 있다는 것이다. 선물 거부의 문화는 유대관계의 거부, 타인과의 거리두기이다. 받기보다 주기를 즐기는 자신이 이타적이고 도덕적이라고 생각할지 모르지만, 그것은 사실 주는 것보다 받는 것을 즐기는 사람만큼 인색한 태도이다. 선물을 받지 않으면 결국 우리가 주는 선물의 원천이 말라붙는다(아이젠스타인, 2015: 388).

2) 호혜성의 다양한 유형

그라노베터(Mark Granovetter)는 기존의 경제학이 과소사회화된 인간형을 전제한다는 데 대해 비판적이다(Granovetter, 1985: 482). 인간을 자신의 경제적 이익추구에 매진하는 경제인으로만 파악하는 것은 오류라고 생각했기 때문이다. 그러나 동시에 그라노베터는 '도덕적 인간'을 전제하는 것 역시 인간의 다양한 현실적 존재양식을 제대로 파악하지 못하게 하는 오류를 낳는다고 비판한다. 일부 인류학자나 파슨스 류의 규범사회학은 인간이 사회화 과정을 거치면서 사회의 규범과 가치를 거의 완벽하게 내면화하는 '도덕적 존재'라고 보는데, 그는 이것 역시 과장된 것이라고 비판했다.

그는 전통 사회에서 경제 행위가 사회관계에 배태된 정도가 일부 인류학자들이 주장하듯이 높은 것은 아니며, 동시에 흔히 생각하듯이 근대화로 인해 그 배태의 수준이 완전히 상실된 것 또한 아니라고 주장한다. 즉, 과잉사회화된 인간형과 과소사회화된 인간형의 개념 모두 행위자가 '현재 진행 중인 사회관계'에 의해 영향을 받는다는 점을 간과한다는 점에서 문제가 있다고 본다. 그는 과잉사회화와 과소사회화의 중간 정도 수준에서 경제 행위와 경제제도가 현재의 구체적 사회관계에 의해 어떻게 배태되어 있는가를 분석해야 한다고 주장한다(유홍준·정태인, 2011: 244).

인간의 이타적 행위와 호혜성에 대한 이해도 이와 마찬가지로 하나의 고정된 인간의 본성이라고 보는 데 머물러서는 안 된다. 살린스(Marshall Sahlins)는 사회적 유대관계의 긴밀도에 따라 호혜성을 일반적 호혜성, 균형적 호혜성, 부정적 호혜성으로 구분한다(Sahlins, 1974; 김정원, 2014; 김왕배, 2011). 일반적 호혜성은 등가를 요구하지 않는 이타적 거래양식으로서 연대, 관용, 자선, 노블리스 오블리제 등이 여기에 해당된다. 균형적 호혜성은 적절한 등가성과 단기성이라는 특징을 갖는데, 한국의 경조사가 그 사례에 해당한다. 부정적 호혜성은 상대방에게 주는 것보다 더 많은 것을 얻으려는 상호성이며 이익 극대화를 도모하는 것이다. 값 깎기, 착취, 사기, 강탈 등이 여기에 해당된다. 호혜성이 반드시 긍정적인 방식으로만 나타나는 것은 아니다(Fehr and Gachter, 1998; 최종렬, 2004: 109; 김정원, 2014; 292).

이렇게 볼 때, 호혜성이 항상 우애와 관용만을 담고 있는 것은 아니고, 외부에 대한 적대적 상호성으로 나타나기도 한다. 특히 증여자와 수혜자가 경제적 불균형 상태에 놓여 있을 때 선물증여와 호혜경제는 일반적 호혜성 대신 지배와 피지배의 권력관계를 매개하는 후견주의(clientelism) 요소로 작동하여 증여자와 수혜자 사이의 의존적/구속적 관계를 낳기도 한다. 보답의 의무가 해소될 때까지 증여는 일종의 채무가 되며, 이때 개인들 간의 관계는 구속적 불평등 상태로 나아가게 된다. 달리 표현하자면, 증여는 주고-받고-답례하는 순환관계 속에서 사회적 연대를 형성하는 소통의 흐름이지만, 동시에 타자에게 부채의 그림자를 드리워 사회적 우월성, 명예, 권력 등을 획득하려는 욕망을 구조화할 수도 있다.

균형적 호혜성은 직접적 관계와 등가적인 교환관계를 의미한다는 점에서 사실상 시장 교환과 별반 차이를 갖지 않는다고 볼 수도 있다. 이와는 달리 일반적 호혜관계하에서 사람들은 직접 돌려받을 것에 대해 기대하지 않고, 또 제공한 만큼 돌려받지 못할 수도 있다. 그럼에도 자신보다 상대방의 이해관계를 먼저 고려하는 매우 높은 수준의 신뢰가 중요하게 작동한다면 일반적 호혜관계는 지속될 수 있다. 이러한 신뢰는 지속적인 축적 과정을 통해서 형성되므로 상당한 시간이 소요되지만 궁극적으로는 모든 행위자들에게 도움이 될 수 있다.

복잡한 현대 사회에서 관계가 양자 간에만 형성되는 것이 아니라는 점을 고려한다면 직접적 상호성이나 균형적 호혜관계만으로 작동하는 사회를 그리는 것은 비현실적이다. 이에 비해 일반적 호혜는 상호 대칭적인 직접 교환관계를 넘어서 공동체 전체로 확대된 것이라고 할 수 있다. 선물을 주고받는 관계가 공동체 내에서 순환됨을 뜻하는 것이다. 그것은 공동체의 유대 강화를 의미한다. 이처럼 일대일의 기계적 교환논리에서 벗어나야 비로소 지속적이고 상호 협력적인 사회관계가 형성된다고 할 수 있다(김정원, 2014: 294).

호혜성은 상이한 사회조직과 권력관계에 따라 다양한 스펙트럼으로 나타난다. 그래서 호혜경제는 폐쇄적인 소규모 경제로 자급자족한 전근대사회에서만이 아니라 현대 경제에서도 그 적용 가능성을 가늠해볼 수 있다. 물론 전통적 호혜경제 영역의 대부분은 시장경제에 흡수되었다고 볼 수 있다. 그러나 다른 한편으로 새롭게 등장하는 사회적 경제나 제3섹터/비영리 경제와 같은 영역들은 '현대판 호혜경제'라 부를 수 있는 것들이다.

3) 사회적 경제의 규범적 원리로서 호혜성

사회적 경제는 보통 '호혜적 관계에 기초한 경제'를 의미하는 것으로 사용된다. 사회적 경제의 기반은 이기적 개인과 사적 욕망의 추구가 아니라, 타인과의 협력적 관계를 중시하는 이타적 행동에 있다는 것이다. 폴라니는 시장교환이나 재분배와 구분되는 '호혜'의 원리로 운영되는 경제를 중시했다. 폴라니는 실질적 의미의 경제가 역할을 하기 위해서 요구되는 과정과 절차를 조직화하

표 2-1 사회적 경제와 호혜성의 원리

영역	인간 본성	상호작용의 기제	가치(목표)
시장경제 (시장)	이기성 (homo economicus)	경쟁 (등가교환)	효율성
공공경제 (국가)	공공성 (homo publicus)	합의 (민주주의)	평등
사회적 경제 (공동체)	호혜성 (homo reciprocan)	신뢰와 협동 (공정성)	연대
생태경제 (자연)	공생 (homo symbious)	지속가능성	공존

자료: 정태인·이수연(2013: 163) 일부 수정.

는 데 필요한 일정한 원칙을 '통합의 형식'이라고 불렀는데, 이러한 경제적 조
직화의 양식을 설명하기 위해 호혜성, 재분배, 교환이라는 개념을 제시한다.●
등가교환이 경제의 전 영역을 가격형성 시장이 조정하는 이른바 '시장체계'의
확립을 필요로 한다면, 재분배는 권력의 집중을 제도화하는 정치구조의 확립
을 요구한다. 반면에 호혜성은 이해당사자와의 사회적 관계를 기반으로 작동
하는 유무형의 경제적 관계를 말한다.

　폴라니는 19세기 서유럽에서 시장기제가 경제를 조직하는 지배적인 원리로
자리 잡으면서 경제 영역이 사회로부터 이탈(disembedded)되었을 뿐만 아니라
자기조정적 체계가 됨으로써 사회관계가 경제체계의 구속을 받게 되었다는

● 보울딩(Kenneth Boulding)은 '증여경제학(grants economics)'을 주장하면서 기존 경제학은 주
로 시장교환에만 몰두해왔다고 비판한다. 보울딩은 시장교환, 애정(증여), 공포 또는 협박(조세)
로 구성되는 사회적 삼각형을 제시한다. 여기서 애정 또는 공포에 의한 증여나 조세는 대가를 기
대하지 않는 일방적 성격을 띤다. 그에 따르면, 사람들은 이 같은 사회적 삼각형 속에서 생활하
고 있으며, 미국 국민총생산은 시장교환에 60%, 호혜와 증여에 30%, 재분배와 조세에 10%가 배
분되었다. 따라서 미국 경제의 60%를 차지하는 시장교환 영역만을 경제로 파악한다면 적어도
30%의 증여 영역을 무시해버리는 것이 된다(Boulding, 1969).

점을 강조한다(김정원, 2014: 295). 사실 경제현상은 사회현상의 한 부분임에도, 그것을 사회에서 떼어내 별개의 체계로 구성하게 되면서 오히려 사회적인 것 전체가 경제체계에 종속되어야 하는 것으로 생각하는 일이 늘어났다. 이런 관점에서 폴라니는 시장경제의 대안을 위한 규범적 자원으로서 호혜경제가 가지는 의미에 대해 논의하고 있다.

이와 같이 호혜성은 사회적 경제의 기본 운영원리이자 규범적 가치라고 할 수 있다. 호혜성은 사회자본을 구성하는 핵심요소이다(Evans and Lawson, 2000). 그런데 사회자본을 창출하고 축적하는 것이 사회적 경제이다. 따라서 호혜성은 사회적 경제가 창출하는 규범적 가치라고 할 수 있다.

한편 사회적 경제는 지역사회의 연대와 호혜를 재활성화함으로써 지역사회의 변화를 촉진시킬 수 있다. 즉, 사회적 경제에서 중시하는 협력과 호혜의 규범이 지역발전을 위한 네트워크를 형성하는 데 효과적인 역할을 하는 것이다.

또한 사회적 경제는 호혜의 원리에 기반을 둔 경제활동을 뜻하는 일반 용어로 정착되고 있다(Ninacs, 2003). 규범적으로나 현실적으로 사회적 경제를 움직이는 힘이 호혜성이라는 점에서 사회적 경제는 신뢰와 협력의 네트워크에 기반을 둔 호혜경제라 할 수 있다(김성기, 2011: 145).

이러한 시장경제와 사회적 경제의 차이에 주목한 이들은 시장경제가 낳는 문제가 호혜를 원리로 하는 사회적 경제를 통해 개선될 수 있다고 지적한다. 사회적 경제는 시장경제에 대한 대안이자 일종의 규범적 가이드 역할을 하기 때문에, 비시장적 가치를 강조하는 사회적 경제를 활성화하면 사회를 복원하고 강화하여 경제와 사회를 재구성할 수 있을 것이라는 주장이다(김정원, 2014: 297). 윤형근은 호혜, 나눔, 공유, 자급을 기초로 하는 경제 영역을 호혜경제라고 표현한다(윤형근, 2008a). 그리고 사회적 경제와 지역공동체 운동의 결합에서 양자 모두에게 공통된 요소인 호혜성이 중요한 역할을 할 수 있다고 강조한다. 주요섭은 자립과 연대의 민생경제가 호혜의 정신을 기반으로 하고 호혜의 네트워크를 통해 성장한다고 주장한다(주요섭, 2009).

호혜경제로서 사회적 경제에 대한 대부분의 논의는 그것이 시장이나 국가와는 다른 대안적 사회경제질서를 가능케 할 것이라는 선험적 가정에서 출발한 것이 사실이다. 그러나 문제는 당위적 차원이 아니라 사회적 경제의 실제 작동에서 호혜성이 어떻게 실현되는가 하는 것이다. 호혜성이 사회적 경제를 구성하는 규범적 지표라는 당위론적 논의를 넘어서, 현실 경제와 사회에서 다양한 호혜성의 유형이 어떻게 작동하고 있는지에 대한 구체적이고 경험적이며 세밀한 분석이 필요하다. 이 점에서 사회적 경제의 구성 원리인 호혜, 연대, 협동, 참여가 현실에서 어떻게 구현될 수 있는가를 중요하게 고려해야 한다. 특히 호혜경제, 공공경제, 시장경제가 서로 복합적으로 작용하여 다원적 경제를 구성한다는 점에서 사회적 경제의 현실적 작동방식을 면밀하게 살펴볼 필요가 있다.

핵심적인 질문의 하나는 이윤을 추구하는 시장경제 체제에서도 호혜와 협동에 기반을 둔 경제활동이 가능한가, 아니면 시장 영역과 구분되는 다른 영역, 즉 시민사회나 제3섹터에서만 가능한가 하는 것이다. 사회적 경제는 국가 및 시장과 분리된 존재가 아니다. 그리고 그 영역이나 원리가 상당히 중첩되기 때문에 국가 및 시장으로부터 끊임없이 포섭과 침윤을 경험한다(김정원, 2014: 287). 그래서 현실적으로 보면 사회적 경제가 국가 및 시장과 맺는 상호침투적 관계로 인해 호혜성을 기반으로 하는 사회적 경제의 규범적 운영원리나 대안적 목적 추구가 제약될 수 있다.

사실 호혜경제는 시장경제의 압도적인 지배가 계속되면서 주변부에 위치해 왔음을 부인할 수 없다. 그리고 사회적 경제 역시 자본주의 체제 내에서 경제활동을 하는 이상 시장교환을 외면할 수 없다. 시장에서 벌어지는 불가피한 경쟁도 고려하지 않을 수 없다. 또한 정부 보조금이나 사업위탁 등과 같이 공공 부문의 자원을 지원받는다는 점에서 시장 및 국가와 끊임없이 영향을 주고받으며 변형되기도 한다.

4) 현대의 선물경제는 무엇인가

선물경제 또는 호혜경제의 현대적 형태를 이야기할 때 기술의 발달에 따른 새로운 사회경제 체제의 형성을 빼놓을 수 없다. 특히 소통방식의 변화로 인해 새로운 협력 플랫폼을 구성할 수 있게 되면서 새로운 형태의 현대적 선물경제가 발전할 수 있다. 벤클러(Yochai Benkler)와 니센바움(Helen Nissenbaum)은 네트워크 사회에서 소셜 미디어와 같은 소통 기제에 의해 구축되는 새로운 콘텐츠의 생산방식에 주목했다(Benkler, 2007; Benkler and Nissenbaum, 2006). 이른바 '공유를 근간으로 하는 협동 생산방식'이 그것인데, 기존 산업사회의 생산방식과 방법론적 측면만이 아니라 철학적·도덕적 측면에서도 많은 차이를 보인다. 공유와 협력이라는 기본 가치가 내재된 이러한 생산방식에는 관대함, 이타주의, 사회성, 동료애, 협력, 자유, 박애 등과 같은 인간의 다양한 미덕과 가치들이 포함되어 있다. 또한 이러한 미덕은 궁극적으로는 '공적 미덕'이나 '시민 미덕'을 형성하는 밑거름이 되기도 한다.

네트워크로 연결되는 '플랫폼'은 협력 시대의 가장 강력한 핵심 기반이 되고 있다. 또한 사용자들의 적극적 참여가 가치 창출에 결정적 영향을 미친다. 예를 들어 오늘날 기업들은 제품을 생산해서 공급하는 것이 아니라 하나의 장을 마련하고 그 장에서 사용자들이 놀고 생산할 수 있는 새로운 형태의 비즈니스 모델을 개발하고 있다.

또 하나 빼놓을 수 없는 것은 사회문제를 해결하는 협력 플랫폼의 존재이다. 기존에 사회문제 해결은 정부나 NGO의 일이라고 생각했지만, 이제는 IT 발전으로 웹상에서 사람들이 스스로 위키 방식의 협력적 지식 생산을 통해 스스로의 문제 해결책을 내놓을 수 있게 되었다. 환경, 빈곤 문제 등 현재의 사회문제에 대한 해결은 분산적이고 참여적인 플랫폼을 통해 이루어지고 있다. 협력 네트워크와 사회적 경제의 관계에 대해서는 이 책의 후반부에서 다시 자세하게 살펴볼 것이다.

·
·
·

제3장

사회적 경제의 역사와 이론

1. 사회적 경제란 무엇인가

사회적 경제는 '사회적 목적 추구를 우선으로 하는 모든 경제적 활동'을 총칭하는 개념이다. 국제협력개발기구(2007)의 정의에 따르면, 사회적 경제는 "국가와 시장 사이에 존재하면서 사회적 요소와 경제적 요소를 모두 가진 조직들"이다. 혹자는 사회적 가치나 공동체의 목표를 충족시키는 데 일차적인 목적을 두지만, 동시에 경제적 가치를 가지고 고용을 창출하고 재화 및 서비스를 생산하며 다방면에서 경제에 기여함을 전제로 하는 사회적 경제 조직이라고 정의하기도 한다(Goldenberg, 2004; 최석현 외, 2015). 드푸르니(Jacques Defourny)는 협동조합, 공제회, 결사체가 수행하는 모든 경제적 활동을 사회적 경제라고 정의한다(Defourny, 2004). 이윤보다 서비스 우선, 자율적 운영, 민주적 정책결정 과정, 수익 배분에서 사람과 노동을 중시하는 원칙에 기초하여 운영되는 조직이 사회적 경제라고 규정하는 것이다.

이런 관점에서 '유럽 사회적 경제(Social Economy Europe)'는 사회적 경제의 기본 원칙을 다음과 같이 제시하고 있다.

- 사람과 사회적 목적이 자본보다 우선한다.
- 구성원 자격은 자발적이고 개방적이어야 한다.
- 구성원에 의해 민주적으로 통제되어야 한다.

- 구성원 및 이용자의 이익, 기타 보편적 이익 등을 고루 안배해야 한다.
- 연대와 책임의 원칙은 반드시 준수되고 적용되어야 한다.
- 공공기관으로부터 자율성을 유지해야 한다.
- 잉여의 대부분은 지속가능한 발전의 목표, 구성원의 이익과 보편적 이익을 위해서 사용되어야 한다.

장원봉은 사회적 경제를 법적·제도적 접근, 규범적 운영원리에 기초한 접근, 그리고 사회경제적 메커니즘에 대한 접근으로 나누어 정의하고 있다(장원봉, 2006). 법적·제도적 차원에서 사회적 경제는 "시장 부문과 공공 부문 사이에서 양자를 통해 만족되지 못한 필요를 해결하기 위해서 재화와 서비스를 제공하는 경제활동영역으로 규정되며, 그것은 일반적으로 협동조합기업, 공제조합, 연합체의 성격을 가진 다양한 비영리조직들 그리고 재단 등을 포함한다" 라고 정의한다.

규범적 운영원리에 기초한 접근에 따르면, 사회적 경제는 주로 협동조합, 공제조합 그리고 비영리조직이 수행하는 경제활동으로 이루어진다. 이러한 개념 접근은 사회적 경제 조직들이 규범적인 정당성을 갖도록 함으로써 그들의 활동에 관련된 이해당사자들의 동의 수준을 높일 수 있게 한다.

마지막으로 사회경제적 조절 메커니즘에 대한 접근으로 개념화하고자 하는 시도는 사회적 경제를 사회의 매개적인 영역으로 설정하고 있다. 이러한 조절 메커니즘은 사회적 경제의 역할, 즉 '연대경제(solidarity economy)', '새로운 형태의 경제활동' 그리고 '조절적 사회경제 체제'의 역할을 강조하고 있다. 이러한 접근에 따르면 사회적 경제는 단순히 시민사회 부문에 국한되지 않는다. 복합경제, 민간, 정부, 가정 경제 사이의 매개적 공간에 위치하면서 이들과 중첩적으로 존재하는 제3섹터로 정의된다.

사회적 경제의 범주

사회적 경제의 범주를 나누는 방법은 통상 조직의 성격과 운영 원칙을 어떻게 보느냐에 따라 다르다. 드푸르니에 따르면, 사회적 경제는 협동조합, 공제조합, 결사체, 재단으로 구성된다. 이들은 이윤보다는 구성원이나 지역사회의 이익을 위한 활동을 우선시하며 독립적 운영, 민주적 의사결정, 자본보다는 인간과 노동을 먼저 고려한 소득배분 등을 그 운영 원칙으로 한다(Defourny, 2004).

니낙스(William Ninacs)는 협동조합, 공제조합, 결사체 등의 조직은 전통적인 사회적 경제에 해당하며, 여기에 협동조합의 특성을 갖는 사적 부문의 기업과 공공 부문의 기관을 포함해야 한다고 주장한다(Ninacs, 2002). 그리고 사회적 경제를 정의할 때 운영원칙뿐만 아니라 목적과 가치도 기준에 덧붙일 것을 제안한다.

그림 3-1 사회적 경제의 4변형 지도

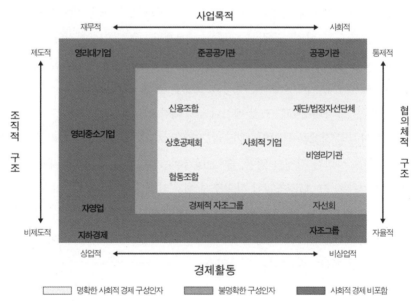

자료: Ninacs et al. (2002: 7).

사회적 경제는 그 성격이나 영역의 측면에서 다양한 방식으로 정의할 수 있다. 우선 영역을 기준으로 한다면, 사회적 경제는 민간시장 부문과 공공 부문 사이에 존재하는 활동영역이라고 규정할 수 있다. 즉, 경제행위자의 활동 공간을 기준으로 하면 사회적 경제는 제3섹터가 주체가 되는 경제영역을 말한다. 제3섹터란 국가와 시장의 영역이 아닌 시민사회의 영역을 지칭하므로 사회적 경제는 시민사회에서 생겨난 자발적인 시민조직이 주체가 되어 행하는 경제활동을 의미한다.

이러한 영역적 구분은 사회적 경제의 성격과도 연결된다. 제3섹터는 자조와 상호부조, 사회적 목적 추구의 영역으로서 이윤 창출을 중시하는 민간부문이나 국가의 책임성을 강조하는 공공 부문과 구분된다. 따라서 사회적 경제의 성격은 정부주도 개입경제나 경쟁적 시장경제 양자로부터 반대되는 방향에 일정한 거리를 두고 위치한다. 사회적 경제는 국가로부터의 자율성과 비시장적인 박애주의 성격을 특징으로 하는 것이다(송백석, 2011). 페인(Jude Payne)과 번사이드(Ross Burnside)는 사회적 경제를 "순수하게 박애적인 활동으로서 인간 중심의 참여적이고 민주적인 가치를 가진 모든 사회적 목적을 이루기 위한 상업적 활동"(Payne and Burnside, 2003)으로 정의한다.

사회적 경제의 위상과 구성

최근 프랑스 등 유럽을 중심으로 '연대경제(solidarity economy)'가 사회적 경제 담론과 관련하여 중요하게 부상하고 있다. 유엔사회발전연구소는 경제성이나 혁신에 치우친 사회적 경제 개념 대신 '사회적 연대경제(SSE)'라는 개념을 제시한다. 그것은 사회적 경제의 민주적·대안적 측면을 강조한다. 능동적 시민성에 기초하여 경제적 행위를 근본적으로 민주화시킨다는 의미를 강조하는 것이다. 사회적 연대경제는 약자와 소외된 계층을 포용하는 민주주의, 권력강화, 해방 등을 목적으로 한다(Utting, 2012; Utting et al., 2015; Laville, 2015).

사회적 경제가 기능적 관점에서 시장이나 국가와 구분되는 제3섹터를 기반

그림 3-2 사회적 경제의 위상과 구성

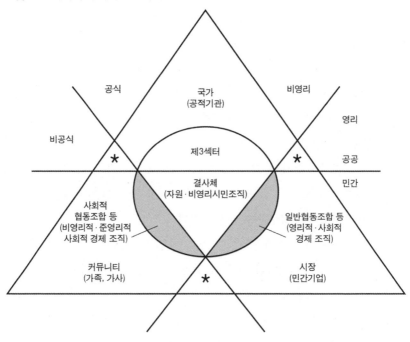

자료: Pestoff(1992: 25), Evers and Laville(2004: 17).

으로 하여 시장경제에서 발생하는 빈곤, 실업, 사회적 배제 등을 완화시킴으로써 현대 자본주의의 지속가능성에 도움을 주는 기능을 내포하고 있다면, 연대경제는 현재의 사회경제적 제도의 전면적 변화를 추구한다는 점에서 훨씬 진보적이다(최석현 외, 2015: 13). 즉, 연대경제는 신자유주의의 목표인 이윤의 극대화와 무조건적인 성장을 반대하고 사람과 공동체를 성장의 중심에 놓는다. 이러한 입장에 따라 연대경제론자들은 현재 경제시스템의 대안으로 기존 제3섹터의 영역을 제1섹터와 제2섹터까지 확장할 것을 제안한다(Kawano, 2010; 최석현 외, 2015: 14).

카와노(Emily Kawano) 등에 따르면 사회연대경제는 다음과 같은 특성을 갖는다. 첫째, 자본주의와 국가주도 경제의 대안적 경제이자 일반인이 경제체제

그림 3-3 사회적 경제와 연대경제의 구성

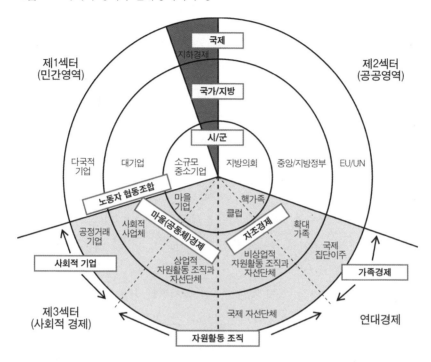

에서 중심 역할을 담당하는 경제이다(Kawano et al., 2010). 둘째, 인본주의, 연대/상호부조/협동/호혜성, 사회적/정치적/경제적 민주주의, 평등/정의, 지속가능한 발전, 다원주의/사회적 통합/다양성/창조성, 지역공동체 가치 등에 기초한 윤리적 발전을 추구한다. 셋째, 공동소유를 지향한다. 넷째, 사회적 약자들의 역량 강화를 통해 빈곤 완화와 사회적 통합을 이루려 한다. 다섯째, 사회연대경제 조직은 기존의 사회적 경제 조직 이외의 공공기관, 민간기업, 민간조직 등과 사회적 가치를 공유하며 협력하는 특성을 가진다.

사회적 목적의 다원성

사회적 경제를 시장이나 기업과 구분하는 기준 중 하나는 추구하는 목적이 사회적이냐 하는 것이다. 사회적 목적은 다양하게 규정될 수 있다. 첫째, 비영리성이다. 사회적 경제가 추구하는 사회적 목적은 경제적 목적에 우선한다. 사회적 경제 조직은 활동에 필요한 지출을 자체적으로 충당하는 수입을 만들어야 하지만, 수익 활동은 사회적 목적을 달성하는 일에 한정된다(Quarter, 1992: 11~12; 주성수, 2009: 55). 사회적 경제 조직들 중에는 영리활동을 하지 않고 비영리활동을 하는 조직도 있지만 협동조합, 공제회, 공익재단처럼 투자자들을 위한 이윤을 창출하기보다는 조직 구성원이나 공동체 전체의 불특정 다수를 위한 서비스를 제공하는 조직도 있다(Defourny and Nyssen, 2008: 7). 다만 구성원과 공동체를 위한 서비스를 제공하는 것을 목적으로 하되 비영리적 방법으로 접근하기 때문에 자본보다 사람을 우선시하며 나아가 참여 확대, 자치 역량 강화, 개인과 집단의 책임성 증진 등의 사회적 목적을 달성하기 위해 노력한다(주성수, 2009: 56).

둘째는 민주성이다. 사회적 경제 조직은 종사자나 이용자의 민주적 정책결정에 의해 운영된다는 점에서 민간 기업이나 공조직과 다를 뿐 아니라 일반 비영리조직과도 구분된다. 다만 사회적 경제 조직에서 지분소유나 민주적 참여의 정도, 의사결정구조 등은 조직 규모나 활동영역에 따라 다양하게 나타난다.

셋째, 공동체 지향성이다. 사회적 경제는 평등이나 형평성과 같은 가치를 중시한다. 그리고 참여, 연대, 사회 자본을 토대로 활동한다. 지역은 사회적 경제의 공동체성이 뿌리내릴 수 있는 좋은 토양이다. 사회적 경제 조직은 공동체 구성원의 참여와 연대를 통해 경제적 수익을 창출하여 지역 공동체의 발전에 기여할 수 있다. 또한 사회적 경제활동은 지역주민들의 생활 안정과 이웃관계 개선, 자긍심 회복 등 '사회자본'을 제고하는 효과를 낳는다. 주민들이 단순히 서비스 수혜자로 머무는 것이 아니라 적극적 참여자로서 조직의 민주적 운영에 적극적 관심을 쏟아 붓게 됨으로써 공동체 형성에 기여하는 효과가 발생한다는 것이다.

넷째, 사회적 배제에 대한 대응이다. 사회적 경제는 장애인, 실업자, 저소득층 등 취약계층의 사회적 배제에 대응하는 처방으로 주목받고 있다. 사회적 배제는 연령, 성, 인종, 이민, 가계구조, 교육 등 다양한 배경에서 발생하며, 이러한 불이익이 여러 겹으로 누적되면 심각한 배제 집단이 생겨날 수 있다. 그런데 사회적 경제활동은 집단적 자조와 확신, 역량 구축을 통해 경제에 집단적 가치를 보완해주며, 자율성과 결사체로서의 가치를 제고함으로써 사회적 배제가 판치는 경제활동을 인간 중심으로 재조직화할 수 있다.

다섯째, 자치역량 강화(empowerment)이다. 사회적 경제 조직은 서비스의 생산과 공급에 직접 참여하기 때문에 이용자나 노동자, 그리고 공동체 성원 모두에게 자치역량을 강화시키는 기회를 제공한다.

2. 사회적 경제의 역사적 발전: 전통적 사회적 경제와 새로운 사회적 경제

역사적으로 볼 때 전통적 사회적 경제는 새로운 사회적 경제와 구분된다 (Defourny and Develtere, 1999; 김정원, 2014: 93). 전통적 사회적 경제 조직이란 대체로 19세기 이래 오랜 역사를 가진 협동조합, 공제조합, 재단, 결사체 등을 지칭하는 반면, 새로운 사회적 경제 조직에는 1990년대 이후 출현한 사회적 협동조합, 사회적 기업, 공동체기업 등을 포함하는 경향이 있다. 전자와 비교하여 후자는 개방성, 공익성, 정부와의 협력적 관계 등이 두드러진다는 차이가 있다(노대명, 2014: 2).

사회적 경제의 역사적 기원은 고대 이집트와 고대 그리스 시대의 공제조직에서 찾기도 하고 중세 유럽이나 무슬림 국가의 길드에서 찾기도 한다. 그러나 근대적 의미의 사회적 경제는 18세기 말에 이르러 형성되었다(Laville, 2015). 사회적 경제의 등장은 자본주의의 거대한 변화를 배경으로 한다. 산업혁명이 전 유럽으로 확산되자 산업화로 인한 부작용으로 도시 빈곤이나 실업

문제, 그리고 그에 따른 사회적 불안정이 광범하게 나타나게 되었다. 이러한 사회문제를 경험한 후 많은 이들이 박애주의적 연대정신에 입각하여 자선단체들을 조직했다. 이러한 자선활동은 19세기 후반에 들어 나라마다 전국적 연합회 형태로 본격적으로 발전하게 된다.

초기 사회적 경제 조직들의 주된 목표는 시장의 영리에 노출된 개인들의 이해를 보호하거나 촉진하기 위해 생산, 소비, 저축과 신용 서비스를 제공하는 데 있었다(주성수, 2010: 14). 전통적 의미의 사회적 경제는 18세기 후반부터 19세기 초에 이르는 시기에 나타난 협동조합이나 공제조합의 실험에서 출발한다. 이들은 자본주의 산업화와 더불어 야기된 사회적 위험에 대비하여 노동자들이 집합적으로 대응하기 위해 조직한 것이다. 공제조합은 질병, 사고, 사망 등과 같은 사회적 위험이나 실업과 파업으로 인한 직업적 위험, 그리고 거주와 급식과 같은 기본 생활에서의 소외에 대응하기 위해 만들어졌다. 농업협동조합, 노동자협동조합 등 생산자협동조합은 소규모 생산자들이 불평등한 소유관계로 인해 겪게 되는 빈곤과 실업문제를 집단적 노력을 통해 스스로 해결하려는 목적으로 조직했다. 또한 노동자와 실업자들은 보다 싼 가격에 재화와 서비스를 조달하기 위해 소비자협동조합을 조직했다(장원봉, 2007). 이처럼 19세기 협동조합 운동은 노동자들이 부족한 재화나 서비스를 보완하고 빈곤과 실업 등의 문제를 스스로 해결하기 위해 노력하는 과정에서 나타난 것이다. 이는 당시 사회적 경제 조직들이 노동자들로 하여금 시장경제의 등장과 함께 나타난 사회적 위험에 대비할 수 있게 이들을 조직화하여 집합적 이해를 증진시키는 역할을 했음을 의미하는 것이다.

그러나 19세기 유럽에서 자선활동, 협동조합 등의 형태로 시작된 사회적 경제는 자본주의의 본격적인 발전 이후 시장경제의 종속적 위치로 쇠퇴하게 되었다. 복지국가의 등장으로 인해 사회적 경제는 그 안에 동화되었고, 시장경제와의 경쟁 속에서 왜소해진 사회적 경제는 쇠퇴하게 되었다. 유럽에서는 복지국가의 영향력이 확대되고 국가를 중심으로 하는 복지서비스 혜택의 전달

체계가 완성되자 사회적 경제 조직의 역할은 대폭 축소되었다. 즉, "국가는 복지국가 프로그램을 기획하고 통제함에 있어서 공동체 부문의 참여 없이도 사회를 관리하는 기술관료적 관리자"가 된 것이다(Fontan and Shragge, 2000: 5). 이는 확대된 복지국가가 사회적 경제를 제도적으로 흡수해버린 것이라고 표현할 수도 있다.

그러나 1970년대 말부터 유럽에서 사회적 경제는 다시 부활하기 시작했다. 이 시기는 경제위기와 함께 실업, 빈곤, 사회적 배제 등의 문제가 심각해지면서 기존의 국가복지가 이에 적절히 대응하지 못하고 있다는 비판이 비등하게 된 시점이다. 경제 구조조정, 대량 실업, 빈곤 확대 등으로 복지국가가 심각한 위기에 처하게 되면서 다시 사회적 경제가 주목받게 된 것이다. 자본주의의 세계화가 경쟁적으로 확산되면서 경쟁과 이윤추구를 중시하는 시장경제는 사회적 불평등과 사회적 배제 등 많은 문제를 낳았다. 이에 대한 성찰과 반성이 이어진 결과 연대, 평등, 환경 등 사회적 경제의 의의가 새롭게 주목받게 된 것이다. 또한 경제의 신자유주의화에 따라 기존 복지국가의 능력이 한계를 보이게 되자 제3섹터가 국가를 대신한 복지 공급자로 떠오르게 되었다. 그 결과 제3섹터 기반의 사회조직들이 경제활동의 주체로서 나서는 사회적 경제의 발전이 가속화되었다.

이 시기의 특징 중 하나는 사회적 경제가 정부정책이나 유럽연합의 의제 차원에서 논의되기 시작했다는 점이다. 1980년대 말 유럽연합은 사회경제적 위기에 대한 해결책으로 사회적 경제를 제시하고, 이를 유럽 전체의 어젠다로 삼았다. 이렇게 전략적으로 접근한 결과 사회적 경제는 1989년 유럽에서 정부 간 협의에 필요한 공식 용어로 인정받았으며, 2002년에는 '사회적 경제 유럽헌장'이 채택되기에 이르렀다(장원봉, 2007: 16).

이러한 계기를 거쳐 새로운 사회적 경제의 발전이 촉진되었다. 따라서 사회적 경제는 전혀 새로운 형태와 내용으로 등장했다기보다는 복지국가의 위기와 신자유주의 시장경제의 확대로 인해 부각된 실업, 빈곤, 사회적 배제 등 악

화일로에 있는 사회문제들을 치유하기 위해 전략적 차원에서 적극적으로 재해석되고 재발굴된 것이다. 다만 변화한 시대적 상황을 반영하여 사회적 기업, 공정무역, 윤리적 소비 등이 새로운 사회적 경제 조직의 주된 활동 내용으로 부상하게 되었다.

사회적 경제가 제공하는 사회서비스는 경직된 공공 부문에서는 제대로 제공하지 못했던 다양한 새로운 영역으로까지 확대되고 있는데, 관계재(relation goods)나 근접 서비스(proximity service) 등이 대표적이다. 관계재는 비물질적인 재화로서, 집단적으로만 생산되고 소비될 수 있으며 상호작용관계에 밀접히 관련된 재화를 의미한다. 가장 대표적인 것은 운동장에서 함께 야구경기를 응원하면서 스타디움에서의 열광과 즐거움을 공유하는 집합적 경험을 들 수 있다. 또 다른 예로 집단적인 자선활동이나 친구관계, 상호 신뢰 등을 들 수 있다. 친구관계에서 볼 수 있듯이 관계재는 관계에 내재하며 관계가 유지되는 범위 안에서만 그 효용이 발휘된다는 점에서 관계 그 자체라고 할 수도 있다.

근접 서비스는 물리적으로 가까이 있음으로써 가능한 서비스를 일컫는다. 예를 들어 사용자가 카페 앞을 지나갈 때 카페로부터 할인 쿠폰을 수신하거나 공원에서 아이가 부모로부터 멀어지게 되면 경고음이 울리는 서비스이다. 근접 서비스는 사용자가 있는 위치가 서비스를 제공하는 데 중요한 정보로 작용한다는 점에서 기존의 위치 기반 서비스와 유사하지만, 서로 가까이 있음을 양자관계를 통해 판단하여 필요한 서비스를 제공한다는 점에서는 훨씬 역동적이다.

관계재나 근접 서비스와 같은 종류의 사회서비스는 시장경제나 공공경제보다는 사회적 경제를 통해 제공하는 것이 더 유리하다. 새로운 사회적 경제는 교육, 보육, 의료 등과 같은 사회서비스나 재생에너지, 쓰레기 처리, 산림조림 등과 같은 환경 관련 서비스, 그리고 다양한 문화서비스의 영역 등으로 확장되고 있다.

최근에는 사회적 경제 개념이 대폭 확장되어, 경제활동의 주요 주체들인 생산자, 소비자, 시민들에 의해 이루어지는 다양한 연대적 경제활동까지 포함하게 되었다. 예를 들면 크라우드 펀딩이나 공유경제 등은 기존의 사회적 경제 개념에는 포함되지 않았던 것들인데(최석현 외, 2015), 이제는 21세기의 새로운 기술 발전을 배경으로 하여 새로운 환경에 끊임없이 조응하는 새로운 조직형 태들이 속속 등장하고 네트워크와 디지털 기술 및 이에 기반을 둔 새로운 경제 부문이 발전하게 되면서, 새로운 방식으로 사회적 가치를 추구하는 사회적 경제의 한 유형으로 인정받고 있다. 수평적·협력적·민주적 형태의 새로운 네트워크 기반 위에서 생산자 및 소비자 간에 이루어지는 다양한 형태의 협력적인 사회경제적 활동들을 포괄하려면 사회적 경제 개념의 확장은 필연적이라 할 수 있다.

3. 사회적 경제의 다양한 발전 형태

사회적 경제는 국가와 지역에 따라 매우 상이한 경로를 거쳐 발전해왔기 때문에 일반화하여 정의하기 어렵다. 대체로 유럽에서는 자원 활동 조직들과 협동조합, 공제조합 등을 포괄하여 사회적 경제라고 정의한다. 반면에 미국에서는 '비영리조직'이라는 용어를 통해 사회적 경제 활동을 규정하는 경향이 강하다. 사회적 기업에 대해서도 마찬가지이다. 유럽의 맥락에서 사회적 기업은 지역을 기반으로 사회적 필요를 충족시키기 위해 새롭게 등장한 사회적 경제 조직을 의미한다. 반면에 미국적 맥락에서는 기존의 민간 영리기업들 중 사회적 가치 실현에 더 비중을 두는 기업을 사회적 기업이라고 지칭하는 경향이 강하다.●

● 오용선·송형만·신승혜(2007)는 사회적 기업을 국가별 발전 형태에 따라 다음 네 가지 유형으로

앞장에서도 언급한 바와 같이 사회적 경제 활동이 본격적으로 나타나기 시작한 것은 신자유주의 시장경제가 일자리 창출과 빈곤문제 해결 등에 별로 효과적이지 못했던 1980년대부터였다. 시장경제가 회복되면 실업과 빈곤 문제도 해결될 것이라는 믿음과는 달리 사회양극화나 사회적 배제가 더욱 심화되자 국가나 시장 대신 이웃이나 지역공동체와 같은 제3섹터가 나서서 해결책을 제시해야 한다는 공감대가 유럽을 중심으로 확산되었다(장원봉, 2006).

유럽에서 사회적 기업의 등장은 실업과 사회적 배제 등 기존의 시장 메커니즘이 낳은 폐해에 대한 반작용으로 제3섹터가 발전한 것과 같은 맥락에서 설명할 수 있다. 따라서 유럽의 사회적 기업은 이윤추구보다는 사회서비스 제공을 우선시하고 소득재분배 성격의 사회적 안전망 역할에 충실하고자 하는 특징을 갖는다(장용석 외, 2015: 38). 유럽형 사회적 기업은 법적·제도적 지원을 통해 취약계층을 위한 일자리를 창출하고 사회서비스나 사회적 혜택을 확대하며 지역사회연계형으로 사업을 벌이는 등의 방법을 중심으로 발전해왔다. 유럽의 사회적 기업들 중 상당수가 협동조합 형태로 발전했기 때문에 유럽 출신 연구자들이 이해관계자의 의사결정 참여와 조직의 민주적 운영을 강조하는 입장에 있다는 것도 이해할 만한 경향성이다(Kerlin, 2006). 유럽의 사회적 기업은 공익적인 목적, 운영 자율성, 사람 중심의 의사결정구조, 이윤 배분의 제한 등 매우 규범적인 내용을 가진다. 그리고 취약계층에 대한 노동통합, 사회서비스의 전달, 지속가능한 지역발전 등을 목표로 민간이 주도하여 사업을 하는 경향성이 강하다(엄형식, 2008). 그래서 유럽에서 사회적 기업은 개인이나 지역사회의 발전을 위한 사회적 역할을 담당하는 '지역사회친화형 사회적 기업'을 의미하는 경우가 많다. 유럽에서 사회적 기업은 지역사회에 뿌리내리고,

---

구분한다. 첫째는 북구형(덴마크, 핀란드, 스웨덴, 네덜란드), 둘째는 앵글로색슨형(아이슬란드, 영국), 셋째는 대륙형(오스트리아, 벨기에, 프랑스, 독일, 룩셈부르크), 넷째는 지중해형(이탈리아, 그리스, 포르투갈, 스페인)이다.

표 3-1 유럽형과 미국형 사회적 기업 비교-1

유럽의 제3섹터 정의	미국의 제3섹터 정의
·역사적·사회적 접근 중시 ·사회적 경제 개념 ·재화 및 서비스 생산 중시 ·분석적(analytical) 관점 ·매개적(intermediary) 역할 ·수익배분 가능 ·협동조합, 공제단체 포함	·보편적·수량적 접근 중시 ·비영리영역 개념 ·공익역할 중시 ·분류적(classificatory) 관점 ·독립적(independent) 역할 ·수익배분 원칙적 불가 ·협동조합, 공제(mutual aids)단체 제외

자료: Evers and Laville(2004: 13).

지역사회에서 필요로 하는 재화와 서비스를 생산하며, 지역사회에 대한 지원을 명분으로 부족한 재원을 동원하고, 이를 통해 발생한 보편적인 이익을 다시 지역사회에 환원하는 등의 기능을 한다.

반면, 미국에서 사회적 기업은 영리기업의 사회공헌 활동부터 본연의 사회적 목적을 수행하기 위해 필요한 상업적 활동을 하는 비영리단체까지 넓은 스펙트럼을 모두 포괄한다. 미국에서 전형적인 사회적 기업은 '시장친화형 사회적 기업'이라는 점에서 비영리조직을 의미한다. 미국에서 사회적 기업은 정부의 제도적 지원을 받지 않고, 법적 제약이나 지역 연계의 부담 없이 다양한 영역에서 성장한 비영리조직을 의미한다. 미국의 사회적 기업은 유럽과 달리 비영리조직의 자금조달 문제를 해소하기 위한 방안으로 등장했다. 1970년대 미국에서는 심각한 재정위기로 인해 비영리조직에 제공되던 국가의 지원이 상당 부분 중단됨에 따라 비영리조직들은 생존을 위해 다양한 재원을 확보해야 하는 상황에 직면하게 되었다. 그 결과 기부나 모금 활동뿐 아니라 수익 창출을 위한 다양한 서비스 제공에도 관심을 갖게 되었다(장용석 외, 2015: 39). 따라서 미국의 사회적 기업에는 비영리조직의 별도 영리사업법인, 기술·경영혁신을 통해 사회적 가치 실현과 경제적 이익을 동시에 달성하려는 지역사회벤처(Community Wealth Venture), 취약계층 지원이라는 공익적 목적에서 영리활

표 3-2 유럽형과 미국형 사회적 기업 비교-2

구분	유럽형	미국형
1. 강조점	사회적 기여(수혜)	수익창출
2. 정부지원 여부	세제 감면 등 지원	없음
3. 조직유형(형태)	협회/협동조합/연대결사체	상법상 회사
4. 활동상 초점	대인(휴먼) 서비스	모든 비영리활동
5. 사회적 기업 유형 수	적음	많음
6. 환경	사회적 경제	시장경제
7. 이윤배분 구조	제한적 이윤배분 인정	이윤배분 원칙적 배제
8. 의사결정	이해관계자 참여	제한적 인정과 참여
9. 전략적 육성 주도	정부/유럽연합(EU)	민간재단
10.법률적 틀(프레임워크)	미약하지만 개선 중	부족(취약)

자료: Kerlin(2006), 홍석빈(2009).

동을 하는 기업들까지 다양한 형태들이 모두 포함된다(홍석빈, 2009; 이은선, 2009). 이 때문에 미국에서는 사회적 기업을 규정하는 제도보다는 사회적 기업가의 혁신을 중시하는 경영학적 접근이 주를 이루었다는 점에서 유럽과 차이가 있다. 미국에서는 시민단체·사회복지기관·재단 등을 중심으로 사회적 기업이 발전함에 따라 민주적 운영이라는 성격보다는 '혁신적인 사회적 기업가'에 의한 경영이라는 특성을 보다 강조하고 있다(Kerlin, 2006).

4. 한국의 사회적 경제의 특성

한국에서 사회적 경제가 갖는 주요 특징은 다음과 같이 제시될 수 있다. 첫째, 전통적인 사회적 경제와 새로운 사회적 경제의 구분이 명확하게 나타나고 있다. 전통적인 사회적 경제는 1차 산업과 신용사업 중심인 반면, 새로운 사회적 경제는 고용창출과 사회서비스의 제공, 지역재생 및 공동체 구축 등의 다양한 활동을 결합한 형태로 나타난다(김정원, 2010: 116). 전통적인 사회적 경제조직이 나타난 시기는 1차 산업이 토대가 되었던, 국가의 강력한 주도가 두드러진 개발기였다. 반면에 한국의 새로운 사회적 경제는 서구사회와 유사한 경로를 보이는데, 실업, 양극화, 사회서비스 수요의 증대 등과 같은 시대변화에도 불구하고 기존 국가의 역할만으로는 한계에 부닥친 상황에서 시민사회를 기반으로 한 새로운 대응 방식이 요구되는 시점에 등장했다.

둘째, 한국의 사회적 경제의 형성과 성장에서는 국가의 역할이 매우 컸다는 점이 특징적이다. 정부가 법적 근거를 마련하고 사회적 경제를 적극적으로 지원한 것이 사회적 경제 성장의 주요 동력으로 작용한 것이다. 자원의 안정적 확보와 판로 마련, 사업 네트워크 구축 등 사회적 경제 조직의 발전과정에서 정부의 정책적 뒷받침은 큰 역할을 했다. 그러나 정부의 적극적인 지원이 양적 확대에 집중된 결과 한국의 사회경제 조직이 지속가능하도록 하는 데는 많은 한계를 지니게 되었다(김정원, 2010; 장용석 외, 2015: 49). 이에 더해 한국의 사회적 경제 조직은 다양한 정부 정책에 의해 육성되고 발전되어왔지만 부처 간 정책 조율이 원활히 이루어지지 못한 결과, 그 진행이 산발적이고 지원도 중복적으로 이루어져 많은 비효율을 낳았다는 비판을 받고 있다.

이러한 특성은 사회적 경제 조직의 정부 의존성에서 가장 잘 드러난다. 자활기업, 사회적 기업, 마을기업, 농어촌공동체회사 등이 물적 기반을 형성하는 과정에서 정부의 직접적 지원은 결정적이었다. 이런 특성으로 인해 사회적 경제 조직은 시민사회와 협력하고 연대하기보다는 국가 전략이나 기획에 따라 분절되는 모습을 보여주었다. 여전히 한국의 사회적 경제를 구성하는 조직 중 많은 부분이 정부 정책이나 정부의 지원에 의존하고 있다. 이는 정부 정책이 바뀌면 사회적 경제 조직의 흐름도 크게 영향을 받을 수 있다는 점을 의미한다. 정부에 대한 자원 의존도가 클수록 사회적 경제 조직의 자율성은 약해질 수밖에 없다. 특히 한국에서 정보화의 물결이 거세진 2000년대 초 벤처 인증제를 통해 정보경제에 대해 강한 영향력을 행사해온 점을 감안하면 사회적 경제에 대한 정부의 관리 및 통제 욕구도 강하다고 볼 수 있다. 따라서 정부에 의존하는 방식의 성장은 사회적 경제의 대안성을 약화시키게 된다.

물론 사회적 경제에 대한 정부의 지원 자체를 부정적으로 볼 필요는 없다. 또 정부의 지원이 아예 필요치 않다고 주장하는 것도 아니다. 오히려 대기업에 대한 각종 세제혜택 등과 비교하면 사회적 경제에 대한 정부의 지원은 상대적으로 소규모에 불과하다. 또한 그러한 논리는 그동안 정부의 지원과 수혜 속에 성장해온 기존 기업들의 '사다리 걷어차기' 논리에 다름 아닐지도 모른다. 사회적 경제에 대해 정부가 보조금을 지급하는 이유는 사회적 경제의 협동적이고 비영리적인 활동이 긍정적 외부효과를 낳는다는 것을 인정하기 때문이다. 그러나 정부 지원에만 의존하여 성장하게 되면, 사회적 경제는 자생성과 지속가능성을 갖지 못하게 된다. 더구나 정부가 사회적 기업을 정부가 마련한 표준에 따라 '인증'하게 되면 '조직의 동형화'를 가져올 위험이 있다.

셋째, 한국의 사회적 경제 조직은 지역사회의 공동체를 조직화하는 데 아직은 매우 취약하다. 사회적 경제가 자생성과 지속가능성을 갖기 위해서는 풀뿌리 단위에서 경제활동을 촉진하고, 이를 통해 시민사회의 경제적 역량을 강화시킬 수 있어야 한다(김정원, 2010: 121). 최근에 들어 지역사회 친화형 실험과 전략들이 점차 늘어나고 있음에도 여전히 내용적으로는 많은 취약성을 갖고 있다고 하겠다.

역사적으로 보면 한국의 국가는 시민사회 영역을 지배하고 독점해왔다. 많은 비영리조직들은 정부에 의존했고 정부 정책에 종속적이었으며 비민주적이고 폐쇄적 방식으로 운영되었다. 그 결과 자율적인 시민사회 발전에 기여하지 못했다. 이와 대조적으로 유럽의 사회서비스 조직들은 비록 정부의 재정적 지원을 받았지만 매우 강한 자율성과 투명성을 유지해왔다. 한국의 사회적 경제 조직이 공공성 증진에 실패한 이유도 이러한 차이, 즉 비영리조직의 영리추구나 정부에 대한 종속성, 그리고 대외적 폐쇄성 등에서 찾을 수 있다.

최근 한국 사회의 여러 위기상황을 분석하는 전문가들의 공통된 진단 중 하나는 사회자본의 결핍이다. 투명성, 신뢰, 봉사와 배려, 연대 등의 사회적 역량, 즉 사회자본의 부족이 사회위기를 초래했다는 것이다(이재열, 2009; 김왕배, 2010; 유종근, 2013). 사회자본 수준이 높은 선진 민주국가들에서는 적극적이고 다양한 결사체 참여를 통해 정치적 신뢰와 사회적 신뢰의 형성을 촉진해왔다. 반면에 한국을 포함한 아시아 국가들에서는 서구 국가들과는 달리 타인에 대한 신뢰가 가족이나 지인에 대한 신뢰보다 매우 낮게 나타나며, 다양한 정부조직들에 대한 정치적 신뢰 또한 낮게 나타난다.

한국에서 공익과 사회서비스를 제공하는 제3섹터 조직들은 1980년대 이전부터 존재했다. 사회서비스, 의료 등 특별법에 의해 만들어진 비영리조직들은 공익적 역할을 담당해왔다. 문제는 한국의 비영리영역이 서구 국가들에서처럼 자율적으로 공공성을 실천하는 역할을 충분히 하지 못했다는 점이다. 오히려 수직적 질서가 강한 권위주의나 계층불평등이 연고동원력의 차이에 의해 증폭되는 한국적 특성으로 인해 사회적 연결망을 적극적으로 이용하는 이들일수록 더 많은 위법행동을 하게 된다는 연구결과는 일부 중상계층의 비공식 사회단체가 '비도덕성을 생성하는 사회적 자본'임을 보여준다(김우식, 2006).

또한 비영리성과 공공성을 추구한다는 외양을 갖춘 한국의 많은 비영리조직들은 사실상 영리를 추구하는 비공공적이고 불투명한 존재라는 의심을 받아왔다. NPO에 직접 참여하는 당사자들이 조직의 공공적 역할과 존재 의의를 실현하기보다 개인 및 가족의 이익을 추구하는 도구로 활용해온 경향이 있기 때문이다. 대표적인 비영리조직인 사립학교나 복지기관조차 실제로는 가족기업처럼 운영되는 경우가 많고 비영리 민간의료기관조차 영리기업처럼 운영된다. 신자유주의의 확산으로 인해 '국가의 축소와 시민사회의 시장화'가 진행되면서 이러한 경향은 더욱 심화되어왔다. 다른 한편 자발적 결사체의 경우 폐쇄적인 연고조직처럼 운영되기도 하고, 주창활동(advocacy)을 지향하는 일부 시민사회단체는 극단적인 정치적·이념적 성향을 보이기도 한다.

사회적 경제는 지역공동체의 구성원 또는 시민이 주체가 되어 활동하는 참여적 영역이라고 할 수 있다. 따라서 시민과 시민사회가 공공성을 갖출 때 공동체도 발전하고 사회통합과 사회자본의 확대에 기여할 수 있다. 그러나 제3섹터의 수많은 조직들과 참여자들이 공공성 규범과 원칙을 실천하지 못한다면 신뢰, 사회자본, 공동체의식은 쉽게 무너질 수 있다. 따라서 사회적 경제가 정부와 기업의 한계를 보완하고 그 역기능을 완충시키는 영역으로 자리 잡고 그 영향력을 확대하기 위해서는, 우리 사회에서 신뢰와 사회적 연대를 확장하고 공공성을 확충하는 일이 사회적 경제의 활성화를 위해서도 매우 시급한 과제라고 말할 수 있다.

5. 사회적 경제의 진화와 다양한 유형들

한국에서 사회적 경제의 범주를 구별할 때 가장 중요한 기준 중 하나는 정부정책과 법령이다. 이러한 근거법령에 따라 공식적으로 인정되며 관장 부처가 있는 사회적 경제 조직에는 사회적 기업, 마을기업, 농어촌공동체회사, 자활기업, 협동조합 등이 있다.

노대명은 사회적 경제의 범주를 국가와 시장의 중간지대로 설정하고, 사회적 경제와 국가와의 관계를 정부의존과 자립지향이라는 대칭적 관계로 구분하며, 사회적 경제와 시장의 관계를 비영리와 영리라는 대칭적 관계로 구분한다(노대명, 2007).

엄형식은 전통적 사회적 경제에 농협·수협·산림조합·새마을금고·신협을, 새로운 사회적 경제에 소비자생활협동조합·사회적 기업을 포함시킨다(엄형식, 2008). 신명호는 농협·수협과 같이 해방 후 조직된 협동조합은 사회적 경제의 원칙에 입각해서 생겨나고 발전해왔다고 보기 어렵다고 지적한다(신명호, 2009).

김정원은 한국의 사회적 경제를 역사적 맥락에 따라 구사회적 경제와 신사

표 3-3 근거법령에 따른 사회적 경제의 유형

조직 유형	사회적 기업			마을기업			협동조합		자활기업
근거법령/정책(제정 연도)	사회적기업육성법(2007)(법 제2조의1)			도시재생 활성화 및 지원에 관한 특별법 등 법률 제11868호 제2호			협동조합기본법(2012)		국민기초생활보장법 제18조(2004)
조직 개요	"사회적 기업이란 취약계층에게 사회서비스 또는 일자리를 제공하거나 지역사회에 공헌함으로써 지역주민의 삶의 질을 높이는 등의 사회적 목적을 추구하면서 재화 및 서비스의 생산·판매 등 영업활동을 하는 기업으로서 제7조에 따라 인증받은 자를 말한다."			"마을기업"이란 지역주민 또는 단체가 해당 지역의 인력, 향토, 문화, 자연자원 등 각종 자원을 활용하여 생활환경을 개선하고 지역공동체를 활성화하며 소득 및 일자리를 창출하기 위하여 운영하는 기업을 말한다.			협동조합이란 재화 또는 용역의 구매·생산·판매·제공 등을 협동으로 영위함으로써 조합원의 권익을 향상하고 지역 사회에 공헌하고자 하는 사업조직을 말한다.		2인 이상의 수급자 또는 저소득층이 상호 협력하여, 조합 또는 공동사업자 형태로 탈빈곤을 위한 자활사업을 운영한다.
총괄부처	고용노동부	중앙부처장	각 지자체	행정안전부(2010)	농림수산식품부(2011)	지식경제부(2010)	기획재정부	각 지자체	보건복지부
세부 조직유형	인증사회적 기업	부처형 예비사회적 기업(지역형 예비사회적 기업으로 중복 지정가능)	지역형 예비 사회적 기업	자립형 지역공동체 사업(2011년 부터 마을기업으로 개칭)	농어촌 공동체회사 육성사업(농촌형 커뮤니티 비즈니스에 초점)	커뮤니티 비즈니스 사업(1차 시험사업 이후 사업종료)	사회적 협동조합/사회적 협동조합 연합회	일반협동조합/일반협동조합 연합회	없음
조직 규모(2012~2013)	2456개			1162개(2013년 말)			3336개		1340개

자료: 기획재정부(2013), 김의영·임기홍(2015).

회적 경제로 구분한다(김정원, 2010). 구사회적 경제로는 농협, 수협, 산림조합, 신협, 새마을금고 등을 예로 들고, 신사회적 경제로는 생협, 자활기업, 사회적 기업, 마을기업, 농어촌공동체회사, 협동조합 등을 예로 든다. 구사회적 경제 조직들은 긴 역사를 가지고 있으며 넓게 보면 생산자협동조합과 신용협동조합으로 구성된다. 그러나 이들은 정부와의 긴밀한 관계 속에서 이른바 '관제협동조합'으로 불려온 역사를 감안할 때 진정한 사회적 경제로 포함시키는 것은 무리라는 지적도 있다. 신사회적 경제 조직들은 시민사회에 기반을 둔 경제활동 조직들로서 대체로 1990년대 이후 사회적 경제와 관련된 정책이 쏟아지면서 함께 확산된 경우가 대부분이다.

많은 연구자들은 사회적 경제 조직의 대표적 형태로 자선단체, 사회적 기업, 비공식 공동체조직, 협동조합, 상호부조 조직 등을 들고 있다. 이들 조직들은 그 기능에 따라 매우 다양한 형태를 띠지만, 비정부조직의 성격이 강하고 이윤추구 대신 사회적 가치를 지향하며 창출된 이윤을 사회에 재투자한다는 점에서는 공통점을 갖는다.

사회적 경제에 대해 엄밀하게 정의하기 어렵다 보니 '사회성과 경제성을 동시에 추구하는 경제활동'이라는 포괄적이고 개략적인 차원의 논의에 그치고 있다. 다만 논의의 추상성을 보완하기 위해 사회적 기업, 협동조합, 마을기업 등 사회적 경제의 대표적인 조직유형이나 범주를 제시하는 방식을 채택하고 있다.

사정이 이러하다 보니 사회적 경제 생태계가 사회적 기업, 협동조합, 자활기업, 마을기업 등으로 나뉘어 각자의 영역만을 챙기는 일종의 영토싸움의 장이 되어버리는 문제가 있다. 반대로, 정부 지원의 중복성과 비효율성을 지적하면서 각자의 목적과 역할이 구분되는 사회적 경제 조직들의 다양한 유형들을 무시한 채 하나의 기준으로 통합하려는 시도도 문제를 낳는다.

아울러 '사회적 경제 조직이냐 아니냐' 하는 이분법적 접근 또한 일정한 한계를 갖는다. 무엇보다 사회적 경제 생태계가 지속적으로 진화하고 확대되고 있기 때문에 앞에서 언급한 바와 같은 정태적 유형화 방식으로는 사회적 경제를 제대로 포착하기 어렵다. 사회적 경제는 본질적으로 조직운영 원리나 추구하는 가치 측면에서 다양하고 혼합적인 성격을 갖는다(최나래·김의영, 2014: 313). 새로운 환경에 조응하여 기존 사회적 경제 조직들이 변화하거나 새로운 조직 유형이 등장하면서 사회적 경제의 생태계도 지속적으로 진화하고 확대되어가기 때문이다.

여기서 사회적 경제의 진화 과정에서 사회적 경제의 영역이 확대되고 섹터

간 융합이 이루어지는 데 주목할 필요가 있다(김의영·임기홍, 2015: 65). 이러한 변화는 사회적 경제의 발전 과정에서 전통적 유형과는 다른 다양한 형태의 새로운 조직들이 등장하고 있기 때문이다. 그 배경으로는 우선 전통적인 제3섹터가 확대되고 있다는 점을 들 수 있다. 전통적으로 제3섹터라 하면 협동조합, 공제회, 결사체, 재단 등을 의미했지만 최근에는 사회적 기업, 지역공동체조직 등 새로운 조직형태가 등장하고 있다. 특히 사회서비스 산업이 발전하고 국가의 복지서비스 제공 역할을 제3섹터가 대신하게 되면서, 사회서비스를 제공하는 다양한 형태의 사회적 경제 조직들이 나타나고 있다. 또한, 전통적인 시민사회 영역에서 비정부기구(NGO) 또는 비영리조직(NPO) 섹터가 그 활동영역과 방식을 다양화하고 확대해가고 있다는 점도 지적할 수 있다. 민관협력 활성화, 공공기관 민영화, 기업의 사회공헌활동, 시민 정치참여 방식의 다양화, 서비스 활동과 주창활동의 결합 등 기존 시민사회의 활동 방식과는 다른 영역과 연계하고 결합하면서 다양한 융합형 조직들이 등장하고 있는 것이다.

우리 사회의 경우에도 영리와 비영리의 융합, 정부와 비정부 조직의 융합, 서비스 활동과 주창활동의 융합 등이 나타나면서 사회적 경제 영역은 매우 다양해졌다(김의영·임기홍, 2015: 66). 첫째, 비영리부문이 비즈니스 방식을 도입하거나, 영리기업이 사회적 책임(CSR) 활동을 강화하면서 영리-비영리의 경계가 흐려지고 있다. 둘째, 사회서비스의 민간 위탁이나 정부 및 지자체와 시민 섹터 간의 협업이 늘어나면서 정부-비정부 간 연계가 활성화되고 있다. 셋째, 기존 주창활동 시민조직이 사회서비스 관련 활동으로 영역을 확대하는 사례도 늘고 있다. 이러한 변화에 따라 사회적 경제 조직의 형성과 발전 경로가 다양해진 것이다. 따라서 섹터 간 융합과 혼성의 과정에서 사회적 경제가 어떻게 새로워지고 다양한 형태로 발전하는지 면밀히 들여다볼 필요가 있다.

첫째, 시민사회에서 그 뿌리가 형성되었지만 사회서비스 제공 등으로 활동 영역을 확대해나간 사회적 경제 조직이 있다. 이러한 유형에는 지역공동체 활동 및 자원봉사 활동을 하는 시민단체에서 출발해 사회서비스 제공 등으로 활동영역을 확대한 경우를 들 수 있다. 둘째, 비영리부문에서 비즈니스 방식을 도입하거나 비영리 공익법인이 사회적 기업으로 확대된 경우이다. 셋째, 앞에서와는 반대로 영리섹터에서 형성되었지만 사회적 가치를 추구하는 활동이 강화된 사례를 들 수 있는데, 영리기업의 사회적 책임(CSR) 활동이나 공유가치경영(CSV)이 그 대표적 예이다. 영리기업이 사회적 기업에 대해 사회적 투자를 하거나 지원하는 경우도 있다. 넷째, 공공 부문에 의한 사회서비스의 민간위탁이 늘어나면서 사회서비스를 제공하는 사회적 기업이나 자활기업 등이 활성화된 사례도 있다(김의영·임기홍, 2015). 최근에는 전통적인 사회적 기업뿐 아니라 기술, 경영 혁신 등 모험적인 방식으로 기업을 경영하면서 사회적 가치와 경제적 이익을 동시에 추구하는 새로운 사회적 기업 모델도 등장하고 있다. 이른바 '소셜벤처'라고 불리는 이 기업은 기존 벤처 기업의 도전적 기업 형태에 사회적 가치를 추구하는 기업 형태를 결합한 조직이다. 이들은 사회적 기업과 운영원리는 유사하지만 인증제도상의 설립기준에 구애받지 않고 도전적이며 창의적인 방식으로 사업화한다는 점, 그리고 세분화된 구체적인 사회문제들을 혁신적인 방법으로 해결하고자 한다는 점에서 종래의 사회적 기업과 구분될 수 있다. 특히 정부 및 지자체와 시민 섹터의 협업 형태로 등장한 '중간지원조직'도 사회적 경제의 한 부분으로서 주목할 필요가 있다. 다섯째, 섹터 간 융합 사례로 공공 부문, 영리기업, 공익재단, 비영리단체 등이 서로 협력하는 사례들도 최근 속속 등장하고 있다.

이렇게 다양한 형태로 진화·발전하고 있는 사회적 경제 조직들을 모두 포괄하는 유형화 방식을 찾기란 쉬운 일이 아니다. 그럼에도 불구하고 가장 기본적인 분류 방법은 사회적 경제 조직의 성격과 운영방식을 교차하는 것이다. 그러나 사회적 경제 조직은 조직의 목적과 운영과정에서 민주성, 경제성, 사회성의 요소를 모두 갖추었거나 혹은 부분적으로 이들을 결합한 혼합조직의 성격을 갖는다(김의영·임기홍, 2015). 따라서 이 세 가지 요소들이 어느 정도로 결합되느냐에 따라 사회적 경제의 다양한 형태들을 분류하는 방법도 가능하다.

그림 3-4 사회적 경제 조직의 유형화

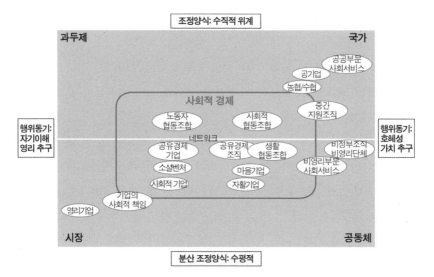

김의영은 조직운영의 민주성을 드러내는 차원으로 수직적 관계와 수평적 관계의 분포에 따라 위계, 시장, 네트워크 등 세 가지 형태로 구분하고, 조직의 목적과 가치지향이 무엇인가에 따라 경제적 가치 또는 사회적 가치 추구의 축을 설정하여 사회적 경제 조직의 다양한 형태들을 분류해낸다.

　그림 3-4는 전통적으로 조정유형을 판별해내는 기준인 인간의 행위동기에 대한 가정과 조정양식의 위계성을 교차한 유형론이다. 수평축은 인간의 행위동기를 자기이해를 추구하는 이기적 존재로 보는지, 혹은 호혜성에 기반을 두고 사회적 가치를 추구하는지를 나누는 '사회성' 기준이라 하고, 수직축을 수직적이고 위계적인 조정과 수평적이고 분산적인 조정이라 구분하는 '민주성' 기준이라 한다면, 이념형적으로는 각 모서리에 속한 네 가지 조정양식, 즉 위계화된 과두제, 국가, 시장, 공동체 이외에 다양한 수준에서 경제성을 추구하는 사회적 경제 생태계를 판별해낼 수 있다.

새로운 유형의 협동조합의 출현과 확산

20세기 후반에 이르면 기존의 협동조합에 변화가 나타났고 새로운 형태의 협동조합도 등장했다. 사회적 배제, 만성적 실업, 고령화, 사회서비스 수요 증가, 환경문제 등 새로운 사회문제의 등장으로 조합원의 자조를 기본으로 하는 전통적 협동조합 방식만으로는 한계가 노정되었기 때문이다. 전통적 협동조합은 조합원의 편익증대를 목표로 하지만 조합원이 출자하고 직접 운영한다는 법률적 조건을 충족시켜야 했다. 그러나 실업자, 장애인, 노인 등 취약계층의 일자리 창출을 위한 협동조합은 이러한 조건을 충족시키기에는 용이하지 않으며, 외부로부터 자금이나 운영을 지원받아야 운영가능하다. 또한 지역주민들의 공동참여를 통해 지역을 개발하거나 돌봄서비스 등 사회서비스를 제공하려면 다양한 이해관계자의 참여를 필요로 한다는 점에서 전통적인 협동조합보다 개방적인 지배구조가 요구된다(장종익, 2014: 251~252).

이러한 새로운 시대적 필요를 충족시키고자 등장한 것이 사회적 협동조합이다. 기존의 협동조합에서는 생산활동을 통해 얻은 이윤을 조합원이 아닌 자에게 제공하는 것이 불가능했다. 반면에 사회적 협동조합에서는 조합원이 아닌 자에게도 이익을 제공할 수 있게 되었으며, 조합원의 범위를 폭넓게 인정함으로써 유급근로자, 자원봉사자, 서비스 수혜자, 후원자, 공공 부문 등 다양한 이해관계자들이 조합에 참여할 수 있게 되었다. 광범위한 공중의 이익을 위해 활동할 수 있게 된 것이다.

사회적 협동조합은 1991년 이탈리아에서 처음 입법화된 이래, 포르투갈에서는 사회적연대협동조합, 캐나다 퀘벡에서는 연대협동조합, 프랑스에서는 공익협동조합 등의 이름으로 불린다.

사회적 협동조합의 활동영역은 전통적 협동조합에 비해 매우 광범위하다. 취약계층을 노동시장에 통합시키는 것에서부터 사회, 보건, 교육서비스 등을 담당하는 사회적 협동조합, 지역재생, 대안에너지 개발, 환경문화예술 보전 등을 목적으로 하는 사회적 협동조합에 이르기까지 매우 다양하다. 이 외에도 자연생태계의 유지와 조성, 쓰레기 재활용 및 관리, 지역예술의 복원과 창조, 공연방송 등 문화와 여가활동, 지역의 장인 활동 및 도시농업 등을 위한 조합 설립이 증가하고 있다. 영국에서는 마을의 재생과 활력을 목적으로 하는 커뮤니티 협동조합이 운영되고 있다. 그 외에도 조합원의 신용 결핍 문제를 해결하는 데 그치지 않고 사회적으로나 환경적으로 가치가 있는 프로젝트를 발굴하여 자금을 제공하는 것을 주요 목적으로 하는 사회적 금융조합이 있는데, 1974년 독일 보쿰 시에서 출범한 GLS 은행(나눔의 공동체은행)이 대표적이다.

전통적 협동조합이 경제적 약자인 조합원이 협동조합에의 참여를 통해 자기이익을 실현하게 하는 것을 기본 목적으로 한다면, 사회적 협동조합은 공공의 이익을 목적으로 한다. 전통적 협동조합은 경제적 약자인 조합원들이 자기이익을 추구하되, 협력적 경제활동을 통해 공동의 이익을 향상시키고 참여와 이용 정도에 따라 그 이익을 배분하는 방식으로 운영된다. 따라서 전통적 협동조합에서는 단일이해관계자 그룹에 소유권을 배정하는 것이 거버넌스 비용을 줄이는 방법이다. 그러나 사회적 협동조합은 이타주의에 기초하고 있다. 즉, 기부, 자원봉사 등을 통해 공공재를 공동으로 그리고 효과적으로 생산해내는 것을 목적으로 한다. 이런 점에서 다중이해관계자 지배구조를 중요한 구성요소로 한다.

사회혁신과 사회적 경제

사회혁신이란 사회적 필요를 충족시키는 데 목적을 둔 혁신적 활동으로 이윤 극대화를 목적으로 하는 기업혁신과 대비되는 개념이다. 제프 멀건(Geoff Mulgan)은 "사회혁신은 사회적 목표를 이룰 수 있도록 작동하는 새로운 아이디어를 의미한다. 그것은 일반적으로 이윤극대화라는 동기로 유발되는 기업혁신과 구별된다"라고 말한다(Mulgan, 2011). 즉, 사회혁신이란 넓은 의미에서 '기존의 아이디어와 차별화되는 새로운 방식으로 다양한 사회영역에서 나타나는 문제를 해결하거나 사회적 목적과 요구를 달성함으로써 사회적 가치를 창

출하고 변화를 이끄는 활동'으로 정의할 수 있다(Mulgan et al., 2007). 유럽연합
도 이러한 정의를 수용했다.

사회혁신은 새로운 아이디어나 제품, 서비스, 모델 등을 개발하고 실행함으로
써 사회적 욕구를 충족시키고 새로운 사회적 관계와 협력을 창출해내는 것으로
정의될 수 있다. 그것은 충족되지 못했던 사회적 수요에 대한 새로운 대응방식이
며, 사회적 상호작용의 새로운 프로세스를 촉발한다(European Commission, 2013).

국내 학자들도 사회혁신을 '새로운 제품이나 공정, 서비스, 비즈니스 모델을
개발하여 사회문제를 해결하는 활동'이라고 정의한다(송위진 외, 2009; 송위
진, 2014).

일반적으로 전통적인 혁신과정은 선형적이다. 다양하고 새로운 아이디어들
이 수없이 제안되지만 이러한 아이디어들이 경쟁을 통해 걸러지고 최종적으
로 하나의 아이디어만 남는다. 그리고 그 아이디어는 다시 시장이나 사회, 조
직에 의해 채택되며 성과를 창출하는 프로세스를 거치게 된다. 이에 비해 '사
회혁신'은 본질적으로 다른 과정으로 진행된다. 멀건은 사회혁신의 과정을 나
선형 모형으로 설명한다(Mulgan, 2017).

첫 번째 단계에서 해결되지 않는 사회적 문제나 충족되지 않는 사회적 욕구
로 인해 사회혁신에 대한 요구가 촉발된다. 이 최초의 단계에서 참여자들은
문제를 제기하고 진단하며 분석한다. 두 번째 단계에서는 이러한 문제점들을
해결하기 위해 다양하고 넓은 범위의 원천으로부터 경험과 통찰력에 입각한
다양한 창의적인 아이디어나 새로운 디자인이 창출되고 제안되며, 선택 가능
한 제안은 점점 확대된다. 세 번째 단계는 아이디어들이 실천적으로 검증되는
과정이다. 여기서는 반복적 실험과 시행착오를 통해 갈등해소의 과정을 거치
면서 아이디어가 다듬어지고 사회적인 동의를 얻게 된다. 네 번째 단계에서
아이디어는 현실화되고 실천되면서 혁신이 본격화된다. 여기서 새로운 방식

이 장기적으로 재정적 지원을 지속적으로 받을 수 있는지, 입법화하거나 제도화할 수 있는지 등이 검토되고 추진된다. 다섯 번째 단계는 혁신의 규모가 커지고 확산되는 과정이다. 여기서 사회혁신의 다양한 협력주체들은 새로운 성공적 모델을 일반화시키고 확산시켜나간다. 마지막 단계에서는 사회혁신의 궁극적 목적인 시스템 차원의 변화가 일어난다. 공공 혹은 민간의 영역에서, 사회적 경제나 기부시장에서, 일상생활이나 가정경제에서, 제도나 법의 차원에서 새로운 시스템적 변화가 완성되는 단계이다. 물론 사회혁신의 진행과정에서 이와 같은 단계들이 항상 순차적으로 전개되는 것은 아니며, 각 단계를 뛰어넘어 도약할 수도 있고, 각 단계가 서로 엇물려 진행될 수도 있으며, 단계별 되먹임의 과정이 발생할 수 있다.

그렇다면 사회적 경제 조직의 운영에서 사회혁신은 어떤 의미를 지니는가? 사회적 경제 조직은 경제적 이익을 추구하면서도 사회적 가치를 창출하려 하므로 기존의 기업 경영과는 차별화된 운영원리를 필요로 한다. 예컨대 장애인이나 취약계층의 고용 등으로 인해 나타나는 생산성의 저하를 감수하면서도 사회문제를 해결하여 사회적 가치를 창출하는 사업을 추진하려면 일반 기업과는 차별화된 역량을 확보해야 한다. 이러한 활동이 바로 사회혁신이다. 이러한 의미에서 사회혁신이 부재한 상태에서 단순히 기존의 방식으로 사회문제 해결에 접근하는 것은 가능하지 않을 뿐만 아니라 바람직하지도 않다. 즉, 사회 변화를 통해 새로운 가치를 창출하기 위해서는 새롭고 혁신적인 전략이 필요한 것이다(장용석 외, 2015: 51).

특히 사회적 경제 조직의 경우 적은 비용으로도 다양한 시도와 실험이 가능하다는 점에서 기존의 시장 조직들보다 훨씬 역동적으로 사회혁신을 이룰 수 있다.

사회적 경제는 경제적 가치와 사회적 가치를 통합하는 방식의 혁신을 수행한다. 경제적 가치와 함께 사회적 가치를 지닌 제품, 서비스 공급, 취약계층 고용 등을 동시에 창출하기 위해서는 혁신이 필요하다. 특히 영리기업들이 수익성 때문에 진입하지 않는 영역에 들어가 사업 기회를 발굴하려면 혁신활동을 수행해야 한다. 첫째, 사회혁신의 출발점은 해결되지 않은 사회문제, 충족되지 않은 사회적 욕구이다. 둘째, 그것은 기술혁신이나 경제적 측면만을 지향하는 것이 아니라 사회적으로 바람직한 목표를 지향하며 사회적 공동선을 추구한다. 셋째, 혁신의 주체는 개인으로서의 시민, 조직화된 시민단체나 사회운동, 지역공동체, 사회혁신가, 사회적 경제 조직 등이다. 이들에 의해 혁신이 시작되고 주도된다. 넷째, 사회혁신은 다양한 사회구성원 또는 부문 간의 참여, 연대, 협력, 파트너십, 크라우드 소싱 등의 방식으로 이루어지기 때문에 추진방식과 프로세스에서 차별성을 갖는다. 다섯째, 사회혁신은 시장이나 사회 전체 혹은 지역사회나 사회 일정 부문에 확산, 재생, 모방되며 궁극적으로 제도화됨으로써 새로운 관습이나 경로를 형성하게 된다. 여섯째, 사회혁신은 기술혁신이나 비즈니스 혁신 등 다른 분야의 혁신과 달리 혁신의 결과로서 주어지는 성과 또는 보상의 배분방식에서 차별성을 갖는데, 그것은 개인에 귀속되기보다 사회 전체적으로 공동체적인 효용을 증대시키는 데 귀결된다는 점이다.

사회적 경제 조직은 혁신지향성이 강하다는 특성을 갖는다. 사회문제를 해결하면서도 경제적으로 지속가능하기 위해서는 혁신적이어야 한다. 장애인이나 취약계층을 고용할 때 나타나는 생산성 저하를 감수하면서 사회적 가치에 부합되는 사업을 추진하기 위해서는 영리기업과 차별화된 능력을 확보해야 한다(송위진, 2014). 사회적으로 중요한 서비스인 자원순환, 간병 및 돌봄, 환경 개선 분야에서 취약계층을 고용해서 시장을 개척하고 고도화하는 일 등은 모두 수익성이 좋지 않다. 그래서 사업을 유지하기 위해서는 혁신적이어야 한다. 영리기업이 소홀히 할 수 있는 노동환경 보장, 친환경 비즈니스, 공정거래 방식 등을 유지하면서 사업을 수행해야 하므로 사회적 경제 조직은 더욱 혁신적이어야 한다. 이 과정에서 사회적 경제 조직들은 사회서비스 영역을 혁신하여 새로운 산업을 형성하는 역할을 수행하기도 한다. 즉, 비공식 영역의 청소 활동, 자원수집 및 재활용 활동을 전문화하고 친환경적으로 수행하여 사회서비스 산업을 고도화하고 지속가능한 시스템으로 전환하는 전략적 역할을 수행하는 것이다.

소규모의 사회적 기업들은 다양한 새로운 혁신을 시도하는 데 따르는 리스크와 비용의 부담을 상대적으로 더 적게 가진다. 또한 사회적 기업들은 좀 더 유연하게 다양한 사회적 영역의 조직들과 네트워크를 형성하고 다양한 사회적 자원을 결합해 나감으로써 사회적 미션을 추구하기 때문에 혁신에 유리하다. 다양성이나 유연성은 혁신의 기반이 되기 때문이다.

또한 사회적 경제 조직은 협동과 연대, 민주성이라는 근본 원리와 정신을 철저히 실현함으로써 그것을 조직의 강점과 경쟁력으로 만들 필요가 있다. 이미 주류의 영리조직들에서도 노동양식이 변화하고 있다. 노동력 제공방식의 다양화, 조직구조의 유연화와 탈중심화, 계층구조의 파괴와 의사결정의 민주화 등이 그것이다. 사회적 경제 조직은 이러한 노동양식의 변화에 대응하기에 적합한 조직구조이다. 이러한 흐름에 상응하여 노동에 대한 새로운 인식과 평가 및 보상제도를 개발하고, 의사결정 시스템을 개선하며, 가격설정방식이나 인적자원관리시스템의 변화를 모색해야 한다. 사회적 경제를 성공적으로 이끌기 위해서는 인간 중심의 경영을 실현하는 혁신적인 조직을 만들어야 한다. 자본의 효율성이 아닌 인간을 중심으로 한 경영이 규범적인 당위성으로서가 아니라 현실적 경쟁력을 가질 수 있다는 것을 입증해야 한다(김동준, 2014). 즉, 사회적 경제 조직은 새로운 조직문화, 노동양식, 의사결정구조, 기업경영 방식 등을 갖추기 위한 사회혁신을 구현해야만 지속시킬 수 있는 조직이다.

이런 점에서 사회혁신은 비즈니스 혁신과는 다른 추진동기, 추진과정, 평가 기준을 갖는다. 비즈니스 혁신이 이윤추구라는 물질적·경제적 동기에 따라 이루어진다면, 사회혁신은 열정과 임무달성, 인정, 자기실현 등의 동기를 바탕으로 이루어진다. 사회혁신에 대한 평가는 시장규모나 점유율이 아니라 혁신이 산출하는 사회적 효과 내지는 사회적 영향(social impact)에 따라 이루어진다고 할 수 있다(송위진, 2014).

이러한 혁신적 사회적 기업의 활동에 영향을 미친 핵심 요인은 무엇보다 정부와 시장의 자원배분 과정에서 그동안 무시되어왔던 사회적 니즈를 발굴하고 이를 충족시키는 것을 중요하게 여기게 된 과정과 관련된다. 전통적으로 사회문제 해결을 위한 활동은 정부 주도로 추진되는 경우가 많았다. 그러나 사회서비스 제공 과정에서 나타나는 경직성과 비효율성 등이 꾸준히 문제로 지적되어왔다. 서비스 전달과정에서 여러 단계를 거치다 보니 비용이 증가했고, 수요자 요구에 부합하지 않는 서비스를 제공하거나, 도덕적 해이를 가져오기도 했다(송위진 외, 2009: 41). 반대로 시장 메커니즘을 통해 사회문제를 해결하려는 시도는 일정 규모의 수익이 보장되는 영역에 집중되어왔다. 이에 비해 혁신적 사회적 기업들은 기업의 역동성을 유지하면서도 민간기업과 정부가 무시해왔던 영역에서 사회적 니즈를 발굴하여 그것을 충족시킬 수 있는 새로운 기술과 서비스를 개발하고 있다.

기술혁신과 사회적 경제

그동안 사회적 경제 조직은 암묵지를 활용한 비즈니스 모델 혁신에 초점을 맞추었기 때문에 과학기술의 발전을 중요하게 고려하지 않았다. 그러나 사회적 경제의 기술을 활용하고 개선하며 개발 능력을 향상시키는 것이 사회문제 해결형 혁신의 성과를 높이는 데 중요한 포인트가 되고 있다. 특히 소셜벤처가 등장하면서 과학기술에 대한 관심이 증대하고 있다. 또한 경영효율화를 위해 정보통신기술을 활용하며 새로운 공정과 제품 및 서비스 개발을 검토하는 사회적 경제 조직이 등장하고 있다.

이 같은 '기술집약적 사회적 기업'은 과학기술 지식을 활용해서 혁신적인 사회서비스를 제공하여 사회문제를 해결하는 사회적 기업이라고 정의할 수 있다. 최근 부상하고 있는 소셜벤처들은 좋은 사례이다. 보급형 보청기를 개발해 취약계층 난청문제에 대응하는 딜라이트, 악성댓글을 방지하는 시스템을 개발한 시지온 등과 같은 소셜벤처의 등장으로 인해 사회적 경제의 새로운 진화가 이루어지고 있다. 일반적으로 사회적 기업은 비즈니스 모델 혁신을 통해 사회혁신을 추진하는 경우가 많다. 그러나 소셜벤처는 기술혁신을 비즈니스 모델 혁신과 결합하여 새로운 사회적 재화와 서비스를 제공한다. 그러나 우리나라에서 기술집약적 사회적 기업에 대한 관심은 아직 미흡한 상태이다. 아직은 취약계층에 대한 고용창출과 단순 사회서비스 공급에 초점을 맞추어 사회적 기업에 관한 논의가 이루어지고 있기 때문이다.

소셜벤처는 기술집약적 벤처기업과 유사한 모습을 지닐 수도 있다. 기술적 아이디어를 바탕으로 새로운 시장과 영역을 개척하고 고용을 창출하기 때문이다. 그러나 벤처기업이 수익을 중심으로 혁신활동을 수행한다면, 소셜벤처는 수익확보도 중요하지만 궁극적으로 사회적 목표를 달성하기 위한 혁신활동에 초점을 맞춘다. 이러한 소셜벤처가 달성하고자 하는 사회적 비전은 지속가능한 사회/기술시스템의 구축이라고 할 수 있다. 예를 들면 저탄소사회, 안전사회, 비만 감소, 예방적 의료시스템, 양극화 해소 등과 같은 사회적 목표를 지향하여 과학기술 혁신을 효과적으로 전개하는 수단이 될 것이다. 특히 공공영역에서 개발된 기술과 서비스는 수요자에게 전달되는 과정에서 기술과 수요의 불일치, 관료제적 비효율성과 같은 문제에 직면하게 되는 데 비해, 소셜벤처는 사용자 지향적 혁신, 사회주도형 혁신을 효과적으로 구현하는 주체가 될 수 있다. 공공 사회문제를 민간의 혁신 역량을 활용하여 효과적으로 해결할 수 있기 때문이다. 또한 소셜벤처는 시장 규모가 작거나 충분히 성장하지 않아 민간 기업이 무시해왔던 사회적 시장을 발굴하여 니치를 형성하고 발전시키는 역할을 수행할 수 있다(송위진 외, 2009: 28).

기술집약적 사회적 기업은 기존 기술을 새로운 방식으로 결합하여 사회혁신을 수행한다. 이는 시장 규모가 작고 수익성이 낮은 영역에서 사회적 기업이 기업으로서 생존하고 사회적 목표를 달성하기 위해 취해야만 하는 접근이라고 할 수 있다. 이들이 수행한 혁신은 최첨단의 기술에 기반을 둔 혁신이 아니었다. 오히려 현존하는 기술을 단순화하고 새롭게 결합하여 적정기술로 정

표 3-4 기술집약적 사회적 기업의 사회혁신 활동 사례

기업명	설립연도 국가	활동 범위	해결하려는 사회적 니즈	기술적 해결책	기술 능력의 원천	주요 전략	발전과정
DIY KYOTO	2004 영국	지역적 → 지구적	가정의 에너지 (전기) 절약	에너지 사용 가시화 장치	환경적 관심 디자인 능력 실용적 장치	제품개발 온라인 사회적 네트워킹	신규 사회적 기업
GREEN-homes	2006 영국	지역적	주택의 에너지 절약	에너지감사/ 컨설팅 서비스	환경문제 인식 생활방식관리 서비스 경험	고객 중심 서비스 제공	신규 사회적 기업
Baywind	1996 영국	지역적	재생풍력에너지 생산	해외기업 활용 기기 도입	발전차액제도의 활용 조합원 환경의식	풍력발전시설 협동조합 소유	신규 사회적 기업
Vestergaard Frandsen	1957 스위스 (덴마크)	지구적	개도국의 방치된 수인성/매개동물 질병 치료/예방	질병억제 직물개발	자체 R&D 핵심기술기업 인수	인도주의적 기업가정신 CSR의 핵심사업화	전통 기업 → 사회적 기업
Project Impact	2000 미국	지구적	시각/청각 분야 의료기술 개도국 보급	저가의 고품질 시청각 의료제품 공급	핵심기술자 고용 저가생산 구매비용 절감	다층가격전략 저가생산 보급/판매 현지화	기존 사회적 기업 경험을 바탕으로 설립
Benetech	1989 미국	지구적	인권보호 문맹퇴치 환경보존	오픈소스 S/W 활용	실리콘밸리 지적 자산 활용 창업자의 기술적 역량과 경험	시장에서 방치된 사회적 영역을 니치화하여 기술 적용	기존 사회적 기업에서 분화

자료: 송위진 외(2009).

돈해낸 후, 저가의 제품과 서비스를 공급하는 혁신을 수행한 것이다. 그리고 이를 통해 포화된 기존 소비자 시장에 진출한 것이 아니라 새로운 소비자를 지향하는 새로운 시장을 창출한 것이다(송위진 외, 2009: 42). 달리 말하면 기존 기술을 새로운 사회적 니즈에 창조적으로 적용하거나 해당 기술의 혜택을 볼 수 없었던 사람을 대상으로 기술을 개발하여, 저가의 휴대하기 쉽고 단순한 제품을 공급함으로써 그동안 방치된 사회적 니즈를 충족시키는 것이다. 이런 '파괴적 혁신'을 통해 과거에는 관련 시장에 참여하지 않았던 새로운 소비자가 형성되고, 저가의 단순한 기능을 가진 쓰기 쉬운 제품과 서비스가 개발되며, 기

존 비즈니스 모델과는 다른 새로운 유형의 비즈니스 모델이 만들어질 수 있다.

6. 사회적 경제는 자본주의의 미래가 될 수 있는가

사회적 경제를 바라보는 최근의 평가는 크게 세 가지 경향으로 나타나고 있다(장원봉, 2007: 49~63). 첫째는 사회적 경제야말로 빈곤과 사회적 배제의 문제를 지속적으로 야기할 수밖에 없는 자본주의 시장경제체제로부터 해방의 가능성을 제시한다는 시각이다(리피에츠, 2002; Favreau, 2000; Everling, 1997). 둘째는 고용의 불안정성과 복지 후퇴로 인해 야기되는 사회적 문제를 개선하기 위해서는 국가와 시장 실패에 대한 보완자로서 사회적 경제를 활용해야 한다는 시각이다(Defourny, Favreau and Laville, 2001; Borzaga and Santauri, 1998). 이들은 시민사회가 자율적으로 형성하고 있는 사회자본을 토대로 새로운 방식의 고용과 사회서비스를 활성화하는 데 사회적 경제가 크게 기여할 것이라 주장한다. 셋째는 사회적 경제에 대해 비판적인 시각이다. 즉, 사회적 경제가 결국 신자유주의 경제 전략에 의해 동원되어 그것의 대리인으로 전락하게 될 것이라고 보는 입장이다(Ascoli and Ranci, 2002; Browne, 2000). 각각의 시각에 대해 조금 더 자세히 살펴보면 다음과 같다.

첫째, 사회적 경제를 자본주의 체제에 대한 대안으로서 보는 시각은 경제-사회-정치를 철저히 분리함으로써 경제적 자율성을 보장하려고 했던 시장경제론자들의 입장을 비판하고 세 영역을 긴밀히 연결시키려 했던 초기 급진적 사회적 경제의 전통과 맥을 같이한다. 예를 들어 자본주의의 새로운 대안을 찾아야 한다고 주장하는 고르(André Gorz)는 자본주의 사회로부터의 이행 가능성은 자본주의 사회 자체의 진화 안에서 그 변화요인이 생성된다고 주장한다. 즉, 모든 사람들에게 충분한 소득을 보장하는 것, 시간에 대한 개인이나 집단의 통제와 노동의 재분배를 혼합하는 것, 단순한 임금관계를 넘어서 사회적 결속과 사회적 유대를 생성하는 것 등을 통해 협력과 교환을 가능케 하는 사회성을 활성화하는 사회적 경제체제를 만들어낼 수 있다는 것이다. 고르의 급진성은 노동과 화폐 개념을 새롭게 규정하고자 한 그의 노력에서 확인된다. 예를 들어 고르는 앞으로 미래에는 기술 발전으로 인해 필요노동이 급속히 감소할 것이므로, 그동안 명령에 의해 수행되던 임금 노동을 '노동시간'에서 벗어나 자유로워진 '복합노동'이라 새롭게 규정하고 노동의 개념을 복합적 사회활동으로 확장하자고 주장한다. 유사한 맥락에서 고르는 일정한 지역 내에서 화폐경제에 의존하지 않고도 타인과 생산품을 교환할 수 있는 '노동화폐' 또는 '시간화폐'를 만들자고 주장한다. 달리 말해서 LETS(Local Employment Trading System)를 만들자는 것인데, 그 이유는 노동력의 상품화를 방지하여 '화폐 및 자본에 대한 노동의 종속성'을 극복하기 위해서이다. 이처럼 자본주의에 대한 대안으로 사회적 경제를 바라보는 관점에서는 노동력의 탈상품화나 지역사회의 결속을 통해 탈중앙정치를 실현하고, 시민사회의 자율성을 제고하며, 민주적인 자주관리를 통해 사회적 연대를 증대하는 것을 중요하게 여긴다.

둘째, 최근 유럽의 민영화의 결과로 사회적 경제가 등장했다고 인식하는 입장에 선 대표적인 학자는 아스콜리(Ugo Ascoli)와 란치(Costanzo Ranci)이다. 이들은 '복지혼합'이 가진 딜레마에 주목한다(Ascoli and Ranci, 2002: 1~24). 즉, 제3섹터가 기업가 정신과 전문가 정신을 너무 중시하게 되면 자원 활동영역이 주변화되고, 결과적으로 제3섹터의 자율영역이 훼손된다고 본다. 예를 들어 효율성을 높이기 위해 복지 서비스를 표준화하면, 지역사회나 개인별로 차별화된 요구에 적절히 대응하는 것을 주된 목표로 했던 제3섹터 조직들로서는 기본적 동기를 잃게 된다는 것이다.

사회적 경제 조직들이 정부 역할을 대행하려 하거나, 경제적 수익을 앞세우고 사회적 목적 추구를 뒤로 돌리게 되면 신자유주의의 덫에 갇히게 된다(장원봉, 2006). 보편적인 공공서비스가 줄어들고 민간과 시장의 서비스 제공에 의존하게 되면, 부자들이나 중산층 이상 경제적 여유가 있는 사람들은 시장서비스를 이용할 수 있지만, 빈곤층은 스스로의 '사회적 소득'이 부족하기 때문에 사회적 경제 조직을 통해 제공되는 사회서비스를 이용할 수밖에 없는 이중적 구조가 새로운 '신자유주의적' 복지국가 모델의 핵심이 된다.

브라운(P. L. Browne)은 복지국가를 해체하는 과정에서 사회적 경제를 변형시키기 위한 다각도의 신자유주의 전략이 발견된다고 주장한다(Browne, 2000: 65~80). 그중 하나는 비영리조직을 공공서비스의 저렴한 대체재로 이용하는 것이다. 민관 상호협력이나 위탁 계약을 통해 활동하는 비영리조직들은 고비용과 높은 급여를 요구하는 공공서비스에 대한 저렴한 대체재가 된다.

한편 정부가 너무 엄격한 실행기준을 적용하면 사회적 경제 조직들도 전문화-관료화하고, 과도한 제도화를 경험하게 된다. 그 결과 사회적 경제 부문은 공공 부문에 포섭되며, 시민사회의 상징이라고 할 수 있는 민주주의, 자율성, 참여 등의 독특한 자기 문화를 상실하고 복지서비스의 하위계약자로 전락하게 된다.

셋째, 사회적 경제를 국가와 시장의 보완적 영역으로 인식하는 관점이 있다. 사회적 경제는 하나의 경제영역이지만 국가와 시장 부문의 한계를 보완하는 제3의 완충지대라고 보는 입장이다.

드푸르니, 라빌(L. L. Laville), 보르자가(C. Borzaga) 등은 사회적 경제가 등장하게 된 역사적 배경에는 사회적인 필요조건과 집단 구성원들에 의해 공유된 집합적 정체성이라는 두 가지 요소가 자리하고 있다고 지적한다. 임금 노동을 벗어나 스스로 기업을 운영하고자 하는 노동자생산협동조합, 적정 가격으로 생필품을 구입하려는 소비자협동조합, 복지체계가 충족시키지 못하는 각종 위험에 대비하기 위한 공제조합 등은 시장 경제에 대한 기능적 적응과 반응이라는 의미에서 19세기 사회적 경제의 훌륭한 원형들이다. 그러나 20세기 말 새롭게 등장한 사회적 경제는 완전고용과 지속적 사회복지 제공에 실패하거나 무능함을 보인 국가와 시장에 대한 시민사회의 대응이라는 성격이 강하다. 사회적 경제활동은 배제된 사람들을 사회적으로 통합하는 것을 목적으로 한다. 이러한 목적은 경제적이면서 동시에 사회적이다. 그리고 이러한 목적은 사회적 기업가 정신을 통해 사회자본을 활용함으로써 달성할 수 있다. 그래서 사회적 기업가들은 사회적 경제를 이끌어가는 원리로서 사회적 목적에 부응하는 경제활동, 참여와 개방을 통한 구성원의 민주적 자기결정, 시장과 국가로부터 자유로운 시민사회의 자율성 등을 중시한다.

샤니알(P. Chanial)과 라빌(J.-L. Laville)은 사회적 경제를 "시장경제만으로 지배되는 경제가 아닌 다원적 경제에 의해 구성되는 경제"(샤니알·라빌, 2008)라고 정의한다. 여기서 다원적 경제란 공공경제나 호혜경제 등 시장과는 다른 원리로 설명되는 경제를 의미한다. 달리 말하면 사회적 경제는 자본주의를 넘어서는 대안, 또는 자본주의에 흡수되어버린 기업 전략의 결과가 아니라, 자본주의를 통해 드러난 다양한 사회문제와 시장경제의 결함을 개선하는 보완적 전략으로 등장한 것이라는 입장이다. 이러한 관점에서 사회적 경제는 시장경제에서 발생하는 빈곤, 실업, 사회적 배제 문제 등을 완화함으로써 현대 자본주의를 지속가능하게 만들어준다고 평가할 수 있다.

사회적 경제는 국가, 시장, 제3섹터 등 무수한 이해관계자들이 참여해 만들어내는 경제이기 때문에, 이것은 서로 다른 배경을 가진 다양성이 뒤섞여 작용하는 '혼합'의 장이라 이해할 수도 있다. 이런 혼합적 특성 때문에 사회적 경제는 확실한 개념 정의를 통해 확보된 독자적 영역을 갖고 있다기보다는 일종의 '중개적 과정들'의 복합체라고 볼 수도 있다(Lloyd, 2007: 70~71; 주성수, 2010: 233). 달리 말해 사회적 경제는 결사체, 파트너십, 다양한 이해관계, 공동벤처 투자, 공동용역, 상조적 지원 등 다양한 요소들이 혼합적으로 작동하는 북새통과 같다는 것이다. 이러한 입장에 서면, 사회적 경제는 자유시장, 개인주의적 가치, 규제받지 않는 자본의 흐름 등이 지배적인 사회에서 그로 인해 발생하는 사회경제적 폐해를 완화시켜주는 중요한 역할을 하는 것으로 이해할 수 있다(장원봉, 2006).

···

제4장

네트워크와 사회혁신

: 조직 없는 사회혁신

우리는 긴밀하게 연결된 네트워크 사회에 진입했다. 네트워크 사회에서는 새로운 방식으로 공유와 협력의 능력을 발휘할 수 있다. 네트워크는 사업의 방향뿐 아니라 사회변화를 추동하는 방식 자체도 바꾸어나가고 있기 때문이다. 네트워크로 인해 우리는 사회문제를 해결하고 자원을 동원하는 방식을 완전히 혁신할 수 있게 되었다. 그러나 이러한 문제는 네트워크를 어떻게 이해하느냐와 떼어서 생각할 수 없다. 네트워크의 특성을 알아야 네트워크를 통한 사회적 혁신의 방향도 가늠할 수 있는 것이다.

대체로 네트워크에는 세 가지 상이한 차원이 있다. 첫째는 문화적 유산으로서의 네트워크, 둘째는 복잡계 과학의 대상으로서의 네트워크, 셋째는 새로운 사회구성으로서의 네트워크이다. 아시아적 맥락에서 네트워크의 역할은 문화적으로 큰 의미가 있다. 전통적으로 아시아는 관계주의적 특성을 가졌기 때문에 독립적 개인보다는 가족이나 집단이 중요시되고, 또한 인격주의적이면서 상호의존적인 관계가 중요한 특징을 보여왔다. 이는 개인의 자아가 중시되며, 독립적 개인들 간의 계약에 의해 사회가 움직인다고 보는 서구사회와는 중요한 차이를 보이는 것이다. 즉, 중국의 '관시(關係)'나 한국의 '연고' 등은 비공식적이기는 하지만 공식 조직이나 계약의 운영에 큰 영향을 미쳤다고 할 수 있다.

그러나 앞으로 다가온 변화의 핵심은 복잡계 과학의 대상인 네트워크의 놀라운 확장이다. 특히 정보기술이 결합되면서 사회적 거버넌스로서 네트워크의 역할은 급속히 그 중요성을 더해가고 있다. 카스텔(Manuel Castells)은 자본주의적 생산양식의 지속에도 불구하고, 과거 산업사회의 특성과는 다른 정보화 산업양식으로서의 네트워크 사회의 도래를 주장했다. 공간보다는 흐름이, 그리고 고정된 조직보다는 유동적인 과정이 더 중요해졌다는 것이다.

이와 마찬가지로 제러미 리프킨(Jeremy Rifkin)은 3차 산업혁명을 통해 산업사회의 특징이었던 단일한 거대기업의 지배는 점차 해체되고, 가치사슬에서의 거래를 매개하는 브로커의 역할도 해체되어나갈 것이라고 주장한다. 공유경제의 등장과 급격한 생산성의 증대, 사물인터넷의 확장, 에너지비용의 감소 등으로 인해 한계비용 제로사회가 가능해질 것으로 전망하기도 한다. 새로운 비즈니스 모델에서는 소유권의 이전 없이도 가능한 새로운 거래의 형태들이 증가하고 있다. 공유경제의 규모는 꾸준히 증대하고 있으며 더욱 많은 사람들이 이에 참여하고 있다. 새로운 기술의 발전, 젊은 세대를 중심으로 한 가치관의 변화, 그리고 지속되는 경제적 불황 등은 공유경제를 추동하는 새로운 원동력이 되고 있다. 그러나 동시에 신뢰나 프라이버시 등의 이슈에서 아직도 공유경제가 진전되는 데 장애가 되는 많은 요소들도 존재한다. 이러한 점에서 네트워크에 기반을 둔 사회혁신의 가능성에 대해 점검할 필요가 있다.

1. 사회혁신과 두 가지 방식의 이산가족 상봉 프로그램

1983년 한국전쟁 발발 33주년 및 정전 30주년을 맞아 KBS는 이산가족 찾기를 위한 생방송을 시작했다. 해방 이후 북위 38도선을 기준으로 갑작스러운 분단을 맞게 되어 남북의 가족들은 자유롭게 왕래하지 못하는 상황이 되었고, 1950~1953년의 한국전쟁을 거치면서 이러한 이산은 더욱 고착되었다. 한국전쟁에서는 약 400만 명의 사망자가 발생했고, 10만 명이 넘는 고아가 생겨났으며, 천만 명 이상이 이산가족이 되어 남북으로 갈라져 상봉하지 못했다. 그리고 그중 상당수는 남한에 거주하면서도 서로 행방을 모르는 채 살아왔다. 비록 30년이 지났지만, KBS의 생방송은 이산가족뿐 아니라 전 국민으로부터 열렬한 반응을 이끌어냈다. 그 결과 생방송은 138일간 연 453시간에 걸쳐 진행되었으며, 모두 5만 3536개 가족의 사연이 방송을 탔고, 1만 189개 가족이 서로 만나는 성과를 가져왔다. 이 텔레비전 프로그램은 전쟁의 비극과 분단의 아픔을 전 세계에 잘 보여주었고, 그 결과 유네스코의 세계기억유산으로 등재되기도 했다.

22년이 지난 후, 2005년 미국 뉴올리언스 시 지역을 강타한 허리케인 카트리나(Hurricane Katrina)는 지역사회에 심각한 피해를 입혔다. 갑작스러운 허리케인의 상륙과 범람으로 인해 많은 가족들이 흩어졌다. 카트리나 행방불명자 검색 프로젝트는 서로 소식이 끊긴 이들을 찾아주고 안부를 확인하게 하는 것을 목표로 시작했다. 이 프로젝트의 주목적은 스카이프뿐 아니라 전통적인 정보수집과 입력 및 검색 시스템을 구축하여 허리케인 카트리나로 인해 행방을 찾는 이들을 서로 연결해주는 것이었다. 이 과제를 위해 카트리나 협력 위키가 신속하게 만들어졌고, 자원봉사자들이 소집되어 불과 24시간 이내에 1만 5200명의 정보를 수작업으로 입력했으며, 일주일 만에 9만 명의 정보를 입력하는 성과를 냈다. 카트리나 행방불명자 검색 프로젝트는 자원봉사자들을 중심으로 새로운 기술이 가능케 한 사회혁신의 한 모습이다. 4천 명이 넘는 자원봉사자들이 자료입력요원으로 참여했다. 인터넷을 기반으로 하는 기술을 활용하여 대피자들의 정보를 효과적으로 교환할 수 있었으며, 자원봉사자들은 온라인 데이터베이스의 정보를 중앙 데이터베이스로 입력하는 프로그램을 만들어서 효율적인 조율이 가능하게 만들었다. 행방불명자 발견 및 정보교환 포맷(People Finder Interchange Format: PFIF)은 재난발생 이후 행방을 확인하고자 하는 개인에 대한 정보를 교환하는 XML 포맷으로 만들어졌다. 이처럼 비영리 부문의 자원봉사자들이 만들어낸 기술적 이니셔티브는 이후에 구글의 사람검색엔진으로 채택되어 발전해가고 있다.

이상의 두 가지 사례를 비교해보면, 다양한 측면에서 큰 차이가 존재함을 알 수 있다. 과거의 모델은 중앙집권적인 방송사에 의존했는데, 시간이나 자원을 동원하는 측면에서는 매우 비효율적이었다고 할 수 있다. 귀한 공중파 생방송시간을 막대하게 사용했기 때문이다. 그러나 새로운 모델은 서로 헤어진 사람들을 찾게 하는 데 훨씬 효율적이고 효과적인 방법임이 판명되었다. 과거의 KBS 모델이 위계와 닫힌 경계를 가진 전통적 조직에 의존했다면, 허리케인 카트리나로 인해 구축된 새로운 모델은 위키 스타일의 위계 없는 조직화의 전형을 보여주었다. 즉, 큰 비용과 자원을 들이지 않고도 매우 효과적으로 자원봉사자들이 참여할 수 있는 플랫폼을 만들었던 것이다.

KBS의 이산가족 상봉 프로그램이 방영된 지 32년이 지난 후, 메르스 발병은 새로운 도전과제가 되었다. 한국 정부는 초기에 이 새로운 감염병에 제대로 대처하지 못했을 뿐 아니라 정보를 제때 공개하지 않아서 많은 혼란을 낳고 많은 시민들의 불편을 초래했다. 뒤늦게 결정적인 정보를 공개하기는 했지만, 확산된 국민들의 불신을 잠재우기에는 역부족인 상황이 되어버렸다. 그러나 이때 많은 인터넷 사용자들은 자신들의 정보자원을 활용하여 소셜 네트워크 서비스를 이용한 감염병 전파의 정보 공유 프로그램들을 자발적으로 만들고, 또 이를 활용하여 어디에서 환자들이 발생했고 어디에서 사망자가 발생했는지에 대한 정보를 공유했다. 이번에는 소셜 미디어가 집합지성을 발휘하는 귀한 도구로 활용되었고, 어떤 병원에 메르스 환자들이 방문했는지, 그리고 어디에서 질병의 감염 통로가 만들어졌는지에 대한 정보를 공유할 수 있게 했다. 몇몇 인터넷 사용자들은 메르스 확산지도를 만들고 메르스 환자들이 방문하고 치료받은 병원들에 대한 상세한 정보를 공유하기도 했다.

2. 개방체계와 세 가지 상이한 네트워크

보울딩(Kenneth Boulding)에 의하면 체계는 모두 아홉 가지 상이한 수준으로 나눌 수 있다. 즉, ① 정적인 체계, ② 단순한 운동 시스템, 혹은 사전에 결정된 운동시스템, ③ 사이버네틱 시스템, ④ 개방시스템, ⑤ 식물과 같은 복제 시스템, ⑥ 동물과 같은 자각적-목적론적 시스템, ⑦ 자의식을 가지는 인간, ⑧ 사회조직, ⑨ 초월적 시스템 등이다. 그런데 중요한 차이는 사이버네틱 시스템과 개방시스템 사이에서 발생한다. 개방형 시스템은 생명현상의 특성을 잘 보여준다. 개방시스템은 매우 유연한 조직화를 이루는데, 예를 들자면 기계적이기보다는 유기체적이고, 복잡하면서도 느슨하게 결속되었으며, 구조보다는 과정이 더 중요하다. 그리고 조직의 경계는 비정형적이어서 환경요소가 내부의 형태나 행위, 그리고 조직의 결과에 매우 중요하게 영향을 미친다. 그래서 개방체제는 복잡적응시스템(complex adaptive system)이라고 명명할 수 있다. 복잡적응시스템에는 생물세포, 열대우림, 시장, 언어, 인터넷 등이 모두 해당한다. 이들은 신호와 경계 간에 복합적이면서도 상시적으로 변화하는 상호작용의 관계로 구성된다는 점에서 공통적이다.

네트워크는 오래된 것이지만, 새로운 도구나 기술들이 서로 연결되고 소통하는 방법을 바꾸어나가고 있다. 위키나 다른 소셜 미디어들은 개방적이고 투명하며 분산되고 분화된 새로운 작업방식들을 만들어가고 있다. 새로운 정보기술은 사람들로 하여금 과거에는 불가능했던 새로운 방식으로 서로 연결하고 일을 조직할 수 있게 한다. 이제는 네트워크가 사회변화를 만들고, 새로운 형태의 정치운동이나 사회적 저항, 혹은 새로운 형태의 공동체 형성을 가능케 하는 데 사용될 수 있다.

우리는 세 가지 서로 상이한 색깔의 네트워크를 구분할 필요가 있다. 첫째는 사회적 문법으로서의 네트워크, 둘째는 관계의 기하학으로서의 네트워크, 그리고 세 번째는 발전의 양식으로서의 네트워크이다.

사회적 문법으로서의 네트워크는 비교철학이나 문화심리학의 연구에서 잘 드러난다. 이론적으로 실체론은 관계론과 대비된다. 실체론은 잘 통합된 행위 주체이자 의사결정자인 개인이나 집단, 혹은 조직 등이 서로 상호작용하는 것을 의미한다. 따라서 여기에는 집단과 행위자 간의 명백한 경계가 존재한다. 반면에 관계론적 접근은 그와 같은 본질주의적 실체는 없다고 가정한다. 정체성은 경계에 의해 형성되므로, 경계의 안과 밖의 차이가 분명해질수록 정체성이 더 분명해지며 한 행위자가 발휘하는 능력을 결정하는 데 치명적인 기회나 제약도 개인의 속성보다는 복잡한 관계의 양상 속에 내포되어 있다고 보는 것이다. 정체성은 고정되고 물화된 범주라기보다는 다차원적이고 유동적인 총체성이다. 역사적으로 보면 서구문화와 실체론 간에, 그리고 아시아 문화와 관계론 간에 문화적 친화성이 존재했다고 본다. 서구의 개인주의는 독립적인 자아개념에 뿌리를 두고 있다. 독립적 개인들이 사회를 구성하는 기본 단위가 되며, 사회질서는 개인들 간의 계약을 토대로 한다. 민주주의와 시장 모두 개인들 간의 계약에 바탕을 둔 제도들이다. 반면에 아시아 사회에서는 상호 호혜적이고 인격주의적인 관계가 기본적 요소이다. 인격윤리에서는 사람들 사이의 신뢰를 강조하며 지배자의 덕성을 중시한다. 또한 위계적 구조에서 한 개인의 지위는 내적인 능력의 불평등성을 반영하는 것으로 여겨진다. 서구에서 개인주의와 분석적 사고의 근원은 그리스와 로마 문명에까지 거슬러 올라간다. 그리스와 로마에서는 기후가 온화한 지중해 지역의 특성으로 인해 자연을 통제하기 쉬웠고 경제활동은 개인적 노력만으로 충분했다. 반면에 동아시아는 대규모의 관개시설을 활용해야 하고 집단적인 협력적 노동을 통해 농사를 지어야 하는 수도작 문화와 긴밀히 연결되어 있다. 장마철에 강수량의 대부분이 쏟아지는 아시아형 몬순기후로 인해 중앙집권적 국가가 발전했다고 보는 비트포겔(K. A. Wittfogel)의 아시아적 전제주의론이나 마르크스의 아시아적 생산양식론 모두 이러한 아시아적 특성을 염두에 둔 논의들이다.

한편 네트워크 과학과 복잡계적 특성은 바라바시(Albert-László Barabási)의 논의에서 잘 드러난다. 그는 척도 없는 네트워크(scale-free network)의 특성에 대해 주목했고, 이런 네트워크의 성장을 가능하게 하는 차별적인 연결(preferential attachment)이 실제 네트워크에서의 척도 없는 속성의 등장을 설명하는 요인이라고 보았다. 이러한 네트워크의 대표적인 사례는 항공망이나 컴퓨터 네트워크, 그리고 월드와이드웹 등과 같은 것이다. 이러한 척도 없는 네트워크의 연결의 분포는 멱함수(power law distribution) 법칙을 따른다. 세계적으로 보면 모든 지구 위의 인간은 '여섯 단계의 분리'로 서로 연결되어 있어서 매우 좁은 세상이라는 것이 바라바시의 연구의 결론이다. '좁은 세상'을 특징짓는 연구는 1967년 밀그램(Stanley Milgram)에 의해 시도되었다. 그는 네브라스카 오마하 등에 살고 무작위로 추출된 160명의 사람들에게 패키지를 보낸 후, 이를 보스턴에 사는 어떤 이에게 아는 사람들을 통해 전달하도록 부탁했는데, 그 결과 160명 중 42명의 편지는 되돌아온 반면, 성공적으로 배달된 경우에는 두 명에서 열 명까지의 아는 이들을 거쳤다는 것이 확인되었다. 즉, 최초 발송자에서 최종 목적지의 개인에게 편지가 전달되기까지 중위값으로는 5명의 매개자를 거친 것이다. 최근 한국의 사회학자 김용학 교수가 중앙일보와 함께 반복한 조사에서는 한국은 훨씬 좁은 세상이라는 것이 확인되었다. 한국인 5000만 명이 불과 3.6단계 만에 서로 연결됨을 확인한 것이다.

이 같은 좁은 세상은 티핑(tipping)과 같은 새로운 사회 현상을 가능케 한다. 티핑이란 그동안에는 충분히 활용하지 않았던 방식을 갑자기 널리 활용하게 됨으로써 집단의 행동이 극적으로 빠르게 변화하는 현상을 지칭한다. 그라노베터(Mark Granovetter)의 임계모델은 이러한 티핑의 역동성을 잘 드러낸다. 그는 개인의 행동은 그 행동에 관련된 다른 이들의 숫자에 의해 크게 영향을 받는다고 주장했다. 그는 폭동, 거주지의 분리, 침묵의 나선현상 등을 예를 들어 설명하는 과정에서 이러한 임계모델을 적용했다. 글래드웰(Malcolm Gladwell)은 『티핑포인트(The Tipping Point)』에서 사회적 전염현상을 가능케 하는 세 가지 규칙에 대해 언급하고 있다. 첫 번째는 '소수자의 법칙'이다. 사회적 전염의 성공 여부는 특별한 사회적 기술과 헌신감을 가진 소수의 사람들에게 의존한다. 파레토는 이를 80 대 20의 법칙이라고 불렀다. 대체로 80%의 일은 20%의 참여자들에 의해 수행된다는 것이다. 이러한 선택적인 소수를 커넥터, 전문가(maven), 혹은 설득가라고 부를 수 있다. 이들은 공동체 내에서 많은 이들을 알고, 또 이들을 연결하는 네트워크의 허브 역할을 하는 이들이다. 이들은 대체로 다양한 사회집단이나 직업군의 경계를 넘어서 많은 이들을 연결하는 역할을 수행한다. 두 번째는 고착성의 요소이다. 그것은 특정한 메시지의 내용이 쉽게 잊지 않는 강력한 영향력을 발휘한다는 것을 뜻한다. 그리고 마지막 요소는 상황의 힘이다. 즉, 인간행위는 환경에 의해 강하게 영향을 받고 개인들도 환경 변화에 민감하게 반응한다는 것을 의미한다. 사회적 전염은 그것이 발생하는 시대적·공간적 상황이나 조건에 예민하게 영향을 받는 것이다.

경험적 연구들은 인터넷 포털에는 대개 세 개의 사용자 집단들이 존재한다는 것을 보여준다. 이들은 서로 상이한 역할을 한다. 첫째, 핵심집단은 매우 활발하게 콘텐츠를 제공하는 소수로 구성되어 있다. 이들은 높은 중심성을 가지고 타인들과 연결된다. 둘째, 활발한 구성원들이 콘텐츠의 소비자로서 역할을 한다. 셋째는 비활성화되고 고립된 개인들로서 가장 큰 비율을 차지한다. 소수의 핵심집단이 콘텐츠를 제공하면 활발한 집단이 이들 콘텐츠를 소비하는데, 이들이 네트워크 전체의 존립을 위해 핵심적 역할을 한다.

개똥녀 사건은 이러한 티핑 현상이 부정적인 결과를 가져오기도 한다는 것을 잘 보여주는 사례이다. 한 젊은 여성의 애완견이 지하철에서 변을 보면서 발생한 이 사건은 사소한 갈등에서 시작했다. 이 여성은 다른 승객이 배설물을 치우라고 티슈를 건넸는데 그것을 배설물을 치우는 대신 애완견을 닦는 데 써버렸고, 다른 승객이 깨끗이 치우라고 요구했을 때 이를 무시하고 지하철에서 내려버렸다고 한다. 그런데 승객 중에 누군가가 이 상황을 사진으로 찍어 포털에 올렸고, 곧바로 인터넷 수사대가 활동하여 사진으로부터 다양한 단서들을 찾아낸 다음 이 여성이 누구인지를 확인했으며, 곧 그녀의 사적 정보들이 인터넷상에 올라오게 되었고 그녀는 악명 높은 행위자로서 비난의 대상이 되었다. 그리고 이 이야기는 주요 언론에서 보도되기 시작했고, 결국 공공의 비난으로 인해 이 여성은 학교를 그만두게 되었다. 이러한 인터넷상의 마녀사냥은 네트워크 사회의 취약성을 잘 드러낸다.

카스텔은 정보기술이 사회 전반을 빠르게 변화시킨다고 주장한다. 그는 네트워크가 새로운 사회의 형태를 구성하게 되며, 네트워크 사회에서 주요 사회구조와 행위는 정보 네트워크를 중심으로 조직화된다고 주장한다. 네트워킹의 논리가 확장되면 생산, 경험, 권력, 문화 등의 모든 영역에서 작동의 방식과 결과에 큰 차이가 나타난다. 그래서 카스텔은 자본주의적 생산양식이 여전히 지배적일지라도 발전의 양식(the mode of development)은 산업적 발전양식에서 정보적 양식으로 변화하게 된다고 주장한다. 그리고 생산성의 원천도 지식생산, 정보처리, 상징적 소통으로 바뀌게 된다고 본다. 전통적인 산업사회가 그 생산과 소통의 수단으로서 도시와 영토성에 고착되어 있다면, 네트워크 사회는 유연성을 특징으로 하며 정보가 공간보다 더 중요해진다고 주장한다. 카스텔은 네트워크 사회에서 사회제도는 새로운 집단정체성을 만들어내고, 새로운 형태의 집단정체성은 점증적으로 증가하는 네트워크(the net)의 힘에 대항하는 자아(the self)에 기반을 둔 것으로 변화하게 될 것으로 예측한다.

3. 네트워크 거버넌스와 새로운 사회혁신

이처럼 세 가지 다른 색깔의 네트워크에 대해 검토해보면, 우리는 새로운 형태의 조직화 원리가 네트워크 거버넌스라는 것을 확인하게 된다. 위계와 무질서를 양 극단에 놓는다면, 그 사이에는 연속성이 존재한다. 네트워크 관점은 거버넌스를 복잡적응시스템이라고 본다. 위계조직에 비교해보면, 복잡적응시스템은 다음과 같은 몇 가지 중요한 특징을 갖는다. ① 하위 부분들의 상호작용에서 순환고리가 잘 발달되어 있다. ② 공식적 조직과 비공식 조직 간에 빈번한 상호작용이 존재한다. ③ 시스템 전체는 복잡하지만, 각 개인들은 비교적 단순한 규칙하에 행동한다. ④ 그래서 각 행위자들은 독립적이고 자율적이어야 한다.

네트워크 거버넌스나 네트워크로 연결된 작동의 방식은 사람과 아이디어들을 더 빠르게 연결시킨다. 네트워크를 통해 노력이 분산될 수 있으며, 네트워크는 개방적이고 투명하기 때문이다. 그래서 네트워크 구조는 전문성을 가진 개인들이 지식을 나누고 자발적으로 헌신할 수 있게 하는 데 유리하다. 이러한 현상은 오픈소스 프로그램 운동이나 위키피디아의 사례에서 찾을 수 있다. 이들 사례에서는 영속적인 구조를 유지하는 대신에 효과적이고 기민한 동원이 선호된다.

네트워크는 다음과 같은 다양한 방식과 형태의 차원들의 결합으로 구현될 수 있다. 즉, ① 임시적인지 항시적인지, ② 자발적인지 계획된 것인지, ③ 노력을 많이 들일지 적게 들일지, ④ 집중구조로 할 것인지 분산구조로 할 것인지, ⑤ 구성원을 폐쇄적으로 할 것인지 개방적으로 할 것인지 등이 그것이다.

네트워크형 사고방식은 전통적인 위계형 사고방식과 많은 점에서 차이를 드러낸다. 전통적이고 위계적인 사고방식은 강력한 통제, 계획, 집중된 의사결정, 개별 전문가의 통찰력, 구체적 결과에 대한 관심 등을 중시한다. 반대로 네트워크 사고방식은 통제의 소멸, 자발적 참여, 집단지성 등을 중시한다. 네트워크의 효과성은 손에 잡히지 않는 신뢰나 정보의 흐름과 긴밀히 연관되어 있다.

그림 4-1에서 보는 바와 같이 네트워크는 다양한 형태를 띨 수 있다. 첫 번째 형태는 네트워크 요소가 전혀 없는 전통적인 조직과 유사하다. 이러한 유형은 시에라 클럽(Sierra Club)과 같이 네트워크 구성요소를 가진 멤버십 조직으로 확장될 수 있다. 두 번째는 많은 노드들이 하나의 중심노드에 연결된 부챗살 구조이다. 이는 매우 명시적인 형태의 네트워크로서 해비태트(Habitat)나 새들백 교회(Saddleback Church) 등이 이에 해당한다. 세 번째는 많은 노드들이 서로 연결되어 밀도가 높은 클러스터가 형성되는 경우이다. 각각의 노드들이 직접적으로 모든 다른 노드들과 연결되는 양상인데, 이는 강력한 연대를 드

그림 4-1 네트워크의 다양한 유형

유형	구조	사례
명시적 네트워크 구조가 없는 비영리조직들	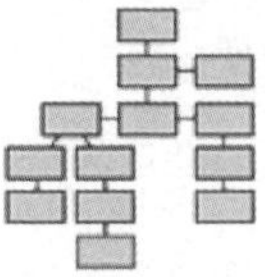	다수의 직접 서비스 지역조직들
네트워크 요소를 가진 멤버십조직들	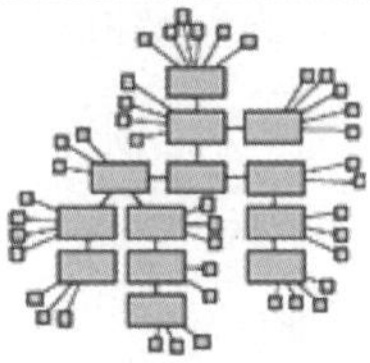	시에라 클럽 (Sierra Club) 나랄 프로초이스 아메리카 (Naral Pro-Choice America)
명시적인 네트워크 전략과 구조를 가진 비영리조직들	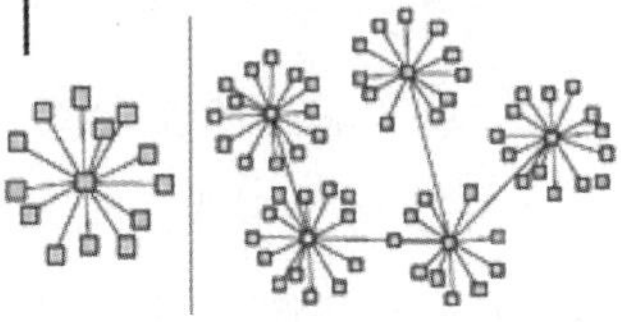	해비탯 포 휴매니티 이집트 (Habitat for Humanity Egypt) 새들백(Saddleback) 교회
연합 혹은 연맹	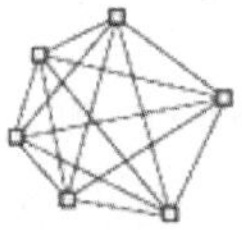	개비 얼라이언스 (GAVI Alliance) 세이브 다르퍼 (Save Darfur)
네트워크의 네트워크	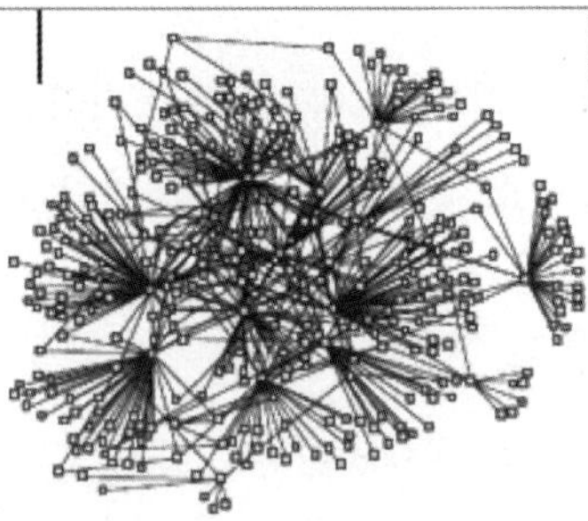	와이저 어스 (Wiser Earth) 무브온 닷 오르그 (MoveOn.org)
애디 혹 네트워크		플래시몹 페이스북

(세로축 왼쪽: 집중화 ▲ / 탈집중화 ▼)

자료: Scearce, Kasper and Grant(2010: 33).

러내는 가비 연합(GAVI Alliance)이나 세이브 다르푸르(Save Darfur) 등에서 발견된다. 가장 탈집중화된 네트워크 구조는 고도로 유연하며 변형성이 강한 임시적 네트워크인데 플래시몹 현상에서 볼 수 있다.

네트워크 거버넌스는 우리가 서로 연결되고 작업하는 방식을 다양한 측면에서 변화시킨다. 첫째, 개인이나 집단은 중심적인 계획이나 인프라 없이도 스스로를 조직하는 새로운 기술을 사용하게 된다(탈중심화). 새로운 도구가 사람들이 즉각적으로 연결될 수 있게 하므로, 아이디어는 빠르게 전파되고 집단은 빠르게 형성된다(연결성). 집합적 노력에 대한 장애가 줄어들게 되므로 사람들은 훨씬 용이하게 그리고 최소의 비용을 들여 협력자를 찾을 수 있고, 다양한 채널을 통해 더 많은 자원을 동원할 수 있게 된다(조정성). 공유가 보편화되고, 네트워크를 통해 자원과 정보를 얻기 쉬워지며, 노력과 아이디어는 쉽게 축적될 수 있다(개방성과 투명성). 집단들은 영속적 구조를 만들 필요가 없다. 집단은 필요에 따라 언제든 만들어지고 해산될 수 있으며, 개인들은 장기적으로 헌신할 필요가 없다.

한 잡지는 네트워크형 작업방식에 관한 논문을 실었는데, 그 논문은 네트워크의 효과성에 대한 고려사항들을 제시한 바 있다. 거대한 위계형 조직에 의존하는 대신 네트워크를 활용할 때 얻게 되는 효과는 통제보다는 적응성이며, 예측가능성보다는 출현적 속성이고, 견고한 일관성보다는 회복탄력성과 가외성이다. 그래서 네트워크는 구성원의 자격을 따지기보다 기여를 촉진하고, 일을 나누기보다 다양성을 우선시하여 일을 추진하는 경우에 특별히 유용하다. 많은 이들이 네트워크형 접근을 고려하는 상황은, 다양한 관점을 필요로 하는 일이거나 다양한 집단이 동원되고 참여하며 관여해야 하는 경우, 공감과 분산화된 리더십이 필요한 경우, 공개적이고 공적인 정보가 중요한 경우라고 한다. 반대로 전통적인 위계형 조직은 구체화된 전문성이 중요하고, 검증가능한 정확성이 요구되며, 실행의 효율과 속도가 중요하고, 명령과 통제의 리더십이 중요하며, 사적이고 정확한 정보가 요구되는 상황에 더 잘 맞는다고 본다.

4. 새로운 자본주의의 등장과 공유경제

네트워크의 확장은 새로운 자본주의의 가능성을 열고 있다. 리프킨은 인터넷 기술과 재생에너지가 결합하여 어떻게 강력한 제3의 산업혁명을 만들어가게 될 것인지에 대해 설명한 바 있다. 그 핵심은 수천만의 개인들이 스스로 집이나 공장에서 그린에너지를 만들어 사용하고, 인터넷과 같은 방식의 에너지 네트워크를 통해 공유하는 것이다. 리프킨이 설명하는 제3의 산업혁명은 몇 가지 요소로 구성되어 있는데, 수백만 개의 새로운 일자리와 사업을 창출하되 근본적으로는 사회와 경제의 재구조화를 핵심으로 한다. 구체적으로는 ① 개방적 구조를 만들어 분산시키고, ② 저렴한 재생에너지를 활용하며, ③ 가치사슬의 모든 단계마다 개입하는 거래비용을 창출하는 중개자의 역할을 제거하고, ④ 각 건물마다 간헐적으로 남아도는 에너지를 수소와 다른 저장기술을 활용함으로써 충전하여 사용하는 기술을 발전시키며, ⑤ 전기나 연료전지를 이용한 교통수단을 활용하고, 상호작용할 수 있는 스마트 파워 그리드(Smart Power Grid)를 확산하는 것 등이다.

이러한 드라마틱한 경제의 전환은 고도의 생산성 증대와 사물인터넷의 확장을 통해 가능해진다. 한계비용 제로는 에너지효율을 극대화하는 열역학의 활용을 통해 가능해질 것이다. 현재 전기에너지의 87%는 송전과정에서 낭비되는데, 만일 에너지 효율을 40%까지 늘릴 수 있다면 분산적인 에너지 공급을 통해 원자력 발전이나 화력 발전에 대한 의존을 완전히 줄일 수 있게 될 것이다. 한 연구에 따르면, 태양열 발전의 비용은 지속적으로 감소하고 있고, 리튬이온 전지를 활용한 충전기술의 효율성은 지속적으로 높아지고 있다고 한다.

둘째로 사물인터넷은 서로 연결된 기계, 주택, 자동차들을 모두 변화시킬 것이다. 빅데이터를 통한 예측 알고리즘은 자동화 시스템을 새 단계로 업그레이드할 것이며, 2030년까지는 사물인터넷을 통해 100조 개의 센서들이 시스템에 통합될 것이다. IPv4는 현재 43억 개의 인터넷 주소를 가지고 있는데, 차

세대 IPv6는 340조 개의 주소를 가지게 된다. 그러면 각 개인당 1000개 이상의 IP주소를 활용할 수 있게 될 것이다. 이렇게 되면 모든 인간과 사물은 서로 연결되어 소통하며, 궁극적으로 모든 인위적인 환경과 자연환경도 통합될 것이다. 사물인터넷의 적용을 통해 우리는 스마트 도시, 스마트 도로, 그리고 지능적인 고속도로 등을 만들어낼 수 있을 것이다. 건물이나 교량, 도로의 물리적 조건들은 모두 체크되고, 도로의 교통이나 보행자의 밀도 등도 모니터링될 수 있을 것이다. 이런 기술들은 의료시스템이나 보안시스템에도 적용될 수 있다.

또 다른 이슈는 3D 프린터이다. 네트워크 사회에서 소프트웨어는 하드웨어보다 훨씬 중요해졌다. 3D 프린터의 확산은 집중적인 대량생산을 해체하고 점진적으로 탈집중화된 주문형 생산으로 대체할 것이다. 대부분의 소프트웨어가 오픈소스가 되면, 생산비용은 감소하고 업사이클링을 통해 환경친화적인 생산이 이루어질 것이다. 마하트마 간디(Mahatma Gandhi)가 꿈꾸었던 스와데시(swadesh)라는 자족적인 경제는 적정기술의 도입을 통해 성취할 수 있게 될 것이다. 간디는 그의 독창적인 이론을 통해 권력은 피라미드의 정점, 즉 중앙정부에서 바닥, 즉 마을 수준으로 하향 분산되어야 한다고 주장한 바 있다. 사회적 자본과 집합지성을 통해 창의적인 공유와 집합적 소비가 가능해지면 '공유지의 비극'은 '공유지의 축복'으로 대체될 수 있다. 오픈소스 소프트웨어 운동과 카피레프트는 좋은 사례이다. 점차 많은 제품과 서비스가 무상으로 제공 가능해지면 한계비용 제로사회에서는 카피라이트의 효용이 사라질 것이다. 이같이 공유경제에서는 소유권보다 접근권이 더 중요하게 된다. 예를 들어 자동차 소유를 위해서는 비효율적인 높은 고정비용을 지출해야 한다. 그러나 공유를 하면 80%의 자동차들은 불필요하게 된다. 특히 최근의 글로벌 경제위기는 소유의 종말을 가속화하고 있다. 공유경제는 '소유권의 이전 없는 거래', 혹은 '저활용된 공간, 기술, 물자 등의 자산을 금전적·비금전적 이득을 위해 공유하는 경제모델'이라고 정의할 수 있다.

공유경제는 ① 공유할 재화와 서비스의 소비자로서의 충분한 대중, ② 공유할 유휴 자원, ③ 공유에 대한 강한 믿음, ④ 낯선 이들과의 신뢰라는 네 가지 요소로 구성된다. 공유경제는 공유할 대상의 특성에 따라서도 ① 사무공간이나 주택 등의 공간, ② 의류, 도서, 기계 등의 물건, ③ 자동차, 자전거 등의 운송수단, ④ 지식, 정보 등의 서비스로 분류 가능하다. 이 중에 공유경제의 비즈니스 모델로 가장 핵심적인 요소는 플랫폼이다. 즉, 대여자는 유휴자원을 포스팅하고, 소비자는 서비스에 대한 피드백을 올릴 수 있는 플랫폼이 필요한 것이다.

공유경제의 시장 규모는 전 세계적으로 2014년 기준 150억 달러에 달하는 것으로, 그리고 2025년까지 3350억 달러까지 증가할 것으로 예상된다. 자동차 산업에서만 하더라도 유휴자원으로부터 100억 달러의 가치가 창출될 수 있을 것이다. 참여의 측면에서 보면 전체 인구의 28%가 공유경제에 참여하고 있으며, 68%의 성인들이 공유하거나 상품을 빌릴 용의가 있다고 응답했다. 그리고 참여율은 매우 빠른 속도로 증가하고 있다. 인구집단별로는 흥미로운 차이가 드러난다. 젊은 세대, 특히 25세에서 35세 사이의 젊은이들은 공유경제 확산의 엔진이다. 이들 중 절반 이상이 소유보다는 공유를 선호한다는 조사결과가 있다. 이들 중 57%는 온라인상에서 자신들이 빌리고 싶은 것은 무엇이든 찾을 수 있다고 응답했으며 73%는 공유경제가 매우 중요하다고 응답했다. 사람들은 또한 공유경제에 대해 긍정적으로 평가한다. 30%의 응답자들은 공유경제를 활용해 비용을 절약한 경험이 있었고, 40%는 공유경제를 통해 소득을 올리거나 새로운 기술을 습득했으며, 51%는 좋은 명분을 가진 제품을 산 경험이 있다.

공유경제의 성공을 위해서는 다음과 같은 몇 가지 조건이 충족되어야 한다. ① 비즈니스 모델이 수익을 올릴 수 있어야 한다. ② 비즈니스가 지속가능하고, 충분한 집합적 재화를 공급할 수 있어야 한다. ③ 공유를 지원할 적절한 기술이 있어야 한다. ④ 변화하는 가치를 반영하는 모델이어야 한다. ⑤ 서비스가 편리해야 한다.

공유경제는 또한 극복해야 할 장애물에도 직면하고 있다. ① 사회 신뢰는 공유경제를 운영하는 데 핵심적인 요소이다. ② 공유경제는 관련된 개인들의 정보 공유가 필수적이기 때문에 프라이버시와 시스템 안전성을 위한 가이드 라인이 존재해야 한다. ③ 공유의 용이성은 더 많은 사람들을 공유경제에 참여하게 할 것이다.

긴밀하게 연결된 네트워크 사회에서 협동의 중요성은 지속적으로 증대되고 있고, 이를 통해 우리는 새롭게 사회혁신의 새로운 방법이 무엇인지를 진지하게 생각해보아야 한다. 상호 연결된 사회에서 세 가지 상이한 자원들을 활용할 수 있는데, 첫째는 특별히 아시아의 관계론적 문화의 맥락에서 중국의 관시나 한국의 연고 등이 가지는 인격주의적 관계망의 특성이다. 이들은 유유상종형의 결속을 가능하게 하는 경향이 있으며, 정보화시대에도 네트워크의 형성에 긴히 영향을 미치고 있다. 그래서 우리가 이러한 문화적 유산 위에서 어떻게 새롭게 사회적 혁신을 구상할 것인지, 네트워크 사회의 가능성을 확대할 것인지 고민하게 한다. 둘째로 네트워크 과학과 다양한 네트워크 분석기법의 발달, 그리고 다양한 주제에 대한 빅데이터의 증가로 인해 비즈니스나 사회혁신에서 새로운 가능성들이 열리고 있다. 새로운 아이디어는 크라우드펀딩 등을 통해 대량으로 생산할 수 있게 되었고, 펀딩 자체의 문제보다는 아이디어가 훨씬 중요한 시대가 되었다. 사회운동도 지평을 넓혀가고 있다. 전통적인 위계조직에 의존하기보다는 사람들이 점차 서로 연결되고 아이디어와 자원을 교환하는 일이 중요해졌다. 도구의 발전을 통해 집단형성이 용이해지자, 사회적 혁신가들은 큰 비용을 들이지 않고도 서로 연계해 조율하고 참여할 수 있게 되었다. 셋째, 우리는 새로운 형태의 사회구성 속으로 진입하고 있다. 카스텔이나 리프킨이 언급했듯이, 새로운 기술은 근본적으로 자본주의의 성격을 바꾸어가고 있다. 자원과 서비스 공유는 경제활동이나 사회운동의 새로운 기준이 되어가고 있다. 정보와 에너지 생산에서의 기술적 진보는 공유경제와 공유된 사회혁신이 도래하는 데 장벽을 낮추고 있다. 이러한 결정적인 시기에, 새롭게 등장하는 새로운 사회질서의 가장 근본적인 요소는 신뢰와 예측가능한 사회규범으로 구성된 사회적 자본이라고 할 수 있다.

∙
∙
∙

제5장

기술의 관점에서 본 사회적 경제

: 정보통신기술 발전에 따른
디지털 공유재의 형성과
사회적 경제의 지평 확대

기술은 사회적·정치적·경제적 문제와 기회의 틀을 끊임없이 변동시키는 주요 변인 중 하나이다. 기술 혁신으로 인해 추동되는 산업조직들의 끊임없는 변동은 자본주의 내부의 물질문명과 산업구조의 동적인 변화를 동반했다. 그리고 산업구조의 구조변동은 단절적인 사회변화를 촉진시킨다. 자본주의 내에서 사회와 경제의 발전은 사회 내부의 기술혁신, 정치경제학적 지형, 그리고 제도 간의 긴장이 낳는 끊임없는 역동적 갈등과 기능적 상호작용의 연속이다. 이러한 영구한 과정을 통해 기술과 제도의 관계는 한 사회 내에서 정착하고 변화하며 재정립되는 과정의 연속을 겪는다.

이러한 맥락에서 근대적 형태의 사회적 경제는, 제4장에서 잠시 언급된 것처럼, 새로운 산업구조의 구조변동으로 도래한 단절적인 사회변화에서 발생하는 부정적 영향에 대한 시민들의 적극적인 대응으로도 받아들일 수 있다. 특히 제4장에서 언급한 것처럼 18세기 이후 형성된 근대적 의미의 사회적 경제는 산업혁명으로 인해 발생한 다양하고 복잡한 사회적·경제적 문제들, 특히 실업문제나 도시빈곤 등의 문제를 시민들의 자발적 결사체, 혹은 산업조직들로 해결하려는 시도였다고 볼 수 있다. 전적으로 자본주의적 시장에 의존한 임금노동에서 벗어나 스스로 일터 민주주의 연대를 형성한 노동자생산협동조합, 소비자 구매 시장 연대를 통해 생필품을 안정된 가격으로 공동 구매하려던 소비자협동조합, 그리고 허술한 복지 체계 속에 노출된 사회적 위험과 직업적 위험에 대응하기 위한 공제조합 등이 이를 뒷받침하는 근대적 예시일 것이다.

이 장에서는 정보통신기술(ICT)의 혁신이 사회에 전반적으로 가져올 변화의 성격에 주목하며, 기술의 관점에서 바라본 사회의 단절적 변화와 이에 대응하는 새로운 사회적 경제 영역의 도래 가능성에 대해서 서술하고자 한다. 글의 흐름은 네 단계로 구성될 것이다. 우선 ICT 기술의 발전이 가져온 변화의 성격과 이로 인해 자연스럽게 발생한 사회적·정치적·경제적 문제와 기회의 틀의 변동에 대해서 간략히 살펴볼 것이다. 그 후 ICT 기술의 발달에 따라 자연스럽게 형성될 수밖에 없는 디지털 공유재와 오픈소싱의 성격에 대해서 논의할 것이다. 이 부분에서 디지털 공유재를 둘러싼 네트워크 경제가 왜 가격형성적 시장에 기반을 둔 자본주의 패러다임으로는 그 잠재적 가능성을 포착하기 어려운지에 대한 설명이 우선 필요하다. 이에 대한 논의는 디지털 공유재와 오픈소스의 개념 등이 사회적 경제의 핵심 작동원리인 호혜성 등의 개념과 어떻게 선택적 친화력을 가질 수 있는지에 대한 자연스러운 규명으로 이어질 것이다. 셋째, 디지털 공유재를 둘러싼 여러 가지 형태의 오픈소스의 사례를 네 가지 카테고리(지식과 정보, 디자인, 소프트웨어, 그리고 플랫폼)로 구분해 소개할 것이다. ICT가 어떻게 사회적 경제 내부에서 새로운 형태의 자발적 조직을 탄생시킬 수 있을지 다양한 형태의 예시로써 보여준다고 할 수 있다. 그리고 마지막으로 네트워크 경제와 사회적 경제가 교차하는 지점에서 거버넌스에 연관된 여러 가지 논쟁 주제들―특히 지적재산권, 인프라, 조직체계 등과 관련된―을 소개하고자 한다.

1. 정보통신기술의 발달로 인한 사회의 단절적 변화의 가능성

20세기 중반 이후 역동적인 산업구조의 변동과 정치경제적 갈등의 핵심에는 정보통신기술의 혁신이 있었다. 사회학자, 경제학자들은 전례 없는 이 기술의 변화 속도가 지닌 잠재적 파괴성과 기회에 주목하며 다양한 견해와 예측을 내놓고 있다.

현시점에 대부분의 학자들이 동의하는 정보통신기술 혁신의 가장 중요한 세 가지 사회적 측면은 다음과 같다. 첫째, 컴퓨터와 네트워크의 발달로 인해 유연한 자본주의를 추구하는 산업조직의 대대적 구조변동이 이루어져 왔다. 둘째, 지식정보 및 네트워크 관련 기술의 전반적인 한계생산 비용 제로화가 이루어지고 있다. 셋째, 사회 전방위적으로 자동화 과정이 확산되어 기존의 일자리들을 대체하고 있다.

1) 컴퓨터와 네트워크의 발달로 인한 유연한 자본주의의 출현

앞서 말한 첫 번째 측면에서 핵심은 컴퓨터이다. 컴퓨터는 직업 유형, 직급에 관계없이 모든 일자리에서 다양한 방식으로 활용된다. 기존 산업 구조에 정보통신기술의 발전이 가져온 가장 큰 충격은 세넷이 언급한 것처럼 "유연한 자본주의(flexible capitalism)"(Sennett, 2000)라는 단어로 정리될 수 있다. 유연한 자본주의란 쉽게 말해 첨단 정보통신기술의 비약적인 발전과 노동생산성의 지속적 증가로 초창기 호황을 구가한 미국의 신경제 또는 신자본주의의 새로운 노동형태를 강조한 개념인데, 기존의 정형화된 근무제도를 벗어나 자유출퇴근제, 재택근무제, 집중근무제, 일자리 공유제, 한시적 시간근무제 등 조직의 유연성을 부여하는 의미에서 유래했다. 산업구조가 기존의 피라미드식, 관료적 구조가 아닌 느슨한 네트워크형 구조로 개편된다는 것이다.

네트워크를 통한 새로운 형태의 산업조직화가 피라미드식 관료적 구조를 탈피했다고 해서, 그리고 관료주의적 권위주의를 탈피했다고 해서 긍정적인 측면만 있는 것은 아니다. 단순히 새로운 형태의 통제 양식이 기존의 모델을 대체했을 뿐이다.

세넷은 네트워크식 산업조직으로의 구조개편의 수많은 사례들에서 생산의 유연전문화, 중앙 집중이 없는 힘의 결집, 그리고 공동화(hollowing)의 관행이라는 세 가지 공통점을 발견한다(Sennett, 2000). 네트워크를 통해 힘의 중심이 된 대기업은 그 휘하의 수많은 하청기업들과 하위 조직들을 끊임없이 빠르게 재편성할 수 있다. 대기업의 업무는 점점 브랜드와 마케팅, 새로운 생산 전략과 조직화 전략 등의 핵심 업무로 줄어들고, 그 이외의 부수적 업무들은 하위 조직과 하청기업들에게 전가된다. 이때 각 하위 조직과 하청기업들 사이의 갈등은 증폭되고, 수직적 내부 갈등을 통한 조정은 수평적인 제로섬식 갈등에 자리를 내준다. 대기업은 이러한 과정을 통해 실패의 리스크를 이들에게 전가하기 쉬워진다. 이렇게 기이한 형태의 계층 구조가 형성되고 새로운 형태의 통제가 가능해진다.

최근의 여러 경험을 통해 알 수 있듯이, 유연한 자본주의하에서 기업은 고용과 해고를 보다 손쉽게 할 수 있고 노동자들은 눈치 빠르게 처신해야 하며 변화에도 능숙해져야 한다. 세넷은 사회학자 포웰(Walter W. Powell)을 인용하며 "네트워크형이 위계질서를 강조하는 피라미드형보다 훨씬 운신의 폭이 넓다"면서 "네트워크형은 고정적인 피라미드형에 비해 해체가 쉽고 재편도 쉽다"라고 지적한다(Powell, 1990). 이는 네트워크 구조에서는 업무의 성격이 명확하지 않고, 승진과 해고가 확실한 규정에 의거하지 않는 경향이 있음을 의미한다. 네트워크는 항상 자신의 구조를 새롭게 만들어 나가기 때문이다.

하지만 느슨한 네트워크 구조가 관료주의적 피라미드형 구조를 대체하며 대기업이 힘의 중심이 된다고 해도, 이러한 변화가 무작정 대기업의 생산성 증가로만 이어지는 것도 아니다. 물론 이론상으로는 네트워크 연결고리 간의 약한 결속력 때문에 한 부분이 망가져도 다른 부분은 건재할 수 있다. 하지만 이런 믿음은 현실에서 배반되기 쉽다. 현실에서는 해당 시스템이 깨지며 그 틈사이로 수많은 다른 방해요소가 끼어들 가능성이 많기 때문이다. 직원의 능력 향상으로 기업의 생산성을 높이는 것이 쉬운 해고로 이어지면, 직원 개인의 생산능력을 높이기보다는 사기 저하와 위축감을 일으키게 된다. 또한 노동시간 급증도 생산력을 저하시키는 요소가 된다. 결국 한 부분의 영향력은 그 부분에만 해당되는 것이 아니라 다른 부분에게까지 퍼져 나간다는 점에서 느슨한 네트워크 구조의 모순이 생긴다.

또 다른 문제는 정보화 기술이 노동자들에게 어떤 구체적인 성격의 일거리를 부여하느냐에서 생긴다. 한 개의 프로젝트를 여러 개의 작은 업무로 쪼개 웹상에서 해당 소단위 업무에 대한 구인 요청을 일반 대중에게 맡기는 크라우드소싱(crowd-sourcing, 다집단외주방식)의 예를 살펴보자. 많은 기업들은 크라우드소싱 방식으로 태깅 작업, 데이터 검증, 수작업의 디지털화, 데이터베이스의 입력과 같은 일을 완수하는 데 푼돈을 지불할 뿐이다. 최근 수년 동안 아마존닷컴의 메커니컬 터크(Mechanical Turk), 크라우드플라워(CrowdFlower) 같은 수십 개의 서비스 회사들이 크라우드소싱의 형태로 일을 진행해왔다(Brabham, 2012). 하버드 법대의 조너선 지트레인(Jonathan Zittrain) 교수는 이런 노동 방식이 디지털 노동착취가 될 위험 소지가 있다고 주장한다. 미성년자일지도 모를 작업자들이 단순히 용돈벌이를 위해 적은 임금을 받으며 지루한 일을 오랫동안 수행할지도 모르기 때문이다. 실제로 크라우드소싱 웹사이트들은 전업주부나 잠깐 휴식을 취하며 몇 가지 일을 할 수 있는 학생을 구인 대상으로 삼는다.

2) 지식정보 및 네트워크 관련 기술의 전반적인 한계생산비용 제로화

지식정보 및 네트워크 관련 기술의 한계생산비용 제로화는 무어의 법칙(Moore's Law)으로 쉽게 설명될 수 있다. 인텔의 초대 설립자 중 한 명인 고든 무어(Gordon Moore)는 컴퓨터 산업의 지속적 발전에 경이로움을 표현하며 반도체 직접회로의 성능이 끊임없이 18개월마다 두 배로 증가한다는 경험적 관찰을 내놓았다(Moore, 1965). 그리고 이는 후에 무어의 법칙으로 불린다. 앤더슨(Chris Anderson)은 무어의 법칙의 범위를 확장하여 ICT 기술의 한계생산비용 제로화를 다룬다(Anderson, 2009). 그에 따르면 무어가 말한 ① 정보처리기술, ② 정보저장기술, 그리고 ③ 정보전송기술, 이 세 가지 요소의 발전이 인터넷 네트워크와 정보/지식을 둘러싼 경제적 지형을 구성하는 데 핵심적 역할을 한다는 것이다. 중요한 점은 반도체칩의 집적도가 18개월마다 두 배, 하드디스크 저장 용량은 그보다도 더 빠르게 향상되고 광섬유를 통해 데이터가 전송되는 속도는 9개월마다 두 배로 꾸준히 증가하고 있다는 것이다(Anderson, 2009). ICT에서 성능과 용량, 그리고 속도가 매년 평균 '배'가 된다는 것은 뒤집어 말하자면 인터넷과 지식정보산업을 둘러싼 순물가하락율이 (완전경쟁시장을 가정한다면) 끊임없이 해마다 반으로 떨어질 수 있는 가능성을 내포하고 있다. 즉, 완전경쟁시장이라는 가정하에서 유튜브나 팟캐스트 사이트에서 음악/영상이 스트리밍되는 비용이나, 사용자들이 인터넷을 통해 각종 정보를 다운받는 것을 가능하게 하는 비용들은 끊임없는 기술의 발전으로 인해 일 년을 주기로 절반으로 떨어져야 한다. 그리고 이러한 경향이 계속된다면 그 비용은 장기적으로 봤을 때 제로로 수렴할 수밖에 없을 것이다(Rifkin, 2014).

앤더슨은 이러한 경향에 대해 경영학적 관점으로 대응하며 기업들이 교차보조금, 프리미엄 모델 등을 통해 서비스를 경영하고 운영하면 시장경쟁으로 인한 급속한 가치하락의 문제가 발생하지 않는다고 주장한다(Anderson, 2014). 그의 주장에 담긴 함의를 천천히 뜯어보면 단기적으로 보았을 때 지식정보재의 순물가가 제로로 수렴한다고 해서 경쟁시장의 지형이 쉽게 평평해지리라는 가정은 하기 힘들다는 사실을 알 수 있다.

오히려 특정 영역에서는 반대 경향이 더 있음직하다. 인터넷의 정보재와 서비스의 많은 부분이 무어의 법칙으로 인해 제로화되어가고 있지만, 도리어 승자독식 효과와 규모의 경제가 더욱 촉진될 가능성도 배제할 수 없다는 것이다.

이유는 다음과 같다. 예를 들어 인터넷에서의 서비스는 특정 재화에 대한 한 사람의 수요에 의해서 다른 사람의 수요가 결정되는 '네트워크 효과(network effect)'가 작동할 수 있다. 쉽게 말해 한 개인이 싸이월드가 아닌 페이스북을 사용하게 된 가장 큰 이유 중 하나는 더 많은 가입자들이 있고 이들과 관계를 형성할 수 있기 때문이라는 것이다. 여기에 추가적으로 특정 상품이나 서비스는 그것과 관련된 부가된 서비스를 제한하는 '잠금 효과(lock-in effect)'까지 발생시킬 수 있다.

네트워크 효과를 누리는 기업들은 큰 초기비용을 들여 소비자들에게 홍행되는 서비스를 성공적으로 개발하고, 그 이후에는 추가적 한계생산비용을 들이지 않고 서비스를 복제할 수 있다. 이는 일종의 독점 지대(monopolistic rent)를 자연적으로 그 기업에 부과해주는 효과가 있다. 네트워크를 통해 한번 그 서비스가 확대된다면 위에서 언급한 '잠금 효과' 때문에 비슷한 시장에서 규모가 작은 다른 기업은 초기 진입이 거의 불가능해진다. 게다가 소비자가 인터넷의 정보재와 직접 서비스를 공짜라고 인식하는 현상은 그것을 가능하게 하는 인프라를 기업이 부담하는 효과를 낳게 되는데, 네트워크 효과의 증대를 누리려면 인프라의 확대는 당연히 기업의 몫으로 남는다. 앤더슨은 그렇기 때문에 네트워크 효과가 지배하는 시장에서는 1위, 2위, 3위의 기업이 각각 시장의 95%, 5%, 0%를 차지할 정도로 불균형인 양상을 띨 수도 있다고 주장한다 (Anderson, 2009). 그의 주장을 모든 영역에 일반화하기는 어렵겠지만 이는 분명 일리가 있다. 그의 주장을 따른다면 기존의 제도하에서는 지식정보 및 네트워크 관련 기술에 따라 정보재의 한계생산비용은 제로로 수렴할 수 있지만, 네트워크에 기반을 둔 기업들은 견고한 독점 지대를 통해 이득을 쉽게 챙길 수도 있다. 그리고 이는 기업 간 부의 격차, 또 이에 따른 경제의 전반적 불평등과 소득격차라는 심각한 사회문제를 유발할 수도 있을 것이다.

3) 전방위적인 자동화 과정의 확산

자동화 과정은 기술에 대한 사회적 시선의 초점을 '생산'의 문제에서 '일자리' 문제로 옮겨가게 만들고 있다. 기술-일자리 관계의 미래를 예측하는 연구들을 관통하는 핵심 질문 중 하나는 어떤 종류의 일자리에 대응하여 어떤 종류

표 5-1 일자리 성격의 구성요소

구분	정형적(Routine) 직무	비정형적(Non-Routine) 직무
인지적(Cognitive) 직무	은행원, 사무보조원, 소비자 전화 상담원	의사, 변호사, 교사, 기자
육체적(Manual) 직무	공장/공사장 단순직 노동	택시/트럭 운전사, 웨이터

자료: Autor et al.(2003) 참조로 재구성.

의 기술이 대체될 가능성이 큰가 하는 것이다. 이 문제에 관해서는 데이비드
오터(David Autor)의 분류법이 간단하면서도 설득력이 높다(Autor et al., 2003).
그는 일자리의 성격을 설명하는 요소를 간단한 2×2의 매트릭스로 분류한다.
한 축에서는 일자리의 성격을 '인지적 직무(cognitive tasks)'와 '육체적 직무
(manual tasks)'로 나누는데, 이는 직관적으로 이해하기 쉬울 것이다. 다른 축에
서는 '정형화된 직무(routinized task)'와 '비정형화된 직무(nonroutinized task)'로
나눈다.

정형화된 직무는 공장 및 사무실에서 진행되는 반복적이고 규격화되었으며
하루 일과가 예측하기 쉬운, 비교적 단순한 패턴의 업무들을 포괄한다. 이는
공장이나 공사장에서 진행되는 육체적 노동도 포함하지만 또한 은행원, 사무
보조원, 소비자 전화 상담원 등이 하는 인지적 직무들도 포함한다. 물론 개념
자체가 상대적일 수는 있다. 예를 들면 패러리걸(Paralegal) 같은 경우 위에서
언급한(은행원, 사무 보조원 등과 같은) 다른 인지적 직종에 비교해서 더 비정형
화된 직무를 수행하고 있지만, 변호사나 법무 관련 전문직과 비교했을 때 훨씬
정형화되어 있다고 말할 수 있을 것이다.

역사적으로 (그리고 특히 최근 10년간) 일자리의 컴퓨터화(computerization)*

---

* 컴퓨터로 통제되는 장비/설비로 업무가 자동화되는 현상을 일컫는다(Frey and Osborne, 2013).

는 정형화된 직무에 지대한 영향을 끼쳐왔다(Autor and Dorn, 2013). 생산시설의 끊임없는 지능화와 산업 로봇의 가격하락*은 우선 제조업에서 노동절약형 자동화 기술의 도입을 촉진하고 있다. 이런 추세를 대표적으로 보여주는 것은 중국의 팍스콘(FoxCon)의 사례이다. 아이폰 등을 직접 제조하는 애플의 하청 제조업체인 팍스콘은 현재 120만여 명의 노동자를 고용하고 있지만, 자동화를 통해 노동자의 대부분을 대체할 계획을 가지고 있다(Markoff, 2012). 물론 생산공정 마지막 단계에서 자동화가 인간을 대체할 수는 없겠지만(예를 들면 제품 검사나 품질 확인과 같은 업무) 팍스콘은 대부분의 노동자를 1만여 대 규모의 로봇으로 대체할 계획을 가지고 있다.

게다가 컴퓨터화는 정형화된 인지적 업무에도 꾸준히 영향을 끼쳐왔다. 업무가 정형화되었다는 것은 그만큼 컴퓨터/로봇의 입장에서는 풀어야 할 알고리즘의 문제가 잘 정의되어 있다(well-defined problem)는 것을 의미한다. 이렇게 간단한 몇 단계를 거쳐 알고리즘으로 자동화시킬 수 있는 일들, 예컨대 캐셔, 은행원, 사무 보조원, 소비 전화 상담원 등은 점점 그 자리를 잃고 있다.

하지만 현재 미래학자들은 앞서 언급한 정형화된 직무들에 대한 기술의 대체에 더해 새로운 기술들이 비정형화된 직무들까지 그 영역을 더 넓게 침범할 것으로 예측한다. 프레이(C. B. Frey)와 오즈번(M. A. Osborne)은 특히 빅데이터의 영역에 주목하며 기존에 인간이 담당했던 정형화된 직무들의 광범위한 영역이 컴퓨터화로 대체될 것이라고 주장한다(Frey and Osborne, 2013).

그들은 새로운 기술발전이 일자리에 가져올 미래를 예측하는 데 기계학습**

---

* 기술의 발전에 의해 로봇의 가격은 적어도 가까운 미래에 지속적으로 현저하게 낮아질 것으로 전망된다. McKinsey Global Institute(2013)에 따르면 최근 약 10년 동안 로봇의 가격이 매년 평균 10% 정도씩 감소했다. 그리고 가격 하락 속도의 폭이 점차 더 넓어질 것으로 전망하고 있다. 약 10만 달러에서 15만 달러 정도의 가격을 차지하는 고도정밀 산업용 로봇은 약 10년 후에 5만에서 7만 5000달러로 하락할 전망을 보이고 있다(IFR, 2012).

(Machine Learning: ML)과 이동로봇(Mobile Robotics: MR)의 발전 동향에 주목하며 논지를 펼친다. 앞에서 언급한 바 있지만, 일자리에서 특정한 업무들이 컴퓨터화될 수 있는 가능성은 (기계의 입장에서는) 그 일이 알고리즘상 얼마나 잘 정의된 문제(well-defined problem)들의 집합으로 나뉠 수 있는지의 문제이다. 그런데 이렇게 문제를 정의 내리는 과정에서 공급되는 관련 데이터의 양이 많아지면 많아질수록 기계는 더 복잡한 실제 업무를 잘해낼 수 있다. 예를 들어 '손글씨 인지', '이미지 인식' 등에서 기계를 위한 학습 데이터가 많으면 많을수록 그 정확도는 높아진다.

그렇기 때문에 기계학습은 최근 진행되고 있는 빅데이터의 영역 확장으로 인해 그 가능성이 함께 확대되고 있다. 이러한 추세는 컴퓨터화의 과정이 비정형화된 직무—인지적·육체적 노동을 포괄한—들로 구성된 일자리까지 위협할 가능성을 암시한다. 예를 들면 자동차가 스스로 운전하는 무인차, 인간이 아닌 인공지능이 기사를 쓰는 알고리즘 저널리즘, 증권 거래의 자동화 등이 최근 발전하고 있는 기계학습으로 인해 대체될 가능성이 높은 영역이다. 실제로 현재 정교한 알고리즘을 이용한 기술들이 법조계의 패러리걸 및 초임 변호사를 점진적으로 대체하는 현상은 꽤나 가시적으로 이루어지고 있다(Markoff, 2011). 가장 많이 언급되는 사례로 시만텍(Symantec)이라는 회사의 클리어웰(Clearwell) 시스템은 57만 개 이상의 문서—법률 판례나 브리프 등을 포함해—를 프로세싱해 단 이틀 안에 사건과 관련된 문서를 분류하고 분석해줄 수 있다. 이는 패러리걸이나 초임 변호사들이 하는 일들을 대량으로 대체할 수 있다.

이렇게 경제학자, 사회학자, 미래학자들이 예측하는 미래의 일자리 난제는 가히 파괴적이다. 전문직 기술자들은 점점 직업 사다리의 하층을 차지하게 되

●● 인공지능의 한 분야로서 컴퓨터가 스스로 학습하여 인지적 업무를 스스로 처리할 수 있는 알고리즘을 개발하는 분야를 일컫는다. 데이터 마이닝, 기계 시각 인식(machine vision), 계산 통계(computational statistics) 등을 포괄한다.

고, 저숙련 노동자들은 직업 사다리의 바깥으로 쫓겨날 가능성이 크다. ICT 기술의 본격적 발전은 그것이 시작된 20세기 후반 이후부터 이처럼 한 사회의 정치경제적 지형을 변화시키며 영향력을 확대해오다 이제는 심대한 위협을 가하고 있다.

2. 디지털 공유재와 사회적 경제의 결합

지금까지 ICT 발전에 따라 사회적·경제적·정치적 문제와 위기의 틀이 어떻게 변동하며 확대되고 있는지를 지켜보았다. 하지만 이제부터는 기술 변화로 인한 새로운 가능성에 대해서 언급하려고 한다.

이 절에서는 전통적인 시장 질서와는 다른 새로운 형태로 경제(시장)와 사회가 함께할 수 있는 가능성, 즉 시민들의 자발적이고 새로운 형태의 사회경제적 조직을 ICT의 발전이 어떻게 장려하는지에 대해서 가능성을 제시한다. 다시 말해 '기술'이라는 요소가 어떻게 사회적 경제의 지평을 확대할 수 있는 혁신의 도구가 될 수 있는지, 특히 기술의 발전이 가져온 새로운 조직 구조의 변화가 어떻게 이루어지고 있는지 등에 대해서 서술하고자 한다.

1) 네트워크 경제와 디지털 공유재의 차별적 성격

최배근은 ICT의 발전으로 인해 가능해진 경제의 네트워크화로 자원배분과 경제활동에서 호혜성의 원리가 부활되고 있는 점에 주목한다(최배근, 2012). 그에 따르면 네트워크로 인해 시장에 의한 자원배분이 효율성을 때때로 저해하기까지 하고, '가격'에 의한 거래가 '관계'에 의한 거래로 대체되고 있으며, 경쟁과 사유재산권보다 협력과 공유가 가치 창출과 혁신 등 경제 운영의 원리로 부상하고 있다.

경제의 네트워크화, 혹은 네트워크 경제의 핵심은 기존의 경제학에서 말하는 공공재, 공유자원 등과 질적으로 다른 디지털 공유재의 성격에서 찾을 수 있다. 그리고 이 디지털 공유재의 특수한 성격에서 우리는 사회적 경제와 네트워크 경제의 결합(articulation) 가능성을 모색해볼 수 있다.

디지털 공유재란 인터넷상에서 이용자들이 공유하는 무언가를 의미한다. 그것은 지식과 정보―음악, 영상 등을 포괄하는 넓은 의미에서―일 수도 있고, (제품)디자인, 소프트웨어, 그리고 플랫폼일 수도 있다. 디지털 공유재는 공공 도서관 및 무료 공원과 같은 전통적 의미의 공공재, 그리고 오스트롬(Elinor Ostrom)으로 인해 유명해진 개념인 공유자원(Common Pool Resources, 공동 어획 구역이나 목축지 등이 있음)(Hess and Ostrom, 2005)과도 성격이 질적으로 다르다.

일반적으로 디지털 공유재는 '협력재/무형재'의 성격을 띤다. 협력재는 반경합성과 포괄성을 그 특성으로 하는데, 반경합성이란 '한 사람의 재화 소비가 다른 이들이 잠재적으로 사용할 수 있는 양을 자동적으로 줄어들게 하지 않는다'는 뜻의 비경합성을 넘어 '더 많이 사용할수록 경제적 가치가 늘어나는' 원리를 설명하는 개념이다. 디지털 공유재는 한계생산비용이 없이 복제가 가능하기 때문에 비소모적이며 '풍부성의 원리'가 작동하는 영역이다. 그 때문에

그림 5-1 경합성과 포괄성의 정도에 따른 재화의 분류

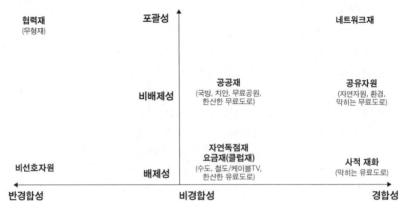

자료: Hess and Ostrom(2005), 최배근(2013) 재구성.

신고전파적 수확체감의 법칙이 발생하지 않으며, 반대로 수확체증의 영역에 속하게 된다.

그리고 포괄성이란 어떤 특정한 이들이 재화에 접근하는 것을 막을 수 없다는 비배제성의 특성을 넘어 적극적 의미로 접근성을 가지지 못한 이들에게는 접근성을 늘리고, 이미 접근성에 가진 이들에게는 공유의 이익을 증대시키는 것이다. 이러한 디지털 공유재의 성격 때문에 네트워크 경제하에서 협력의 규모는 대체로 새로운 가치 창출과 가치 확대의 원천이 된다.

2) 사회적 경제와 디지털 공유재의 결합

디지털 공유재를 기초로 한 네트워크 경제의 발달은 가격형성적 시장에 근거한 자본주의의 발달을 추동해왔던 요소들에 대해 의문을 불러일으키게 한다. 우선 큰 맥락에서는 볼리어(David Bollier)의 지적처럼 가격을 통해 자원의 가치를 측정하고 자원에 가격이 부여될 때 부가 창출된다고 가정하는, 가격을 핵심에 놓는 기존 경제학 이론의 실효성에 대해서 의구심이 들 수밖에 없다

(Bollier, 2012). 시장의 역할을 인간 경제활동의 가장 핵심에 놓는 오스트리아 학파식 경제학에서 가격은 "자동적으로 개별행동의 연관된 모든 효과들을 기록하고, 그 기록치가 모든 개별 결정들의 결과인 동시에 향후 의사결정에 안내자 역할을 하는 [유일하고] 자동적인 기록장치"의 역할을 한다(Hayek, 1944: 94). 그렇기에 가격시스템은 "마치 기술자들이 계기판 위의 몇 개의 바늘을 주시하듯이, 기업가들이 비교적 소수의 가격동향만 주시하더라도 자신의 경제활동을 동료들의 경제활동에 조정할 수 있게 한다"는 것이다. 하지만 가격을 경제활동의 가장 우위에 놓는 하이에크(F. A. Hayek)를 위시한 오스트리아학파의 주장은 네트워크 영역에서 반박될 수 있다. 이러한 가격을 중심으로 한 가치측정과 교환, 조정의 모델은 디지털 공유재를 둘러싼 반경합적이고 포괄적인 성격을 지닌 네트워크 경제에서 일정 부분 그 실효성을 잃을 수밖에 없다.

조금 더 구체적으로 접근해보자. 경제의 네트워크화는 지적재산권과 같이 제도에 의해 인위적으로 설정된 일종의 배타적 독점 권리에 기반을 둔 경제 발전과 가치 확대 모델에 의문을 제기할 수 있다. 개개인에게 인센티브를 부여함으로써 경제적 행위자들의 혁신적인 지식생산을 장려하는 지적재산권은 네트워크 경제에서 그 효과가 제한될 수 있다. 특히 네트워크 내부의 공유재가 지니는 고유한 특성인 상호 침투와 의존에 의한 가치 확대가 지적재산권의 배타성으로 심각하게 저해될 수 있다는 점을 심각하게 고려할 필요가 있다.

그렇다면 디지털 공유재와 사회적 경제 간의 상호관계는 어떻게 바라보아야 할까? 어떻게 디지털 공유재를 매개로 네트워크 경제와 사회적 경제가 결합할 수 있다는 것일까? 먼저 호혜성을 떠올릴 수 있다. 개방된 네트워크 구조 속에서 디지털 공유재는 누구나 접근할 수 있는 지식재이며 불특정 다수가 자유로운 소비와 공유를 통해 생산(및 가치 확산/확대)에 기여한다. 이용자 개인의 활동 자체가 디지털 공유재의 축적으로 연결되어 호혜성의 원리를 작동시키는 것이다. 바로 이 지점에서 사회적 경제 담론의 호혜성과 연결시킬 수 있다.

두 번째로, 디지털 공유재의 외부성이다. 디지털 공유재는 네트워크 내부의 참여자가 많을수록 가치가 확산되는 포괄적 성격을 가지는데, 이는 디지털 공유재가 일반 시장으로 판매되는 상품이라면 그 잠재력을 잃을 수 있음을 의미한다. 분명 누군가는 해당 제품의 가격을 부담스럽게 느껴 제품 구매를 꺼릴 수도 있기 때문이다. 참가자 제한은 디지털 공유재가 가진 외부성을 내부화해 집단지성을 활용한 효율성과 혁신의 가능성을 점점 감소시킴으로써 고유의 효율성이 일정 부분 파괴될 수밖에 없도록 한다(최배근, 2012). 이렇게 일반 시장의 판매 상품이 아닌 디지털 공유재의 성격은 '경제체계의 배타성'을 넘어 혼종성, 융합성을 띤 시장이 아닌 다른 애매한 영역에 포함될 수 있겠다. 이는 사회적 경제가 아무리 시장의 효율성과 수익성을 중시한다 해도 사회적 가치를 버린다면 자체의 고유성을 잃게 됨과 유사하다. 따라서 디지털 공유재와 사회적 경제 둘 다 시장과 차별화되는 외부성을 가져야만 한다.

마지막으로, 디지털 공유재의 작동 원리 측면이다. 디지털 공유재가 디지털 공유재로서 지속되려면 △ 누가 디지털 지식 공유재에 접근성을 가지고 있는지, △ 네트워크에 접속 가능한 불특정 다수의 기여 방식이 어떻게 구조화되고 축적되는지, △ 형성된 디지털 공유재는 누구에 의해, 그리고 어떻게 경제적 가치를 실현하는지에 대한 의문이 해결되어야 한다. 디지털 공유재를 이용하고 가치를 창출해나가는 것은 이용자들의 자발적인 선택과 활동에서 비롯되지만, 참여 확대와 디지털 공유재로서의 최대 역량을 발휘하기 위해서는 중간 구심점이 필요하다. 따라서 이는 결국 거버넌스의 문제로 수렴된다. 마찬가지로 사회적 경제 또한 지속가능성을 확보하기 위해서는 참여자와 이들을 조직해나갈 구심세력이 반드시 필요한데, 자발적 의지에 의해 활동에 참여하게 된 이들을 엮어내 가치를 확장하기 위해서는 민주적 절차와 특성에 의해 거버넌스가 구조화되어야만 한다. 흥미롭게도 디지털 공유재의 작동 원리에서 비교적 수평적이고 민주적인 거버넌스 작동 원리가 발견된다.

3. 오픈소스의 네 가지 영역과 사례: 서로 다른 형태의 디지털 공유재를 둘러싼 다양한 조직 체계

앞서 언급한 것처럼 디지털 공유재는 ① 지식과 정보, ② 디자인, ③ 소프트웨어, 그리고 ④ 플랫폼 등의 다양한 형태로서 존재한다. 이 네 가지 다른 영역의 고유한 성격과 그 성격을 보여주는 대표적 사례를 아래에 나열한다.

1) 지식과 정보: 누구나 가치 축적/확산에 기여할 수 있는 기본적 오픈소스

위키피디아(Wikipedia)

먼저 지식과 정보 영역에서 가장 유명한 디지털 공유재 중 하나로 위키피디아를 들 수 있다. 위키피디아는 지식의 수평적 공동 생산, 장벽 없는 접근 및 공유가 가능한 대중협업의 방식을 이끌어내었다. 소수의 전문가가 지식 체계를 구축하는 모델인 브리태니커 백과사전의 방식과 대비되며, 대중의 참여를 유도해 지식을 구축하는 새로운 방식을 확립한 것이다.

흥미로운 점은 위키피디아의 경쟁력과 파괴력이 글로벌 자본주의 경제 패러다임에 매우 적절한 것처럼 보이겠지만 조금만 자세히 들여다본다면 위키피디아의 '비'자본주의적 성격을 넘어 '반(反)자본주의적' 성격이 쉽게 눈에 띈다는 것이다. 라이트(Erik Olin Wright)에 의하면 위키피디아는 다음과 같은 면에서 '반'자본주의적이다(Wright, 2010b).

첫째, 위키피디아는 다른 일반 웹페이지처럼 광고로 수익을 발생시키지 않는다. 검색어에 대한 관련 정보와 이미지만 제공될 뿐 시장의 성격을 가진 어떤 광고도 찾아볼 수 없다. 또한 위키피디아에 참여하는 정보 제공자들은 아무런 보수를 받지 않는다. 순전히 자발적 의지와 목적을 가지고 위키피디아에 꽤 유익한 정보 글을 작성할 뿐 보상을 얻고자 하는 의도가 없다. 다만 위키미디어(Wikimedia) 재단에서 시스템의 하드웨어와 기술적 기능에 대한 노동을 지원하는 몇몇 스태프에게 임금을 지불할 뿐이다(이 스태프들은 위키피디아의 이용자가 아니다).

둘째, 위키피디아 이용자들은 모두 평등한 접근 권한을 가진다. 위키피디아에 게시된 대부분의 정보들은 완성도를 꽤 갖춘 것처럼 보이는데, 그렇다면 위키피디아 사용자들은 글쓰기에 특별한 재능이 있어야 하는가? 아니면 정보 제공의 역할을 수행하는 사람으로서 최소한의 학위를 소지해야 하는가? 위키피디아는 접근 권한에 절대 제한을 두지 않는다. 이 같은 특성이 이용자들이 위키피디아에 매력을 느끼고 열광하는 이유가 되는데, 실제로 2008년 12월 기준으로 그전 달까지 적어도 한 번은 글을 작성하거나 수정에 참여한 '적극적 이용자'들은 15만 7630명이었다. 위키피디아는 기존의 학술지나 잡지처럼 특정 능력과 권한을 가진 이들의 폐쇄적 네트워크로 절대 작동하지 않는다. 개방적 네트워크 하에서 사람들은 자발적으로 자신이 무엇엔가 기여할 수 있다는 것에 큰 기쁨을 얻는 듯하다.

셋째, 위키피디아 이용자들 간에는 정보의 질 향상을 위해 신뢰를 바탕으로 한 합의가 있다. 사실, 위키피디아에 처음 올라오는 게시물들의 완성도가 높다고 말할 수는 없다. 게시물이 새로 업데이트된 것을 안 다른 이용자들이 처음 글을 게시한 이용자, 또는 자신 이전에 글을 수정한 이용자와는 별개로 자신이 할 수 있는 만큼의 노력을 더해 차츰차츰 글의 완성도를 높여 나가는 방식으로 정보의 질이 향상된다. 글을 수정하기 위해 이전 수정자나 초기 작성자에게 중재적 연락을 취하는 것도 아닌데 누구도 기분 나빠 하거나 그것을 금하지 않는다. 즉, 이용자들 간에는 일종의 합의 지점이 존재하는 것이다. 이는 꽤나 직접적이며 깊은 상호작용으로 인식된다. 직접적인 토론이 이루어지는 것은 아니지만 예를 들어 게시물의 인용 구절에 인용 웹페이지의 링크를 걸었다면 그것이 적절한지 아닌지에 대한 논의와 검증 과정이 이후 여러 이용자들에 의해 발생하며, 더 이상의 수정이 필요 없다는 것은 유저들이 수정 내용에 합의했음을 의미한다. 위키피디아 영어판의 경우에는 게시물이 완성도가 높은 정보로서 기능을 하기 까지 평균 90번의 수정과 저장 과정을 거친다.

넷째, 위키피디아 운영과 의사 결정은 민주적 절차를 따른다. 위키피디아의 무제한적 접근 권한과 자유롭고 평등한 참여가 악용되어 한때 기존 규칙에 어긋난 행동과 파손이 잇따르기도 했다. 결국 유사행동 방지를 위해 모든 위키피디아 유저가 기본적으로 누렸던 에디터로서의 편집 권한을 일정 수준의 등급을 정해 책임성을 부여하는 유사관료적 구조로 바꾸게 되었는데 새롭게 구성된 유저들의 등급은 다음과 같다. 편집자(editors), 관리자(administrators), 관료(bureaucrats), 간사(stewards). 이 중 특히 눈여겨볼 만한 역할은 바로 관리자와 관료이다. 먼저 관리자는 일반 편집자 관리를 수행한다. 물론 그들도 기본 지위는 편집자이지만 위키피디아 관리를 위해 기술적 접근 권한을 부여받아 게시물을 관리한다. 게시물마다 우선순위를 부여하지는 않지만 위키피디아 운영을 쾌적하게 유지할 수 있는 수준에서 게시물을 보호하거나 삭제하고, 커뮤니티를 흐리는 편집자들의 계정을 차단한다. 이용자들 간의 갈등과 논쟁을 해결하는 것도 관리자의 역할이다.

비교적 큰 권력을 갖는 관료는 흥미롭게도 선거와 유사한 제도를 통해 선발된다. 위키피디아 웹페이지에는 '관료권 요청'이라는 공간이 있는데, 이용자들은 지난 몇 달간 적극적이며 정기적인 게시 활동을 지속해왔으며 위키피디아 규칙을 잘 따르며 협조적인 사람을 관료로 추천한다. 자신을 직접 추천할 수는 없다는 것은 철저하게 이용자 간 신뢰 구축이 위키피디아 운영 원리의 기본임을 뜻한다. 후보자가 세워지면 다른 이용자들은 7일에 걸쳐 여러 가지 질문이나 코멘트를 던진다. 코멘트 수가 많다고 해서 해당 후보자가 관료로 선정되지는 않는다. 이용자들은 7일 동안 후보자들이 자신에게 주어진 질문들에 대해서 얼마나 성실하게 답변했는지, 위키피디아를 위한 그의 생각이 얼마나 올바른지를 평가해 누구에게 관료 권한을 부여할 것인지를 합의하게 된다. 이용자들은 '지지, 반대, 중립'으로 후보자들에 대한 자신의 의견을 표명하는데 '지지' 수가 참여자 수의 80% 이상이 되어야 관료가 될 수 있다. 70%라는 꽤 높은 표심도 그에게 관료 권한을 가져다주지는 않는다. 위키피디아의 다른 등급들이 전부 이 같은 과정을 거치는 것은 아니지만, 구성원 간 합의와 신뢰, 민주적 절차를 통해 모두가 함께할 수 있는 이상적인 공간을 구성해 나간다.

위에서 언급한 위키피디아의 네 가지 측면은 더 깊게 연구해볼 만한 가치가 있다. 서키(Clay Shirky)는 인류가 어떤 (일시적인) 공동의 목적을 지닌 프로젝트에 기여할 수 있는 여유 시간이 최소 1조 시간 이상은 존재한다고 주장하며 이를 '잉여 인지(cognitive surplus)'라는 조어를 통해 포착한 바 있다(Shirky, 2011). 그리고 네트워크를 통해 이러한 잉여 인지를 의미 있게 엮어낼 수 있는 일들이 중요하다고 역설한다.

여기서 디지털 공유재를 지식/정보, 디자인, 소프트웨어, 플랫폼, 이렇게 네 가지로 분류했지만, 사실 일반 시민들의 잉여 인지가 디지털 공유재 축적에 가장 많은 자발적 기여를 할 수 있는 사회적 경제 영역은 지식/정보 영역이다. 예를 들어 다른 오픈소스 소프트웨어 운동과 같은 경우 일정한 정도의 지식이 필요하다. 하지만 위키피디아와 같은 지식/정보 영역은 더 많은 이들의 참여가 더 큰 가치를 창출할 수도 있다. 이 때문에 위키피디아와 같은 사례에 대한 심층적인 연구는 네트워크를 통한 사회적 경제 모델이 얼마만큼 확대될 수 있고 어떻게 우리의 일상을 변화시키며 일반 시민들이 얼마나, 그리고 어떻게 참여할 수 있는지 그 미래를 가늠해보는 데 좋은 열쇠가 될 수 있을 것이다.

2) 디자인: '분산된 자본재'와 디지털 공유재의 상승효과

네트워크 경제에서 디지털 공유재의 사용가치가 실물 생산과 가장 직접적인 연관관계를 가진 분야는 '디자인'이라고 할 수 있다. [대개는 제품 디자인(product design)을 일컫는다.] 디자인이 디지털 공유재의 형태로 형성되고 저장되며 사용되려면 그 디자인은 물리적인 제조생산 과정으로부터 완전히 분리된다는 조건을 충족시켜야 한다(Bauwens, 2014). 제조하는 과정 도중 끊임없이 새로운 즉각적 변화에 대응해 디자인이 수시로 수정되는 경우—예술작품 등과 같이—를 제외하고는 디자인은 디지털 공유재의 형태로 활용될 수 있다는 얘기이다.

디지털 공유재로서 디자인은 '분산된 자본재(distributed capital)'와 결합해 큰 상승효과를 낳는다. 분산된 자본재는 국가나 기업이 아닌 개인이나 공동체가 저비용으로도 소유할 수 있는 생산수단들을 일컫는다. 고정자본(fixed capital)의 비용이 매우 낮고, 자본집약적 산업의 특성인 불가분성(indivisibility)으로부터 자유롭기 때문에 개인이나 작은 규모의 공동체가 생산의 주체가 될 수 있는 가능성을 부여한다. 분산된 자본재의 가장 좋은 예시로는 개인용 컴퓨터와 3D 프린터가 있을 것이다. 이러한 분산된 자본재와 디지털 공유재는 상승효과를 통해 서로가 가진 가치를 확장시킬 수 있는 잠재적 가능성이 있다.

3D 프린터가 매우 중요한 이유는 프린팅 도면 데이터들이 오픈소스를 통해 디지털 공유재의 형태로 끊임없이 공유되고 쉽게 확산될 수 있으며 지금까지 그런 사례들이 많기 때문이다. CAD와 같은 소프트웨어를 통해 제작된 3D 도면 데이터만 있다면 많은 것들을 스스로 생산하고 제작해낼 수 있다. 앞서 디지털 공유재는 가치누적성의 성격을 지니기에, 참여자들의 기여가 축적되어 제품의 개선이 이루어진다 했는데 한 개인은 3D 도면 데이터를 응용해 기존의 디자인보다 더 새로운 디자인의 제품을 만들어낼 수도 있다. 이는 3D 프린터가 저가형으로 공급되는 데 크게 공헌했고, 일상 필수품들의 제품 디자인이 디지털 공유재 형태로 확산됨으로써 사용자 커뮤니티의 생산력을 전반적으로 높이는 결과를 가져왔다. 제품을 시장에서 구매하지 않고 스스로 생산해낼 수 있다는 점은 제조품 생산의 비중앙화, 즉 자본주의하에서 자급자족형 생산양식이 일정 부분 가능함을 시사한다.

리프킨은 3D 프린터가 다음과 같은 속성을 지니고 있다고 말한다(Rifkin, 2014). 첫째, 도면 데이터만 있으면 되므로 인간이 생산 과정에서 매개해야 할 역할이 거의 없다. 따라서 '제조(manufacture)'가 아닌 '정보-제조(infofacture)'라 부르는 것이 마땅하다. 둘째, 3D 프린터를 이용해 물리적 제품을 출력하는 데 필요한 도면 소프트웨어가 오픈소싱 방식으로 공유되는 방식이 초기부터 널리 정착되어왔다. 셋째, 생산비용이 절감된다. 3D 프린터는 생산품 제조 시 원자재를 더해가는 과정(additive process)을 거친다. 이는 기존의 대규모 공장에서 거치는, 원자재를 깎아내리는(subtractive) 방식과는 매우 다른데, 특히 비용 면에서 그러하다. 이러한 과정을 통해서 10분의 1 정도로 원자재를 절감할 수 있다고 한다. 변동비용 규모 또한 상당히 감소한다. 넷째, 3D 프린터 또한 도면 데이터를 이용해 프린터 자체를 구성하는 제품을 스스로 만들어낼 수 있게 되는데 이는 가히 혁신적이다. 프린터 설치 재정비를 위해 아주 적은 비용만을 투자하면 된다.

위키스피드(Wikispeed)

'위키스피드'는 2008년 PIAXP(Progressive Insurance Automotive X-Prize Competition)이라는 에너지 효율에 기반을 둔 자동차 개발 대회에 참가한 한 팀의 이름이었다. 은퇴한 소프트웨어 컨설턴트 조 저스티스(Joe Justice)는 '위키스피드'라는 팀을 결성하고 크라우드 펀딩을 통해 자동차 개발 자금을 마련했다. 당시 위키스피드는 대회에서 10위를 차지했는데 괄목할 만한 성적이 아니었음에도 위키스피드가 널리 알려진 이유는 바로 오픈소스 방식을 도입한 네트워크를 통해 개발하는 방식 때문이었다. 위키스피드 팀이 개발 계획을 인터넷상에 게시한 지 3개월 만에 44명의 참여자가 모였고 실제로 작동하는 프로토타입이 개발되었다(Denning, 2012).

수많은 기여자들이 자동차 모델 개발에 직접 참여하는 이 방식은 기존의 자동차 제조업에서 개발에 요구되는 비용과 시간을 비교했을 때 엄청난 절감을 이룬 것이다. 2015년 현재에는 전 세계 30여 개 국에서 1000명 정도가 위키스피드 프로젝트에 직간접적으로 기여하고 있다(Wikispeed, 2015).

위키스피드의 개발 방식은 차를 8개의 상호연관된 모듈(module)로 분리해 각각의 파트를 만드는 데 최대한의 능력을 발휘할 수 있는 사람들에 의해 만들

그림 5-2 위키스피드 차의 모듈적 구성

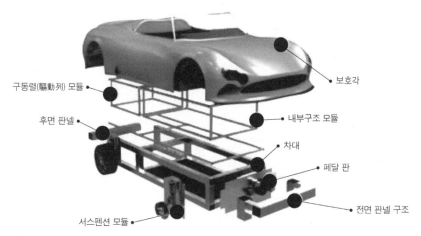

구동렬(驅動列) 모듈

후면 판넬

서스펜션 모듈

보호각

내부구조 모듈

차대

페달 판

전면 판넬 구조

자료: Wikispeed(2015).

어진다.

　모듈적 구성을 통한 개발은 다른 모듈에 대한 수정 없이도 한 모듈을 수정하고 개선할 수 있게 한다. 완전분산형 생산 체제하에서 개발자들은 각자 자신들의 차고에서 일하고 팀의 조율은 인터넷으로 행해진다. 한 부분을 수정할 때 완성품으로서의 자동차의 기능을 생각할 필요가 없으므로 개발 속도를 가속화하고 커스터마이징하기도 매우 쉽다. 제품 개발 주기는 '스프린트(일주일)'로 매우 빠르다. 오픈소스로서도 상당히 효율적인데, 완성된 디자인은 모두에게 공개되어 디지털 공유재로서 차 모델의 개발과 개개인 기여자의 정보 및 역량은 당연히 상승효과를 이루게 된다.

　위키스피드의 자동차 개발은 수직적 통합도가 높고 자본집약적 성격을 지닌 기존 자동차 제조업과는 반대로 소규모, 저비용 자본재를 사용함을 원칙으로 한다. 예를 들어 CNC 밀링머신(Milling machine)이 자동차 제조 과정에서 10억 달러 규모의 비용을 사용한다면 위키스피드는 단지 2000달러를 사용한다(Tincq, 2012). 즉, 위키스피드 자동차 개발에는 규모의 경제가 작동하지 않는다는 것인데, 그 대신에 이들은 극단적인 린(Lean) 생산방식과 온디맨드(On-Demand) 방식을 추구한다. 고객의 주문을 받은 후 생산에 착수하기 때문에 재고비용은 거의 제로에 가까우며 제품개발비용은 오픈소스를 사용하므로 테스트 비용만 지출될 뿐이다.

렙랩 3D 프린터

디지털 공유재의 발달이 촉진하는 분권화된 생산의 가능성을 보여주는 또 다른 예는 렙랩(RepRap) 3D 프린터이다. 다퍼모스(George Dafermos)에 따르면 3D 프린터의 핵심 기술은 사실 40여 년 전부터 존재했지만 지적재산권의 보호를 받고 있었기 때문에 확산이 어려웠다(Dafermos, 2014). 2000년대 중반이 되어서 일부 기술의 지적재산권 유효기간이 만료되었고, 이는 3D 프린터의 확산을 가져왔다.

해커 커뮤니티들은 커뮤니티 워크숍과 오픈소스를 통한 아이디어 공유회를 몇 차례 거쳐 저가형, 확산형 3D 프린터인 렙랩을 개발했다. 렙랩은 다른 일반 3D 프린터처럼 가정용으로서 제작비용 500달러 정도의 소형 프린터이다. 하지만 일상생활용품, 의복, 인공보철물, 풍력 터빈, 웨어러블 기기까지 생산 가능한 놀랄 만한 기능을 가지고 있다.

렙랩의 가장 특이한 점은 원재료만 있으면 끊임없이 스스로를 구성하는 모든 부분을 자가복제할 수 있다는 것이다. 해커 커뮤니티들이 오픈소스를 통해 렙랩의 프린팅 도면 데이터 정보를 서로 공유했기 때문이었다. 자가복제가 가능한 도면 데이터뿐 아니라 여러 가지 일상 필수품들의 디자인 데이터가 오픈소스를 통해 공짜로 공유되면서 렙랩의 확산 속도는 점점 박차를 가하고 있다. 2007년 처음 개발된 이후 렙랩의 사용자 커뮤니티는 6개월마다 규모가 두 배로 증가하며(de Bruijn, 2010), 2010년에는 5000명 정도로 확산되었다. 렙랩은 비중앙화되면서도 작은 규모의 자급자족형 생산양식의 급격한 확산이 어떻게 분산된 자본재와 디지털 공유재의 상승효과를 통해 달성될 수 있는지를 보여주는 재미있는 사례라고 할 수 있을 것이다.

3) 소프트웨어: 오픈소스 개념의 탄생과 함께한 디지털 공유재

네트워크의 발전과 확대의 역사를 살펴보면 디지털 공유재를 둘러싼 체계적인 조직화와 제도, 그리고 거버넌스에 대한 논의가 본격적으로 시작한 것은 소프트웨어의 영역에 대한 공적인 논의로부터였다고 할 수 있다.

기존의 저작권법이 디지털 공유재 형태로 존재할 수 있는 소스코드에 배타적인 소유권을 부여하여 복제, 차용, 배포 등을 금지함으로써 해커와 프로그래머들의 자발적 기여(가치 결합 및 축적)와 확산의 가능성을 대폭 축소시킨 데 대한 반작용으로서 오픈소스에 대한 가능성이 논의되기 시작했기 때문이다. 특히 1980년대 후반부터 프로그래머들의 비공식적인 커뮤니티들 사이에서 소프트웨어 소스코드를 공개해야 한다는 요구와 움직임이 형성되기 시작했고, 이들은 자발적으로 모여 서로를 위한 원칙과 특수한 라이선스들을 함께 만들어 나가기 시작했다.

대표적으로 스톨먼(Richard Stallman)은 동료들과 자유소프트웨어재단(FSF)을 설립하고 소프트웨어의 소스코드 공개를 제도화하기 위한 규칙인 일반공중라이선스(General Public License: GPL)를 만든다(Stallman, 1985). 이 라이선스의 핵심 원칙은 다음과 같다.

① 어떤 목적으로든 프로그램을 실행할 자유
② 프로그램의 작동 원리를 연구하고 당신이 원하는 대로 컴퓨팅을 수행하도록 변경할 자유
③ 복제본을 재배포해 주위 사람들에게 도움을 줄 수 있는 자유
④ 당신이 수정한 버전의 복제본을 다른 사람에게 배포할 자유

스톨먼의 행동으로 대표되는 이 움직임은 자유소프트웨어(Free Software) 운동으로 불리는데, 이 운동의 철저한 (비상업성을 넘어) 반상업적인 철학 때문에 더 많은 가치의 확대가 저해될 것을 염려한 몇몇 활동가들은 오픈소스 소프트웨어(Open Source Software) 움직임을 따로 형성했다. 이 둘 사이에 큰 차이는 없지만, 오픈소스와 같은 경우 민간 기업과의 협업 가능성에 좀 더 열려 있다고 볼 수 있다.

GPL을 채택하여 제작된 대표적인 소프트웨어는 리눅스(Linux), 파이어폭스(FireFox), 파이선(Python) 컴퓨터 언어, 아파치(Apache) 웹 서버 등이 있다. 이 사례들 중에서도 가장 유명한 것은 리눅스라고 할 수 있을 것이다.

리눅스(Linux)

GPL이 세상에 공개된 지 6년 뒤 리누스 토르발스(Linus Torvalds)라는 대학생은 유닉스 운영체제를 간소화시켜 개인용 컴퓨터에서 사용할 수 있는 무료 소프트웨어 커널(kernel)*을 설계했고, 이를 GPL에 따라 배포하게 되었다. 그가 무료로 배포한 이 설계 덕분에 전 세계 각국에 걸쳐 지리적으로 분산된 프로그래머와 해커들이 리눅스를 테스트하고 개선하고 재분배할 수 있었다. 모글렌(Eben Moglen)에 따르면 100만 행이 넘는 컴퓨터 코드를 수반하는 개발 프로젝트에 거의 아무런 위계질서 없이 합류한, 지리적으로 분산된 무보수 자원봉사자들 간의 대규모 협력은 인간 역사에서 이전에는 상상조차 할 수 없는 일이었다(Moglen, 1999). 마이크로소프트처럼 한 지리적 장소에 머물러 있는 영리기업이 생산하는 독점재로서의 소프트웨어가 아니라 전 세계의 프로슈머들이 특별한 위계질서도 없이 함께 만들어나갈 수 있는 무료(디지털 공유재) 소

● 커널(kernel): 컴퓨터 운영체제에서 가장 핵심적인 역할을 하는 자원을 관리하며 시스템이 원활히 돌아갈 수 있도록 제어해주는 모듈을 뜻한다(Rifkin, 2014).

프트웨어가 탄생한 것이다.

현재 리눅스는 서버 시장에서 약 20%의 시장점유율을 보이고 있으며 꾸준히 발전하여 다른 유료 모델들과 경쟁 중이다.

4) 플랫폼: 호혜적 교환의 매개 네트워크

플랫폼이 사회적 경제와 네트워크 경제의 접점인 영역에 속할 수 있을지 가능성을 모색해보기 위해서 던져봄직한 핵심적 질문을 생각해보자. 두 가지 층위에 대한 질문이 있을 수 있다.

첫째, 플랫폼의 이용주체들이 플랫폼의 운영자와 어떻게 '연계'되어 있는지 물어볼 수 있을 것이다. 쉽게 다른 말로 풀어보자면 플랫폼의 운영조직이 얼마나 영리성을 띠는지에 대한 질문을 할 수 있다는 것이다. 이 질문이 핵심인 이유는 플랫폼이 비영리성을 띨수록 플랫폼 자체가 순수하게 디지털 공유재가 될 수 있기 때문이다. 플랫폼이 뚜렷하게 영리성을 띤다면 플랫폼의 앞단(front end)에서 진행되는 교환의 형태는 P2P(개인 대 개인)의 자발적 형식을 띠겠지만, 뒷단(back end)에서는 그 가치가 영리기업에 지대이윤(rent profit)이라는 형태로 포획될 것이다(Bauwens, 2014). 그렇기 때문에 철저하게 영리성을 띠는 플랫폼은 사회적 경제의 영역에 포함시키기가 어려울 것이다.

둘째, 플랫폼을 이용하는 두 명 이상의 주체들 사이의 교환이 돈을 매개로 한 시장교환을 전제하는지 물어볼 수 있을 것이다. 예를 들어 똑같은 숙박/집교환의 개념이라도 에어비앤비와 같은 경우 수요자와 공급자가 나뉘고 이들의 교환을 돈으로 연결한다. 하지만 홈익스체인지(HomeExchange)와 같은 경우 서로 다른 두 명의 주체가 서로의 집을 일시적으로 교환(상호대여)하는 형태를 띤다. 이 질문은 플랫폼으로 인해 가능해진 교환이 얼마나 사회적 경제의 핵심 가치 중 하나인 상호성과 호혜성을 띠는지에 연관되어 있기에 중요하다. 예를 들어 에어비앤비와 같은 경우 네트워크 경제의 일부로 포함시킬 수는 있겠지만, 그 교환양태의 철저한 시장지향성 때문에 사회적 경제에 포함시키기는 어려울 것이다. 그렇지만 홈익스체인지와 같은 경우 교환의 양태를 고려한다면 사회적 경제와 네트워크 경제의 일부로 동시에 포함시킬 수 있을 것이다.

이 두 가지 질문을 생각한다면, 플랫폼이 철저하게 디지털 공유재로서 작용하며 사회적 경제와 네트워크 경제의 교집합에 속하는 현실의 대표적 사례는 카우치서핑(Couchsurfing)을 꼽을 수 있을 것이다.

카우치서핑

카우치서핑은 공유경제 네트워크 조직으로서 무상의 숙박을 제시하는 집주인과 잠재적 방문자—특히 여행자가 대다수인—를 연결해주는 역할을 하고 있다. 이 플랫폼은 집주인이 그 어떠한 대가도 받지 않고 방문자에게 숙박을 제공한다는 점에서 선물경제(기부와 증여에 기초한 사회적 경제 모델)를 현실화한 사례라고 할 수 있다. 이 플랫폼을 통한 교환에서 현금 거래는 철저하게 금지되어 있다. 게다가 이 플랫폼은 사용료마저 무료*라는 점에서 디지털 공유재로서 작동한다고 할 수 있다.

카우치서핑은 거대한 교환의 규모를 자랑하는데, 이 플랫폼을 통해 9만여 개의 도시에서 연간 500만 건 이상의 무료 숙박이 방문자들에게 제공된다(Bollier, 2014). 숙박을 제공하는 집주인들의 동기는 다양하지만 보통 대가 없는 환대를 통한 다양하고 순수한 인간관계의 형성이 주요 동기로 보인다.

• 엄밀히 말하자면 사이트 이용은 철저히 무료지만 가입 시 '기부'가 가능하다. 기부 시 신용카드로 25달러를 결제할 수 있는데, 이렇게 결제가 진행된 경우 (카드의 정보를 통해) 기부자의 신원과 주소가 자동으로 인증되는 효과가 있다. 사용자들은 자신의 계정에 신뢰감을 높이기 위해서 결제하는 경우가 종종 있다. 이는 숙박 신청 시 성공률을 높여주는 역할을 한다고 알려져 있다. 이 때문에 '기부'에 대한 인센티브가 분명히 있는 것은 사실이다. 하지만 이는 철저하게 자발성에 기반을 둔 '기부'이지 사용료는 아니다.

4. 디지털 공유재를 둘러싼 제도와 거버넌스

디지털 공유재를 둘러싼 거버넌스와 제도 문제의 핵심을 지적재산권, 인프라와 자본재, 조직화의 문제, 그리고 디자인에 의한 디지털 공유재의 상승효과로 나눠 접근해보자. 각각의 요인들은 디지털 공유재와 사회적 경제의 유사점을 드러내되 기존 시장 구조와의 차별성을 부각시켜 디지털 공유재와 사회적 경제의 잠재적 확대 가능성을 모색하게 한다.

1) 지식재산권

전통적으로 신제품과 새로운 서비스를 개발하고 연구를 증진하기 위해서는 각 결과물에 대한 인센티브가 제공되었다. 인센티브는 최초 생산자에게 신제품에 대한 일종의 배타적 독점 권리를 부여한 것이다. 애로(Kenneth Arrow)는 지식에 대한 배타적 독점 권리가 최적의 효율성을 낳지는 않지만, 경제적 행위자들이 지속적으로 혁신적인 지식생산을 장려하는 수단이 된다고 말했다(Arrow, 1962). 벨판티(Carlo Belfanti) 또한 지적재산권이 없다면 발명가들이 스스로의 개발과 발명을 사회적으로 공개하기 어려울 것이라며 지식재산권을 옹호했다(Belfanti, 2004).

하지만 배타적 독점 권리를 통한 경제적 인센티브 증진은 지식재산권을 부여받은 대기업들이 그 권리를 악용해 시장 효율성을 저하시킬 위험 가능성이 있다. 볼드린(Michele Boldrin)과 레빈(David K. Levine)은 현재까지의 기업 행태가 지적재산권을 생산과정에서 효율적으로 사용하기보다는 다른 기업의 시장 진입을 막는 데 더욱 효과적으로 사용했다고 지적한다(Boldrin and Levine, 2012). 법적 공격을 막기 위한 방어적 목적으로 사용된 사례도 부지기수였다. 또한 본연의 의미보다는 잠재적 투자자의 기업 가치 평가 시, 기업 측정 도구로 활용되기도 한다. 지적재산권의 오남용은 기술혁신이 아닌 이윤 창출의 수단으로서 기술을 통한 긍정적 사회혁신의 의미를 퇴색시킨다.

디지털 공유재는 지적재산권과는 달리 독점권을 남발하지 않는다. 디지털 공유재가 순기능으로 작동할 수 있었던 이유는 바로 차별 없는 접근성과 그에 따른 가치의 빠른 축적과 누적, 확산과 적용이 이루어지기 때문이다. 인터넷이 확산되기 전 과거의 지식공유재는 단순히 도서관과 아카이브에 물리적으로 한정되어 있었다(Hess and Ostrom, 2005). 하지만 인터넷은 끊임없이 적용되는 무어의 법칙과 네트워크의 개방성을 초래해 우리 모두가 자유롭게 지식에 접근할 수 있고 그것을 사이버언어로 옮겨 적을 수 있으며 아주 작은 값으로 무한히 복사할 수 있도록 했다(Gorz, 2009). 즉, 지식의 교환이 무차별적이면서 포괄성을 확보하게 된 것이다. 새로운 기술의 발전은 지적재산권에 대해 다시 한 번 생각해보게끔 한다. 네트워크 경제의 확대는 저작권이라는 지적재산권 영역이 과연 사회변화에 적절한 것인지에 대한 의문을 증폭시켰다. 사람들은 네트워크를 통해 쌍방향으로 연결되며, 빠른 속도로 끊임없이 차용되고 공유되며 재창조되는 지식 공유의 문화를 원하기 시작한 것이다.

이후 의문을 해소하며 새로운 문화를 정착시켜나가는 여러 가지 시도들이 시행되었는데 대표적으로는 크리에이티브 커먼스 라이선스(Creative Commons License: CCL)가 있다. CCL을 처음 고안한 레식(Lawrence Lessig)은 문화적 지식과 정보가 생성되고 확대, 공유되는 방식이 두 가지 방식으로 구분될 수 있다고 믿었다(Lessig, 2008). 읽기만 하는 'RO(Read Only)' 방식과 읽고 쓰는 'RW(Read and Write)' 방식이 바로 그것이다. 네트워크가 일상생활에 정착하기 이전에는 일명 작가주의(authorship) 문화의 RO 방식이 대세였지만 네트워크 내부에서 문화적 가치가 축적되고 공유됨에 따라 창조자와 수용자의 경계가 모호해지는 RW 방식이 주를 이루기 시작했다. 이 점에 착안해 레식 교수와 법학자, 활동가, 예술가, 저자, 컴퓨터 과학자 등 다양한 분야의 전문가들은 오픈디자인을 통해 (디지털화된) 문화적·학술적 지식을 단순 정보의 영역에서 디지털 공유재로 확산하는 데 기여했다. 더 놀라운 사실은 오픈디자인 영역이 문화와 학술 분야를 넘어 다른 산업에도 영향을 미친 것인데, 제조업에서도 오픈소스를 통해 옷, 가구, 전자기계, 자동차 등의 도면 디자인이 공유되고 개선되어 더 좋은 결과물을 생산해내기 시작한 것이다. 이는 저비용의 분산된 자본재들이 결합해 이전과는 전혀 다른 새로운 생산방식과 조직 형태를 발생시킨 것이며, (전통적 지적재산권의 배타성이 지식과 기술 혁신의 근본적인 특징인 누적성을 훼손한다는 주장을 떠올릴 때) 네트워크 경제 내부의 지식과 정보의 변형이 축적과 공유의 형식을 넘어 디지털 공유재의 새로운 잠재적 가치를 더 잘 드러낸 것이라 할 수 있겠다.

지적재산권을 재산권이라는 하나의 제도화된 '사회 계약'으로 본다면, 재산권은 하나의 '분할 불가능한 총체'가 아니라 특정 재화에 대한 여러 가지 권리들의 묶음으로 볼 수 있다. 헤스(Charlotte Hess)와 오스트롬(Elinor Ostrom)은 디지털 공유재에 대한 거버넌스 연구에서 디지털 공유재에 대한 권리는 분할 가능한 일곱 가지 다른 권리들의 묶음이라고 주장하는데(Hess and Ostrom, 2005), 각 권리들은 다음과 같다. 접속(access), 기여(contribution), 추출/발췌(extraction), 제거(removal), 운영/참여(management/participation), 추방/배척(exclusion), 양도(alienation).

디지털 공유재에 대한 권리는 단순한 '접근'으로 시작해 더욱더 강력한 운영 권한(양도)으로 점차 확대된다. 다수의 사람들에게 더 많은 권리가 확대될수록 네트워크상의 디지털 공유재에 대한 개방성이 높아진다는 장점은 분명하다. 그러나 그 개방성이 효율적이지 않을 수도 있고 정체성 위기와 직면할 가능성도 높아진다. 따라서 디지털 공유재가 새로운 지식, 정보의 유입, 지식과 정보의 축적이라는 잠재적 가능성을 지속적으로 실현하려면 조직화에서의 권한 분배와 네트워크 내부의 활동 조정 및 조율의 방향성이 중요한데, 위 일곱 가지 권리의 적절한 분배는 이러한 가치를 확대하는 데 핵심 요소이다.

디지털 공유재가 효율적으로 공유, 축적되려면 특정 URL로 해당 정보가 수렴되어야 하는데, 그 그릇이 될 온라인 커뮤니티가 경제적으로 지속가능하기란 쉽지 않다. 지식과 정보의 접근성이 확대될수록 수입의 원천이 줄어들 것이라는 위험성 때문이다. 또한 디지털 공유재의 사용가치 축적과 공유에 기여한 불특정 다수가 그 기여에 상응하는 경제적 대우를 받기 어렵다는 것도 디지털 공유재의 단점으로 계속 지적된다. 사회적 공익과 경제적 이익을 동시에 고려해야만 하는 사회적 경제의 숙명처럼 디지털 공유재도 공공적 성격과 경제적 이익을 함께 고려해야 한다. 그렇기에 디지털 공유재는 단기적 이익이 없어(어쩌면 단기적으로는 손해를 감수해야 해서) 사적 기업은 절대 손댈 가능성이 없고 공적 기관은 정치적 이유로 회피하지만 다수의 사회 구성원에게는 절실한 생활과 삶의 문제(동그라미재단, 2015)로 정의되는 사회혁신 또는 사회적 경제 영역에 속할 가능성이 될지도 모른다.

2) 인프라와 자본재

인프라와 자본재는 디지털 공유재의 생산과 공유를 확산시키는 물질적 요소이다. 라이선스와 지적재산권이 디지털 공유재의 사용 범위를 사회적 구속력이 있는 틀로 경계 짓는 제도였다면, 디지털 공유재의 생산과 공유의 잠재적 가능성은 인프라와 분산된 자본재의 확산 정도에 따라 다르다. 벤클러는 네트워크화된 지식 경제에서 정보의 생산과 교환이 활발해지기 위해서는 한 사회의 구성원이 함께 공유하는 핵심 공유 인프라가 그들에게 제공되어야 한다고 주장한다(Benkler, 2007). 모렐(Mayo Foster Morell)은 인프라가 어떤 주체에 의해 제공되며 어떤 방식으로 제공되느냐에 따라 커뮤니티의 거버넌스 체계가 영향을 받아 디지털 공유재의 생산과 공유 과정 또한 달라질 수밖에 없다고 덧붙인다(Morell, 2013).

인프라는 보통 물리적 고정 자본재(fixed capital)를 말한다. 네트워크 세계의 물리적 자본재로는 컴퓨터와 인터넷 연결 기기들을 대표적인 고정 자본재의 예시로 들 수 있다. 최근 들어 와이파이(Wi-fi)망이 광역으로 확대되며 인터넷에의 접근이 쉽고 빨라졌는데, 이에 더해 만약 슈퍼 와이파이가 생겨난다면 인터넷의 효율성은 급격히 증가하고 가격은 대폭 떨어져서 디지털 공유재의 전 사회적 확산을 촉진할 수 있을 것이다.

디지털 내부적으로는 인프라 그 자체가 또 하나의 디지털 공유재가 될 수 있다. 오픈소스로 형성된 특정 소스코드는 디지털 공유재를 뒷받침하는 인프라의 역할을 행하지만 그 자체로도 디지털 공유재이기 때문이다. 앞서 살펴보았듯이 네트워크의 확대 이전에는 일상에서 읽기 방식(RO)을 통해 개개인이 지식재를 일방적으로 소비했다면, 웹의 발전으로 인해 '읽고 쓰는 방식(RW)'이 가능해졌다. 웹상에서 한 명이 공유한 소스코드는 즉각적으로 다른 이에 의해서 (인프라로서) 소비되는 동시에 그가 기여한 새로운 소스코드로 인해 다시 새로운 공유재로 생산된다.

다른 형태의 소스코드로 디지털 스레드(Digital Thread)를 생각해볼 수 있는데, 디지털 스레드란 온라인에서 커뮤니티 구성원의 정체성과 행동을 포괄하는 모든 것들이 디지털 정보화된 것을 일컫는다. 구성원의 단순한 일차적 정보뿐 아니라, 구성원의 탐색 경로를 추적해 관계망, 관심사에 대한 정보가 축적 가능하며 각 콘텐츠 간의 상관관계를 볼 수 있다. 또한 콘텐츠 조회 수를 통해 개별 콘텐츠의 질을 파악하는 데 도움을 제공하기도 한다(Morell, 2013). 이를 통해 디지털 공유재의 질이 개선될 수 있고 확산이 용이한 방식으로 배치될 수 있다.

인터넷상에서 소스코드가 개방되어 디지털 공유재의 역할을 감당한다는 것은 온라인의 특정 지식과 온라인 커뮤니티, 플랫폼이 쉽게 복제되어 새로운 지식으로 변형되고 또 다른 커뮤니티와 플랫폼을 탄생시킬 수 있음을 의미한다. 이 인프라의 개방 정도에 따라 해당 커뮤니티의 개방성과 폐쇄성, 또는 영리성과 사회성을 가늠해볼 수 있다.

3) 디지털 공유재와 조직 체계

경제적 관점에서 모듈이란 복잡한 생산물의 개발에 많은 구성원들이 참여할 때 발생할 수밖에 없는 규모의 불경제(diseconomies of scale), 혹은 규모에 대한 수익감소(decreasing returns to scale)를 부분적으로 해결하기 위해 고안된 개념이다. 모듈은 복잡한 생산물을 개별적이되 상호연관된 개체로 나눠 각자 다른 그룹이 자율적으로 부분 개체를 개발해도 생산품의 전체적인 완성도나 기능성이 훼손되지 않게 한다. 모듈 운영에는 개별 그룹들에 대한 중앙집중형 위계질서가 필요하지 않다. 다퍼모스는 디지털 공유재를 둘러싼 생산 조직화의 과정에서 네트워크의 힘을 효율적으로 활용할 수 있는 모듈적 구성이 매우 중요함을 강조한다(Dafermos, 2012). 잘 짜여진 모듈 구성은 지리적으로 분산되었으나 잠재적 규모를 가진 참여자와 기여자들의 생산력을 효율적으로 조직한다. 구성원들은 외부의 간섭을 받지 않고 자신이 가장 잘할 수 있는 부분, 기여하고 싶은 부분에 자율적으로 참여해 수평적 거버넌스 체계를 실현해나 간다.

5. 디지털 공유재의 미래

정보통신기술 그 자체만으로도 우리 사회는 많은 변화들을 경험하고 있다. 그리고 그중에서도 주체성, 공공성, 민주성의 특성을 내포한 디지털 공유재의 확장은 현대 자본주의 사회에서 우리가 그간 경험하지 못했던 새로운 삶의 양식을 이끌어내고 있다. 사회적 경제도 마찬가지이다. 시민들의 경제적 활동은 단순히 이윤 획득에 그치지 않고 개인의 문제, 사회의 문제, 국가의 문제를 해결하기 위한 자발적 결사체를 통해 이루어진다. 새로운 삶의 양식이 곳곳에서 엿보인다.

이 글에서 살펴보았던 디지털 공유재의 여러 특성들을 다시 되짚어보며 한국의 사회적 경제의 모습을 연상해보자.

먼저 디지털 공유재를 공유하고 축적시켜나가는 과정에서 호혜성이 발견된다. 공유재를 사용한다는 것은 무임승차나 '공유지의 비극'이라는 부정적 결과로 줄곧 인식되고는 했는데 디지털 공유재의 경우에는 반대로 '공유지의 축복'이 실현 가능함을 알 수 있었다. 공통의 목적을 실현하기 위한 이용자들이 호혜성을 통해 더 좋은 결과물들을 만들어냈기 때문이다. 설령 자신이 눈에 띌 만한 역할을 행하지 않았더라도 그 또한 타인에게 도움을 주는 판단기준이 되었다. 사회적 경제의 작동 방식에서 '공유지의 축복'이 실현 가능할지는 여전히 의문이다. 예측하지 못한 상황들과 인간의 이기심이 현실 사회에서는 더 많이 나타나기 때문이다. 그러나 공통의 목적을 이루고자 하는 의지와 구성원들과의 상호작용에서 발현되는 호혜성은 실제로 사회적 경제를 더욱 단단하게 만든다.

디지털 공유재의 공유와 축적이 이루어지는 거버넌스 네트워크 체계도 사회적 경제 확장에서 시사하는 바가 크다. 특히 호혜성이 실현될 수 있으려면 수평적인 거버넌스 네트워크 체계가 그 바탕이 되어야만 할 것으로 보인다. 상호 간 동등한 위치는 개인이 자발적으로 자신의 역할을 감당할 수 있게 함으로써 질 높은 결과물을 가져온다. 정해진 모듈 한 부분을 골라 오픈소스 디자인을 생산(또는 개선)할 때 다른 참여자들의 제약을 크게 받지 않는 구조가 가져온 위키스피드의 결과물을 생각해보라. 하지만 위키피디아의 경우처럼 구성원들 사이에 신뢰의 지점이 분명하고 민주적 운영원리가 기반이 되어야 거버넌스 체계 안에서 더욱 자유로울 수 있을 것이다. 거버넌스는 수직적 위계에 따른 중앙에 의해서가 아닌 수평적이고 공동에 의하며 합의에 기반을 둔 커뮤니티 내부 개개인들의 자율적 기여가 주요 메커니즘으로 작동한다(Dafermos, 2012). 사회적 경제의 지형을 확대하고자 한다면 이 부분은 분명히 명심해야 할 것이다. 더욱이 현재 한국의 사회적 경제는 거버넌스를 구호로만 외치고 있기 때문에 과연 사회적 경제가 건강하게 뿌리내릴 수 있을까 싶다. 사회적 경제 조직 단위에서도 마찬가지이겠지만 나아가 민관 거버넌스에서부터 건강한 거버넌스 네트워크 체계가 갖추어지기를 바란다.

마지막으로, 디지털 공유재와 사회적 경제는 자본과 권력을 핵심으로 하는 시장과 국가에 대한 대안적인 자원분배를 목적으로 한다(장원봉, 2007)는 유사점을 갖는다고 조심스럽게 제안해본다. 디지털 공유재가 애초에 사회적 경제와 같은 목적을 가진 것은 아닐 터이지만, 특히 분산 자본재와 결합했을 때의 위력은 시장의 원리를 넘어서 새로운 삶의 양식을 가져올 수 있다. 분산된 자본재는 원칙적으로 누구나 접근 가능하며, 대기업을 중심으로 하는 위계적 권력과는 아주 거리가 멀다. 고정자본에 비해 비용이 낮고 상호 연관된 자본재들의 단위와 규모가 매우 작아 개선과 대체도 아주 빠르다. 더욱이 '속도가 경쟁력'이라고 일컬어지는 오늘날 디지털 공유재는 개인이 생산의 자발적 주체가 될 수 있는 가능성을 보여준다. 우리의 많은 삶의 부분은 여전히 시장에 예속되어 있고 앞으로도 그러할 가능성이 다분하겠지만, 디지털 공유재를 통해 삶의 양식은 차츰 차츰 바뀔 것이라 기대된다. 이 점에 착안해 사회적 경제 영역에서 디지털 공유재를 다양한 방식으로 이용할 수 있기를 바란다.

:

제6장

공유경제의 관점에서 본 사회적 경제
: 플랫폼이 매개하는 교환에서
발견되는 '사회성'

1. 왜 공유경제인가?

공유경제라는 용어가 사회적으로 널리 통용된 지는 오래되었지만 이 용어는 아직도 낯설고 생경한 인상을 남긴다. 이는 아마도 공유라는 단어가 지니는 특유의 모호함 때문이 아닐까? 예컨대 왜 '기여/증여경제'가 아니고 '공유경제'일까? 게다가 경제는 '사고파는 현상'인데(이론상 맞다는 것이 아니라 '경제'를 단순히 '등가 가치 교환에 기반을 둔 화폐적 시장'과 동일시하는 경향이 강한 현대인들의 일반적 인식을 잠시 대변해본 것이다) 왜 '공유'라는 단어가 앞에 붙은 것일까? 공유경제는 단순히 빌리고 빌려주는 행위들을 일컫는 것일까? 만약 그렇다면, (공유경제에서) 빌려주는 행위를 애초에 허락한 재화의 첫 소유자는 누구인가? 아니면 반대로 더 많은 재화를 같이 소유하는 형태를 일컫는 것일까? 만약 그렇다면 왜 그냥 '경제'가 아닌 '공유경제'인가?

공유경제는 그 개념이 포괄하는 경제활동과 거래 양태들의 종류가 다양하여 학자들과 언론인들도 서로 다른 정의를 내려왔고, 이는 때때로 사회적 논쟁의 중심이 되기도 했다. 그나마 가장 포괄적인 정의를 내려보자면, '재화나 자원을 소유하기 위해 소비하는 것이 아니라 그 재화나 자원이 제공하는 경험에의 접근을 가능하게 하는 대여와 차용을 중심으로 한 협업소비의 모든 경제활동'을 일컫는다고 볼 수 있다(Lessig, 2008).

공유경제에 대한 레식의 정의를 그대로 따르자면 공유경제는 네트워크 경제로 인해 광범위하게 확산되기 이전에도 오래전부터 다양한 방식으로 존재해왔다. 현대 사회에서도 특수하고 소규모적인 방식으로 지역 공동체에서 이루어진 사례들이 있고, 학문적으로 조명된 사례들이 적지 않게 존재한다. 예를 들어 스택(Carol B. Stack)은 미국 미시건 주에서 1970년대 초반부터 형성되어온 저소득층 흑인 지역 공동체에서 공유경제가 어떻게 실현되었는지를 문화인류학적으로 조명한다(Stack, 1983). 이 공동체에서 공유경제를 추동하는 원동력은 공동체 구성원 간의 깊은 신뢰도와 사회적 응집성, 그리고 이를 토대로 공동체 전체가 공유하는 공유의 규범(norm)이다. 이 공동체 안에서는 그 누구든 자신이 그 순간 필요한 재화가 아니라면, 다른 공동체 구성원이 빌려달라고 했을 때 그 요청을 수락해야 하는 사회적 규범과 압력이 존재한다. 이 사회적 규범으로 인해, 공동체 전체가 가진 재화와 자원의 규모는 매우 한정적이지만 재화와 자원의 대여와 교환이 시장교환보다도 빠른 속도로 이루어진다. 저개발지역으로서 공동체 내부의 개인 각각이 소유한 재화는 작지만 필요할 때마다 서로의 재화를 빌려주는 사회적 규범으로써 개개인의 생활적 필요와 공동체적 위기에 탄력적으로 대응할 수 있었던 것이다.

하지만 여기서는 네트워크 경제의 일부로서 기능하는 플랫폼 기반의 공유경제를 다룰 것이다. 그리고 플랫폼에서 작동하는 공유경제 모델들의 각각 다른 형태들을 분류해보고, 그 고유한 성격들을 분석하여 어떻게 공유경제와 사회적 경제가 그 접점을 찾을 수 있는지를 모색해보도록 하겠다. 글의 흐름은 네 단계로 구성될 것이다. 우선 왜 공유경제가 확산될 수 있었는지를 네트워크 경제, 그리고 플랫폼 개념을 중심으로 설명해볼 것이다. 둘째, 공유경제의 올바른 분류틀로 생각되는 것을 명확하게 제시할 것이다. 앞서 언급한 레식의 정의는 우리가 일반적으로 '공유경제'라고 일컫는 모든 형태의 경제활동과 조직들을 포괄할 수 있지만, 그 방대함 때문에 사회적 경제와의 접점을 모색하는 데는 문제가 생길 수 있다. 이에 따라 공유경제의 분류틀을 명확하게 함으로써 공유경제의 여러 경제활동과 조직들 중 어떤 분류에 속한 조직들이 사회적 경제 영역에 속할 수 있는지 더 정확하게 포착하고자 한다. 셋째, 공유경제에서 발견되는 특수한 '사회적' 성격을 살펴보고자 한다. 다양한 형태의 공유경제 활동이나 조직 중에 어떤 특수한 공유경제의 거래 양태, 혹은 조직이 '사회적'인 성격을 띠는지를 면밀히 살펴볼 것이다. 넷째, 공유경제를 둘러싼 정치경제학적 갈등구조를 살펴보고자 한다. 앞서 말했듯이 '공유'라는 가치는 모호하고 광범위한 것들을 지칭한다. 하지만 '공유'라는 개념은 대부분 긍정적으로 받아들여지기 때문에 공유경제도 무조건 긍정적으로 받아들여질 수 있다. 따라서 공유경제가 가져오는 '사회적' 효과도 무비판적으로 수용할 수 있다. 하지만 공유경제를 둘러싼 노동, 규제, 거버넌스 등의 문제는 거대한 사회갈등의 시발점이 될 수도 있다. 이러한 지점을 조명하는 것은 공유경제를 사회적 경제의 일부분으로 받아들이는 데 무비판적인 관점들에 대해 경고장으로서 작용할 수 있을 것이다.

2. 공유경제의 확산을 가능하게 하는 네트워크 경제의 역할

공유경제가 사회적 반향을 일으키기 시작한 것은 공유경제가 네트워크 경제의 일부인 플랫폼의 형태를 응용해 네트워크 경제의 일부로 편입된 이후부터이다. 보츠먼(Rachel Botsman)과 로저스(Roo Rogers)는 공유경제가 현실 사회에서 확대되기 위한 선결조건을 네 가지로 꼽았는데 이를 요약해보면 다음과 같다(Botsman and Rogers, 2010).

① 최소규모: 한 시스템이 스스로 지속가능한 방식으로 확대되어나가기 위해 필요한 최소의 참여자의 규모
② 유휴자원: 기존의 시장교환의 대상, 혹은 현재 소유자가 끊임없이 사용해야 하는 자원을 제외한 모든 비사용 자원의 적정한 규모

③ 공유의 가치: 공유의 가치에 대해서 사용자들이 공유하는 긍정적/적극적 인식의 확대

④ 신뢰와 사회적 자본: 모르는 이들 간의 교환/거래도 원활히 진행될 수 있게 밑바탕이 되는 신뢰. 그리고 평판 시스템 등을 통한 (플랫폼의) 역할

스테파니(Alex Stephany)는 몇몇 예외를 제외하고 공유경제 모델이 도시를 중심으로 활성화되는 경향을 지적하며 도시의 규모와 공유경제의 잠재적 성장 가능성을 연결 짓는다(Stephany, 2015). 즉, 인구밀도－혹은 단위면적당 인구 수준－가 크면 클수록 공유경제 기업이 그 지역에 확대될 가능성이 더 크다는 것이다. 이 점은 위의 ①(최소규모)과 ②(유휴자원)와 연결된다.

하지만 무엇보다도 공유경제의 확산은 네트워크 경제의 특수한 성격과 결부되어 있다고 할 수 있다. 쇼어(Juliet Schor)는 플랫폼 기술의 특수한 성격이 어떻게 공유경제 모델을 네트워크의 경제의 일부로서 작동시키고, 이로 인해 그 규모를 기하급수적으로 확산시킬 수 있었는지에 대해 두 가지를 지적한다(Schor, 2014). 첫째, 네트워크를 통해 가능해진 사용자들의 자율적 참여를 통해 평판 시스템을 아웃소싱할 수 있었다. 둘째, 네트워크의 연결성 때문에 중개업자를 우회하고 공급자와 소비자를 직접 연결할 수 있었으며, 이 때문에 재화의 생산/공급 비용이 줄어들 수 있었다. 쇼어가 언급한 이 두 가지 요소 외에 세 번째로 공간적으로 떨어져 있는 공급자와 소비자를 지도 상에 표시해 연결시켜줄 수 있는 GPS(위치기반서비스) 기술도 중요한 역할을 했다고 할 수 있다. 이 세 가지 요소는 위에 언급한 선결조건 중 ①(최소규모)과 ②(유휴자원), 그리고 ④(신뢰와 사회적 자본)를 충족시켜주는 데 큰 역할을 했다고 볼 수 있을 것이다.

공유경제 모델이 네트워크 경제에서 작용하려면 플랫폼을 기반으로 한 조직－일반 기업, 사회적 경제 조직, 비영리 조직 등을 포괄한－에서 작동해야 한다. 하지우(Andrei Hagiu)와 라이트(Julian Wright)는 수요-공급 중개의 비즈니스 모

그림 6-1 다면형 플랫폼의 유형

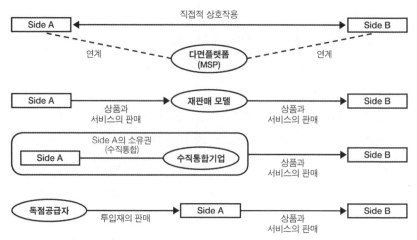

자료: Hagiu and Wright(2015).

델을 네 가지로 분류하며 ① 수직통합 기업(vertically integrated firm), ③ 재판매 (re-seller), ③ 독점 공급자(input supplier)와 대비되는 ④ 다면적 플랫폼(multi-sided platform: MSP) 모델의 개념을 정립했다(Hagiu and Wright, 2015). MSP는 뚜렷하게 다른 두 명, 혹은 그 이상의 주체들이 '직접적 관계(direct interaction)'를 맺을 수 있게 해준다는 점, 그리고 각각의 주체들이 플랫폼과 '연계되어 (affiliated)' 있다는 점에서 다른 모델과 다르다. 여기서 '직접적 관계'란 모든 종류의 거래 및 교환—"가격 책정, 번들링, 마케팅, 재화의 배달, 서비스의 성격과 질, 그리고 발행조건을 결정하는 능력 등"(Hagiu and Wright, 2015: 5)—을 포괄하는 개념이고, '연계'는 플랫폼에 등록된 주체들이 그 플랫폼을 사용하기 위해 일종의 투자를 함을 일컫는다. (여기서 투자는 아주 광범위하게 정의 내려져서 접근비 (access fee)뿐 아니라 플랫폼을 사용하기 위한 시간 투자, 그리고 이 플랫폼을 사용하기 위한 기회비용까지 포괄한다.)

그들이 말하는 이 MSP의 기반에서 공유적 경제가 네트워크 경제의 일부로서 작동할 수 있다고 말할 수 있을 것이다. 즉, 인터넷상에서 존재하는 플랫폼을 통해 대여자는 유휴자원을 포스팅하고 소비자는 서비스에 대한 피드백을 올릴 수 있기 때문에 널리 확산할 수 있었던 것이다.

3. 공유경제 분류법과 사회적 경제와의 접점

공유경제는 사회적 경제 영역에 전적으로 속한다고 말할 수 있을까? 앞서 언급한 것처럼 우리가 일반적으로 일컫는 '공유경제'의 모든 형태들은 다층적인 의미를 지니고 있기 때문에 단정적으로 말하기 어렵다.

예를 들어 기업 소유의 자동차를 플랫폼을 통해 단기간 대여하는 공유경제 기업인 집카(ZipCar)는 '사회적'인가? 장시간 대여만 허용되는 기존의 렌털 기업이나 자동차 판매 기업에 비해서 재화의 소비 방식이 상대적으로 더 '사회적' 가치를 지녔다고 할 수도 있다. 하지만 자원의 소유 주체가 개인이 아닌 기업이라는 점에서는 '사회적'이지 못하다. 그렇다면 일반 운전사와 탑승객을 서비스 공급자 대 서비스 수요자로 연결시켜주는 공유경제 기업인 우버(Uber)는 어떠한가? B2P 형식의 집카에 비교해서 거래의 매개 형태가 P2P(개인 대 개인)라는 점에서 더 '사회적'이라고 볼 수 있다. 하지만 철저한 등가성에 기반을 둔 화폐 시장에서 진행되는 교환이라는 점에서는 '사회적'이지 못하다. 카풀링(Car pooling) 공유경제 기업인 블라블라카(BlaBlaCar)와 우버를 비교하면, 블라블라카의 교환 양태가 우버보다 더 '사회적'이라고 할 수 있을 것이다.

위에서 봐도 알 수 있듯이, 공유경제의 다층성은 공유경제와 사회적 경제의 접점을 모색하는 데 난제를 선사한다. 이 문제를 풀려면 우선 공유경제 모델의 분류틀을 정교하게 만드는 작업이 선행되어야 한다. 그래야 서로 다른 공유경제 모델들의 어떤 각각의 성격이 사회적 경제와의 접점을 형성하고 있는지 정확하게 포착할 수 있을 것이다.

여기서는 공유경제의 분류틀을 형성해나가는 데에서 상호연관된 핵심적인 질문들을 네 가지로 정리해보았다.

① 공유되는 자원은 어떤 성격을 띠는가?(어떤 고유한 물질적·재화적 성격을
지니고 있는가?)

② 공유되는 자원의 소유주체는 누구인가?

③ 플랫폼을 통해 매개되는 공유/교환은 어떤 원리로 작동되는가?

④ 공유/교환을 매개하는 플랫폼을 운영하는 조직은 어떤 성격을 띠는가?

첫 번째 질문에 대해서 쇼어는 공유경제에서 공유되는 자원의 성격을 재활
용품, 내구 자산(durable assets), 서비스, 생산적 자산(productive assets) 등 네
가지로 나누었다(Schor, 2014: 3). 보통 (시간화폐의 사례를 제외하고) 재활용품,
내구 자산, 그리고 생산적 자산이 공유되는 모델이 서비스가 공유되는 모델보
다 더 '사회적'인 성격을 띤다고 말할 수 있을 것이다. 후자는 노동이지만 전자
는 아니다. 전자는 평상시 쓰이지 않는 유휴자원을 더 효율적으로 사용할 수
있게 함으로써 소유 중심의 소비를 줄이고 환경적인 가치를 더 창출할 잠재적
가능성이 있기 때문이다.

두 번째 질문에 대한 답도 간단하다. 답은 기업, 개인, 그리고 정부, 이렇게
세 가지 주체 중 하나일 것이다. 따라서 공유경제 플랫폼에서의 교환은 B2P
(Business to Peer), P2P(Peer to Peer), G2P(Government to Peer)의 세 가지 형식
중 하나를 띠게 될 것이다. 소비자/수혜자는 항상 개인(P)이지만 공유되는 자
원의 공급자/기여자는 앞서 말한 서로 다른 세 가지 주체 중 하나(B, P, G)이기
때문이다.

세 주체 중 개인이 공유되는 자원을 소유하는 주체인 경우(P2P)가 다른 두
주체들인 경우보다 더 '사회적'인 성격을 띤다고 말할 수 있을 것이다. 기업이
나 국가에서 제공하는 재화가 아니라 개인 대 개인의 공유/교환이 이루어지기
때문이다. B2P의 경우 기존의 렌털 기업과 크게 다른 점이 없고, G2P의 경우

공유되는 자원/재화는 전통적인 공공재라는 점에서 거래는 매우 비인격적으로 이루어질 수 있다. 이와는 반대로 P2P 형태의 교환하에서는 개인 대 개인의 관계 속에서 사회적 자본이 더 잘 형성될 잠재적 가능성이 있다고 추론해볼 수 있다. 또한 아래에 더 자세히 살펴보겠지만, P2P 형태의 교환하에서만 호혜성의 원리를 포함한 다양한 (사회적 경제의) 공유/교환의 모델도 발견될 수 있다.

셋째, 플랫폼을 통해 매개되는 공유/교환의 주요 원리는 세 가지로 나뉜다. ① 철저한 등가성(화폐적 시장 교환)의 원리, ② 균형적 호혜성(적절한 등가성)의 원리, 그리고 ③ 일반적 호혜성(증여)의 원리가 있다.

철저한 등가성의 원리는 한 재화의 완벽한 측정 가능성과 다른 재화와의 비교가능성(가치의 비례관계)을 전제하기 때문에 이는 현실상 화폐적 시장교환에서 진행될 수밖에 없다. 균형적 호혜성(적절한 등가성)의 경우 교환은 철저하게 등가성을 띠지는 않지만, 교환에 참여하는 구성원들은 어떤 형식으로든 다른 구성원의 기여에 상응하는 가치를 기여한다. 이 경우 사회적 규범, 사회적 자본, 제도적 설계 등을 통한 제약 요소가 교환의 영역에서 상호성을 지속가능하게 유지하는 데 적절한 매개역할을 담당하고 있다. 일반적 호혜성(증여)의 경우 등가적 교환에 대한 제약적 규범이 존재하지 않는다. 이는 전적으로 자발적인 개개인들의 기여에 따라 재화가 순환되는 경우이다. 모스(Marcel Mauss)가 말하는 '무작위적 증여 운동'이 이에 해당할 것이다(Mauss, 1925).

여기서 '사회적' 성격을 띠는 것은 철저한 등가성을 제외한 균형적 호혜성과 일반적 호혜성의 원리가 작동하는 공유/교환이라고 할 수 있을 것이다. 시장과 경제의 영역에서 이익추구와 도구적 교환에 기반을 둔 등가교환의 원칙만이 중요하다는 시각을 넘어 인간의 사회성과 상호성의 중요성도 인정하는 것이 사회적 경제의 특수한 전통이기 때문이다(Zamagni and Bruni, 2014: 27).

넷째, 플랫폼의 운영조직은 영리기업, 사회적 기업 및 협동조합, 비영리, 그리고 정부로 나눌 수 있을 것이다. 그리고 운영조직의 이러한 구분은 전통적이고 통념적인 사회적 경제의 구분법에 부합하기 때문에 이 네 번째 질문은 그 자체로도 한 공유경제 조직/기업이 사회적 경제 영역에 속하는지 안 하는지를 구분하는 데 중요한 요소이다.

하지만 주의할 점도 있다. 한 공유경제 모델의 운영조직이 사회적 기업이나 협동조합, 혹은 비영리조직이라고 해서 위에서 언급한 공유/교환의 주요 원리 ―두 번째 질문과 관련된―도 '사회적'인 것은 아니다. 적어도 인과성을 띠지는 않는다. 예를 들어 비영리조직이 운영하는 플랫폼이 매개하는 교환의 원리가 철저히 가격형성적 시장에 의해서 호혜성과 사회성에 기반을 둔 교환주체들의 동기를 몰아낼(crowd-out) 수 있기 때문이다. 또한 반대로 기업이 운영하는 플랫폼이 증여의 원리에 기반을 둔 교환을 매개할 수도 있을 것이다.

하지만 플랫폼의 운영조직의 성격을 파악하는 과제는 중요하다. 플랫폼을 통해 얻게 되는 수익과 이윤의 배분 구조, 그리고 운영의 주체가 달라질 수 있기 때문이다. 이는 플랫폼을 둘러싼 이해관계자(특히 노동자)들이 어느 정도로 권리와 운영 권한, 그리고 이윤의 일부를 배분받을 수 있는지에 관련한 중요한 문제이다. 숄츠(Trebor Scholz)는 실제로 플랫폼이 협동조합 형태로 운영된 몇몇 사례들을 조명하고, 이 사례들에서 발견되는 특징들을 공유경제에 속한 협동조합 모델에 적용했을 때 기존의 영리기업이 해결하지 못하는 사회적 문제들을 어떻게 부분적으로 해결할 수 있는지에 대해 서술한다(Scholz, 2016). 이 점에 대해서는 나중에 더 상세히 후술할 것이다.

지금까지 공유경제의 분류틀을 만들기 위한 네 가지 핵심적인 질문을 살폈다. 위에서 언급한 질문들 중 어떤 것을 선택적으로 적용하느냐에 따라서 공유경제의 구분법이 달라진다. 가령 쇼어는 위에 있는 질문 중 두 번째와 네 번째 질문을 골라서 2×2 매트릭스를 만들었는데 **표 6-1**과 같다(Schor, 2014: 4).

하지만 이러한 간단한 분류법의 문제점은 세 번째 질문인 교환의 원리를 분류틀에서 배제한다는 점이다. 세 번째 질문은 공유경제의 분류틀을 너무 복잡하게 만드는 단점이 있지만, 사회적 경제 담론에서 거래의 양태(거래에서 발견

표 6-1 플랫폼 운영조직의 특성과 공유되는 자원의 소유주체에 따른 공유경제의 유형

		공유되는 자원의 소유 주체	
		개인(P2P)	기업(B2P)
플랫폼 운영 조직의 성격	비영리	후드스왓, 타임뱅크	메이커스페이스
	영리	릴레이라이즈, 에어비앤비	집카

자료: Scholz(2016: 4) 참조로 재구성.

표 6-2 유휴자원의 소유주체(②)-매개의 주요원리(③)-플랫폼의 운영주체(④)로 구분해본 공유경제 유형

공유경제 유형		유휴자원의 소유주체	매개의 주요 원리	플랫폼의 운영주체
1) 온디맨드형 기업 자산 렌털 시장교환 (B2C)		기업	철저한 등가성 (화폐적 시장 교환)	영리기업
2) P2P 시장교환	온디맨드형 서비스 교환 (2-1)	개인	철저한 등가성 (화폐적 시장 교환)	영리기업
	중고시장 교환 (2-2)			
3) 상호적 P2P 교환	기부-대여 교환 (3-1)	개인	균형적 호혜성 (부분적 시장 교환과 비시장 교환이 공존)	사회적 기업/ 경제 조직, 영리기업, 비영리
	물물 교환 (3-2)			
	시간 교환 (3-3)			
	물질재-서비스 교환 (3-4)			
4) 기부(무상기여)형 P2P 교환		개인	일반적 호혜성 (기부와 증여)	사회적 기업/ 경제 조직, 비영리
5) 공공재 렌털		정부	공공성	정부

되는 호혜성의 종류)는 필수적인 요소 중 하나이다. 즉, 특정 공유경제 모델이 '사회적'인지를 판가름하는 데에는 세 번째 질문이 중요할 수밖에 없다는 것이다. 따라서 여기서는 두 번째, 세 번째, 그리고 네 번째 질문에 근거해서 공유경제 기업 및 조직의 유형을 **표 6-2**와 같이 새롭게 분류해보았다.

복잡한 분류틀이 쉽게 이해되려면 실제로 존재하는 공유경제 기업/조직이 어떻게 이 분류틀에서 구분될 수 있는지를 살펴보면 될 것이다. 따라서 **표 6-3**에 언급된 실제 공유경제 기업/조직의 사례를 몇 가지 살펴보며 이 분류틀의 성격을 살펴보자.

우선 1번 모델(온디맨드형 기업 자산 렌털 시장교환)으로 분류된 집카는 플랫폼을 통해 기업 소유의 자동차를 단기간 대여하는 공유경제 기업이다. 화폐적 시장교환(철저한 등가성)에 기반을 둔다는 점에서 기존의 차량 렌털 모델과 비

표 6-3 공유경제 유형과 실제 공유경제 기업/조직

공유경제 유형		실제 공유경제 기업/조직
1) 온디맨드형 기업 자산 렌털 시장교환 (B2C)		집카
2) P2P 시장교환	온디맨드형 서비스 시장교환 (2-1)	우버, 리프트, 메커니컬터크, 태스크래빗
	유휴자원 시장교환 (2-2)	에어비앤비, 파크앳마이하우스, 빌리지
3) 상호적 P2P 교환	무상기부-대여 교환 (3-1)	열린옷장, 키플, 국민도서관 책꽂이
	물물 교환/상호대여 (3-2)	스와프트리, 재능 기부와 물물교환의 콜라보, 홈익스체인지
	시간 교환 (3-3)	시간화폐(아워즈, 타임뱅크, 후레이키프스), 크로스레슨
	물질재-서비스 교환 (3-4)	블라블라카, 티클
4) 기부(무상기여)형 P2P 교환		카우치서핑, 네이버후드프루트, 친절의 벽, 프리사이클, 어반가든쉐어
5) 공공재 렌털		따릉이(공공자전거 운영), 오픈 와이어리스 무브먼트

교해서 큰 차이가 없어 보일 수도 있다. 차이점이 있다면 자동차라는 기업의 자산이 운용되는 시간의 단위가 더 짧아지는 동시에 공급과 수요가 더 촘촘히 연결(meshing)될 수 있고, 이에 따라서 그 자원의 활용도도 더 높아진다는 점이다. 네트워크의 연결성 때문에 똑같은 자원의 활용도와 효율성이 증가한 사례라고 볼 수 있겠다.

2번 모델(P2P 시장교환)에서 '온디맨드형 서비스 시장교환'에 속한 우버(2-1에 속함)는 일반 운전사를 공급자로, 일반 탑승객을 소비자로서 연결시켜주는 플랫폼 모델이라고 볼 수 있다. 우버와 집카는 수요자와 공급자 간 교환의 매개의 원리가 철저한 등가성에 기반을 둔 화폐적 시장 교환이라는 점에서는 같다. 하지만 교환되는 자원의 주체가 다르다는 점에서 구분될 수 있다. 이 때문에 우버도 집카와 마찬가지로 한정된 자원을 가정했을 때 공급과 수요가 더 촘촘히 연결된다는 점은 같지만 우버와 같은 경우 교환되는 자원이 개인이 제공하는 서비스이기 때문에 개인 대 개인(peer-to-peer)의 형태를 띤다. 2-2(유휴자원 시장교환) 모델에 해당되는 에어비앤비도 우버와 비슷하다. 개인 대 개인이 거래의 주체가 된다는 점, 그리고 철저한 등가성에 기반을 둔다는 점은 같다. 다른 점은 우버와 같은 경우 팔리는 재화가 서비스이기 때문에 공급자가 자신의 노동을 판다는 점이고, 에어비앤비와 같은 경우 공급자가 자신이 소유한 유휴자원(개인의 방에 대한 숙박권)을 판다는 점이다.

3번 모델(상호적 P2P 교환)에 속한 하위 유형들은 그 종류가 다양하다. 철저한 등가성에 기반을 둔 교환/공유는 뚜렷하게 일차원적인 데 반해, 균형적 호혜성은 다양한 형태로 발현될 수 있기 때문이다. 우선 '무상기부–대여 교환'(3-1)에 속한 키플과 같은 경우 사용자가 아동복을 기부한다. 생애주기에서 몸이 가장 빨리 성장하는 시기가 아동시기이기 때문에 아동복은 빨리 새로운 옷으로 부모가 갈아줘야 하는 경우가 대부분이다. 그렇기 때문에 기존의 아동복을 많이 기부받을 수 있다. 기부한 아동복의 숫자에 비례하여 플랫폼의 사용자는 키플에서만 사용할 수 있는 '키플 머니'를 받는다. 그리고 이 키플 머니와 현금을 사용해 키플에 등록된(기부받은) 다른 사람들의 옷들을 구매할 수 있다. 구매한 옷은 아동이 다시 자라면 실질적으로 쓸모가 없기에 다시 기부하게 될 것이다. 이런 점을 고려한다면 실질적으로 사용자가 한 것은 구매가 아닌 대여라고 볼 수 있다. 플랫폼 이용자들은 기부에 대한 상호적 대가를, 그리고 그 대가로 다시 다른 사람들이 기부한 옷을 살 수 있지만 이 교환의 형태가 철저히 가격형성적 시장에 의한 교환은 아니라는 점에서 이 모델은 균형적 호혜성이 작동한다고 볼 수 있다.

'무상기부-대여 교환'(3-1)의 복잡한 원리에 비교해 다른 두 번째, 세 번째 하위 유형인 '물물교환/상호대여'(3-2)와 '시간교환'(3-3) 모델은 단순하다. 물물교환 모델에 속한 '재능기부와 물물교환의 콜라보'―독특하게도 페이스북 그룹으로 운영된다―와 같은 경우 한 사용자가 자신이 사용하던 물품, 혹은 선물받았지만 필요 없는 물품을 플랫폼에 올린다. 포스팅한 사람은 종종 자신이 필요한 것을 모호하게 언급하는 경우도 있다. 그러면 그 포스팅을 보고 그 물품을 원하는 사람이 자신이 가진 것을 맞교환하자고 제안한다. 이 플랫폼의 특이한 점은 서로의 '필요성'에 따라서 제안과 거절이 이루어지는 경우는 많지만, 가치의 등가성을 강력하게 요구하는 경우는 없다는 점이다. 먹거리 교환, 소통이 개입된 교환을 통해 느슨한 균형적 호혜성이 발현된다.

시간교환 체계(3-3)의 사례로는 여러 가지 지역형 시간화폐 체계(Local Exchange Trading System: LETS)들이 있을 수 있다. 시간화폐 교환 체계는 화폐 거래가 아닌 시간을 매개로 거래된다는 점에서 '균형적 호혜성'을 명확하게 대표하는 가장 좋은 사례라고 볼 수 있다. 모든 참여자의 노동이 같은 가격(시장-교환적 가치)을 지니는 것은 아니지만 적어도 한 사람의 서비스 공급자의 1시간이 다른 한 사람의 노동 1시간과 동일한 가치를 지닌다는 점에서 시간화폐는 일정 부분 상호성을 보장한다. 지역형 시간화폐가 지니는 사회성은 시간화폐가 보통 노인 및 아이들을 위한 노동, 환자 간호, 가사 노동 등을 포괄하는 돌봄 노동이나 생활과 밀착된 노동 등 관계재에 속한 경우가 많다는 점을 보면 알 수 있다.

시간화폐가 지닌 잠재적 과제 중 하나는 수요자와 공급자가 뚜렷이 나뉘어 시간화폐 소유의 불균형이 생길 때 그 쓸모가 감소할 수 있다는 점이다. 예를 들어 일본에서 쓰이는 지역형 시간화폐인 후레이-키푸(Fureai-Kippu) 시스템의 경우 일본에 처음 도입되고 나서 연령을 기준으로 시간화폐 소유의 불균형을 겪게 된다. 대부분의 서비스 수요자가 노약자들이었던 반면 공급자는 청년들이 많았던 것이다. 따라서 한쪽에서는 과잉수요로 인해 시간화폐가 부족했고, 다른 한쪽에서는 과잉공급으로 인해 사용되지 않은 시간화폐의 숫자가 늘어났다. 레스타키스(John Restakis)와 멘델(Margie Mendell)에 따르면 2010년을 기준으로 1만 2367명의 자발적 참여자가 3126명에게 자신들의 시간을 제공해 총 19만 8091시간달러를 얻지만, 이들은 이에 약 5%에 해당하는 1만 548시간달러밖에 사용하지 않게 된다(Restakis and Mendell, 2014). 이러한 문제를 해결하기 위해 지방정부는 축적된 시간화폐에 유동성을 부여하고자 일정 부분 시간화폐를 현실 화폐로 상환해주거나, 지역에 있는 여러 형태의 공공시설(박물관, 오락시설 등) 사용으로 가치를 교환할 수 있는 통로를 마련해주었다.

3번 모델의 마지막 하위유형인 '물질재-서비스 교환'(3-4)과 같은 경우 블라블라카를 떠올리면 파악하기 쉽다. 블라블라카는 쉽게 말해 카풀링을 연결해주는 플랫폼이다. 이 플랫폼을 통해 운전자는 자신의 장거리 여행 이동경로와 출발시간을 포스팅하여 동승자를 구할 수 있다. 웹사이트에서는 거리와 연료비를 기준으로 1인당 좌석의 가격을 계산해준다. 운전자는 자유롭게 돈을 받을 수 있지만, 플랫폼에 의해 추산된 가격은 공통의 연료비만을 반영한다. 그렇기 때문에 실제 운전자가 탑승자로부터 받는 가격이 플랫폼을 통해 추산된 가격을 넘지 않으면 승객은 자동차 보험을 적용받을 수 있고 운전자는 받는 돈의 세금이 면제될 수 있다(Stephany, 2014: 170). 이렇게 운전자-탑승객은 플랫폼을 통해 공급자-수요자의 관계를 맺을 수 있지만, 이 교환의 원리는 시장가격에 따른 철저한 등가성이라기보다는 균형적 호혜성이라고 보는 편이 더 맞을 것이다. 탑승자는 탑승에 필요한 연료비(물질재)를, 그리고 운전자는 승차(서비스)를 교환한다는 점에서 돈은 교환에 제한적인 역할을 담당할 뿐이다.

4번 모델(기부형 P2P 교환)은 공유/교환되는 자원의 소유주체가 개인이고, 매개의 주요 원리가 일반적 호혜성(기부와 증여)이라는 점에서 다른 모델들과 구별된다. 카우치서핑이 대표적인 사례라고 할 수 있다. 제5장에서 언급한 것처럼 카우치서핑에서 집주인은 무료로 숙박을 제공한다. 방문자들은 대부분 해외에서 오가는 여행자들인데, 이를 보면 네트워크가 어떻게 일반적 호혜의 원칙을 단순한 '이웃'이 아닌 글로벌 차원에서 작동할 수 있게끔 기능했는지 알 수 있다.

마지막으로 5번 모델(공공재 렌털)은 정부에서 관리하는 공공재를 대여하는 모델이다. 한국에서 대표적인 사례로는 무인자전거 대여 시스템인 '따릉이'가 있을 것이다. 1번 모델처럼 자전거라는 재화의 공급과 수요자를 네트워크를 통해 촘촘하게 연결한다는 점이 흥미롭다. 하지만 재화의 공급자가 정부라는 점에서 사회적 경제의 개념에서 '정부와 시장의 이분법을 뛰어넘는' 의미로서의 (사회적 경제 담론에서 말하는) '사회성'에는 해당되지 않는다고 볼 수 있다. 이는 그저 전통적 공공재의 효율적, 혹은 혁신적 분배방식 정도로 파악될 수 있을 것이다.

4. 공유경제의 특수한 '사회적' 성격

앞서 서술한 것처럼 공유경제는 다양한 질문을 통해 하위유형으로 분류될 수 있고, 이 하위유형은 각각 다른 측면에서 '사회적'인 성격을 지니며 그 정도도 다 다르다. 이 절에서는 공유경제의 특수한 '사회적' 성격을 상세히 나열하며 각각의 성격이 위에서 언급한 모델들 중 각각의 어떤 모델들에 상응하는지 서술하도록 하겠다.

1) '소유'를 위한 소비와 대비되는 의미로서의 '공유'경제

위에 언급한 1번 모델에서 5번 모델까지를 모두 포괄하는 공유경제의 특수한 성격은 '소유'에 대한 개념을 해체하고 재화의 교환/공유 형태를 '소유에서 접근'으로 바꾸는 특징(Botsman and Rogers, 2010)을 보인다고 말할 수 있다.

하지만 이 특징의 함의를 심층적으로 더 분석해볼 필요가 있다. '소유'에서 '접근'이라고 할 때 '접근'은 어떤 의미를 지니고 있는가? 우선 '공유경제'가 네트워크를 통해 공급되는 재화와 소비자의 관계를 더 조밀하게 엮어서 소비자가 소비의 관념을 더 치밀하게 사고하게 만들었다고 생각된다. 예를 들어 과거에는 자동차를 구매하여 소유하는 것을 그 차에 대한 전체적인 권리를 획득하는 것과 동일시하는 소비자가 대부분이었을 것이다. 물권법적으로 말하자면 자동차의 소비를 통한 소유는 처분권, 점유권, 수익권이 모두 한 묶음으로 묶여 있는 것으로 인식되어왔던 것이다. 하지만 공유경제는 이 인식의 번들을 해체(unbundle)해버린다. 소비자가 일시적인 점유권은 가지되, 처분권과 수익권을 가지지 않더라도 자동차의 사용에 대한 효용이 심각하게 침해받지 않기 때문이다. 또한 자동차 대여의 경우 기존에는 장시간의 단위(혹은 기업에서 제공하는 경직적인 단위)로써만 대여할 수 있었다면, 공유경제에서는 소비자의 사용가능 시간이 더 조밀해졌다.

역사적으로 보았을 때 공유경제 모델은, 무분별한 소비 장려와 연관된 소비자본주의하의 기존 혁신 모델들—계획적 진부화(기능적 진부화와 심리적 진부화), 신용카드의 개발, 할부 구매 방식, 분위기학(atmospheric)에서 파생된 여러 심리학적 전략 등—의 패러다임과는 매우 대조적이라고 볼 수 있다. 앞서 언급한 모델들이 소비를 '실질적 효용가치에 대한 사고를 고려하지 않은 채 무분별하게 소비하게' 부추긴다면 공유경제의 모델과 같은 경우 '실질적 효용가치에 대해 더 치밀하게 사고할 수 있도록' 유도하기 때문이다. 특히 1번과 2번 모델에서 이러한 경향을 뚜렷하게 볼 수 있다.

위에서 말한 것들을 고려해볼 때 공유경제 모델은 (시장교환적 공유경제 모델까지 포함하여) 소비의 사회적 개념을 소비 그 자체가 아닌 '사회적 욕구'로 탈바꿈시켰다는 점에서 '사회적'이라고 할 만하다.

2) 거래의 양태에서 나타나는 상호성

앞서 언급한 것처럼 공유경제에서 교환의 매개 원리는 철저한 등가성(화폐적 시장 교환)의 원리, 균형적 호혜성(적절한 등가성)의 원리, 그리고 일반적 호혜성(증여)의 원리로 나눌 수 있다. 그리고 또한 위에서 언급한 것처럼 균형적 호혜성과 일반적 호혜성의 원리는 사회적 경제와 공유경제의 연결고리를 제공해줄 수 있다. 사회적 경제에서는 이익추구와 도구적 교환에 기반을 둔 등가교환의 원칙만이 중요한 것이 아니라 호혜성의 원리도 경제의 기본 원칙으로서 작동하기 때문이다. 이 때문에 3번과 4번 공유경제 모델은 매개의 주요 원리를 따져봤을 때도 사회적 경제 영역에 속한다고 말할 수 있다. 철저한 등가성에 기반을 둔 화폐적 시장교환만이 교환의 배타적 원리로서 작동하지는 않거나, 아예 그러한 원리가 배제된 교환(증여)이 작동하기 때문이다.

4번 모델의 매개 원리인 일반적 호혜성은 '증여'나 '선물'의 개념을 결부시켜서 생각하면 쉽지만, 사실 3번 모델의 매개 원리인 균형적 호혜성은 이해하기 쉽지 않다. 균형적 호혜성은 '적절한 등가성과 단기성'의 성격을 띠는데, 여기서 '적절한'이라는 말이 내포하는 애매함에 주목할 필요가 있다. 한국에서 균형적 호혜성의 전통적 예시로 많이 쓰이는 것은 경조사의 관습이다. 경조사에서는 느슨한 관습과 규범의 힘이 일정 정도의 적절한 상호성을 보장한다. 하지만 경조사의 관례에서 상호성은 애매한 위치를 차지하고 있다.

경조사는 철저한 등가적 상호성에 기초하고 있지 않다. A가 상을 당해서 B가 조문을 갔을 때 10만 원을 조의금으로 냈다고 해서 B가 A에게 똑같이 나중에 조의금으로 10만 원을 낼 필요는 없다. 하지만 사회적 관습상 B는 A를 위해서 일정 정도는 그에 적절하게 상응하는 성의를 보이기 마련이다. 이 과정에서 이 교환을 매개하는 애매함의 틈이 열어놓는 의미의 공백(철저한 등가적 교환이라면 화폐적 교환이 내포하는 '가치의 비례성'이라는 의미가 모두 차지했을 그 공백)에 여러 관계적, 그리고 사회적 동기의 다층성이 침투될 가능성이 생긴다. 예를 들면 B가 A보다 더 많은 돈인 20만 원을 냈다고 가정해보자. 이때 이 상호적 교환을 매개하는 목적에는 여러 가지 이유가 내재되어 있었을 것이다. 예를 들면 B가 더 부유하거나 사회적으로 높은 위치에 있기 때문에 이러한 비대칭성을 고려하여 더 책임감을 가지고 돈을 냈을 수도 있고, A가 경제적으로 힘든 위치에 있기 때문에 그의 일시적인 경제적 안정성을 위해 그랬을 수도 있다. 혹은 B가 A에게 특별하게 감사한 일이 있었는데 이에 대한 보답으로 그랬을지도 모른다. 이렇게 균형적 호혜성을 밑바탕으로 한 A와 B의 교환에는 효용을 넘어선 다층적인 가치판단의 양식(different mode of valuation), 예를 들자면 사용가치(use), 존중(respect), 감사(appreciation), 배려(consideration), 사랑(love), 존경(admiration) 등이 혼합되어 있다(Andersen, 1995: 5~8). 그리고 이 다층적 가치판단의 양식이 교환에 침투함으로써 균형적 호혜성에 기반을 둔 교환은 사회적 성격을 띨 수 있는 것이다.

3번 모델의 예시 중 하나인 시간화폐에 대해서 생각해보면 이러한 균형적 호혜성의 사회적 성격은 더 명확하게 이해될 수 있다. 앞서 언급한 것처럼 일본에서 사용되는 지역형 시간화폐인 후레이-키푸에서 교환되는 영역 중 돌봄노동의 영역이 상당한 부분을 차지한다는 사실은 지역형 시간화폐가 지닌 사회적 성격을 보여준다. 이는 돌봄노동이 생활경제 영역에서 시장경제 영역으로 급격히 이행하는 과정을 거쳤을 때 생길 수 있는 문제—시장적 동기가 돌봄의 영역을 잠식(crowd-out)하는 과정, 그리고 돌봄노동의 시장화로 인한 저소득 계층의 자녀 돌봄 박탈 등—를 일정 부분 방지하는 역할을 해줄 수 있다는 점을 볼 때 명확하게 그 사회적 성격을 이해할 수 있다.

3) 개인 대 개인(P2P) 거래에서 나타나는 신뢰와 사회적 자본

공유경제로 인해 신뢰와 사회적 자본의 성장을 촉진시킬 수 있다고 합리적으로 추론해볼 수도 있다. 이 추론은 공유되는 자원의 소유주체가 개인일 때 (즉, P2P 교환의 형태를 띨 때) 특히 해당되는 사항이기 때문에 2번, 3번, 4번 모델이 그 추론에 적용될 수 있다. 기업 대 개인이나 정부 대 개인이 아니라 개인 대 개인이 만나 공유와 교환이 진행되기 때문에 더욱더 사적인 접촉이 이루어질 수 있고, 이에 따라 더 많은 사회적 자본이 형성될 수 있다는 것이다. 또한 공유경제 플랫폼에서 제공하는 평판 시스템은 서로 모르는 타인 간의 교환이 이루어짐에도 서로를 신뢰할 수 있는 기반이 될 수 있다.

이 추론이 합리적으로 들릴지는 몰라도 수많은 연구 결과에 따르면 2번, 3번, 4번 모델을 포괄하는 P2P 교환의 공유경제 모델이 꼭 신뢰와 사회적 자본을 증가시키는 것은 아닌 것으로 드러났다. 현실은 더 복잡하다는 것이다.

대표적으로 쇼어는 많은 공유경제 플랫폼에서 형성되는 많은 개인적 관계가 일시적인 약한 연결고리에 해당되기 때문에 지속되는 관계로 이어지지 못한다고 말한다(Schor, 2014: 6). 예를 들어 카셰어링(car sharing)을 통해 일시적으로 만났던 사람들이 함께 목적지로 향하는 동안 즐겁게 대화하는 경우는 많았지만, 그 이후에도 관계가 지속되는 경우는 거의 존재하지 않았다는 것이다. 또한 파리지(Paolo Parigi)와 스테이트(Bogdan State)는 공유경제 플랫폼에서 '평판'에 대한 더 많은 정보가 제공될수록 그 사용자들 간에 강한 유대가 생길 확률이 더 낮다는 역설적인 경향을 연구를 통해 밝혀냈다(Parigi and State, 2014). 공유경제 플랫폼을 통한 P2P 관계에서는 사회적 자본과 신뢰 사이의 역 관계가 성립할 수도 있다는 것이다.

4) 환경적 가치

공유경제의 환경적 가치는 1번 모델에서부터 5번 모델까지 모두에 해당한다고 볼 수 있을 것이다. 소유를 위한 소비보다는 유휴자원을 더 나눠쓰게 됨으로써 새로운 재화의 소비 비중을 낮추고 이에 따라서 생산에 필요한 탄소 배출 등의 환경 비용이 낮아질 수 있다고 학자들은 말한다. 예를 들어 마틴(Elliot Martin)과 섀힌(Susan Shaheen)의 연구에 따르면 자동차 한 대가 공유경제를 통해 공유될 때마다 도로에서 9~13대의 자동차가 사라지는 효과를 가질 수 있다고 한다(Martin and Shaheen, 2011).

하지만 반론도 있다. 쇼어는 공유경제의 환경적 효과를 언급한 연구들이 대부분 성과(outcome) 차원에 머물러 있고 영향(impact) 차원의 연구가 거의 없다는 점을 들어서 아직 사회 전체를 아우르는 공유경제의 환경적 효과를 판단하기 이르다고 주장한다(Schor, 2016: 6~7). 이에 덧붙여 공유경제가 오히려 차, 숙박시설에 대한 접근성을 늘려 실질적인 차, 숙박시설의 운영 횟수를 늘릴 수도 있고, 또한 공유경제로 인해 절약된 돈이 다른 소비로 이어질 수 있다는 점까지 고려해야 한다고 주장한다.

마지막으로 공유경제의 환경적 가치가 사람들이 공유경제 플랫폼을 이용하는 동기에서 어느 정도 비중을 차지하는지도 의미 있는 의문이 될 수 있다. '더 피플 후 셰어(The People Who Share)'는 조사를 통해 공유경제 서비스를 이용하는 주요 동기가 무엇이냐고 사람들에게 물어본 바 있다(The People Who Share, 2013). 이 조사의 결과로 경제적인 이유를 주요 동기로 언급하는 사람이 환경적인 이유를 주요 동기로 삼는 사람보다 약 다섯 배 많다는 사실을 알 수 있었다.

5. 공유경제를 둘러싼 정치경제학적 갈등 구조

공유경제와 사회적 경제의 접점을 찾는 시도에서 간과하지 말아야 할 부분은 공유경제의 등장으로 인해 대두되는 정치경제학적 갈등의 구조를 파악하는 일이다. 앞서 언급한 공유경제와 사회적 경제의 부분적 교집합이 있지만, 단순히 미시적 관점에서 보았을 때 공유경제에서 부분적으로 '사회적'—'경제적'인 것과 대비된—인 성격이 있다고 해서, 거시적인 측면에서 공유경제 모델이 사회적으로 긍정적인 역할만 가져올 것이라고 볼 수는 없다. 공유경제가 가져오는 '사회적' 효과를 무비판적으로 수용하는 시각을 방지하기 위해서는 이러한 '창조적 파괴'가 불러일으킬 파괴적인 면들도 간과해서는 안 된다. 사회혁신도 혁신(창조적 파괴)의 과정을 동반하고 혁신이라는 것은 기존의 정치경제적 이해관계의 균형을 뒤흔들 수 있다. 따라서 공유경제를 둘러싼 노동, 규제 등의 문제에서 간략하게 다루고자 한다.

폴라니는 산업혁명 이후 노동, 토지, 화폐의 경제적/사회적 성격이 바뀌는 과정과 그로 인한 사회변동 과정에 집중한다(Polanyi, 1944). 그에 따르면 이 세 가지 요소들은 역사적으로 팔기 위한 시장 재화로서 인식되지 않았으며, 그렇기 때문에 시장경제에 통합되지 않은 '허구상품'이라고 주장한다. 하지만 산업혁명으로 인해 산업은 상업의 부수적인 요소가 아니라 자본주의의 가장 근본적인 요소로 대두되었고, 산업 생산은 장기투자와 이에 상응하는 큰 리스크를 내포하는 과정이었기에 허구상품인 노동, 토지, 화폐도 끊임없이 기계의 생산을 위해 공급되어야 했다. 따라서 이러한 허구상품은 촘촘하게 짜여진, 모세혈관과 같은 시장교환 체계에 포섭될 수밖에 없었다. 이런 결과로 수많은 정치경제학적 갈등이 일어났으며, 이 과정에서 유럽 사회는 "인간 역사상 가장 가혹하게 주리를 틀려 [사회적] 힘줄과 뼈가 다 떨어져 나가는 고통을 겪은 후에"(하일브로너, 2010: 137)야 비로소 새로운 범사회적 계약을 동반했다. 이렇게 새로운 산업기술이 자본주의하에 정착하는 과정은 토지, 노동, 화폐 등과 같이 기존에는 '허구상품'로 존재하는 것들을 끊임없이 조달될 수 있는 상품으로 변환시키며 시장경제하에 포섭시켰고, 이는 새로운 사회적 적응과 균형이 달성되기 전까지 거대한 사회적 불안정과 정치경제학적 갈등의 원인이 되었다.

다시 공유경제의 영역으로 돌아가보자. 공유경제를 구성하는 핵심 개념 가운데 하나는 '유휴자원'이다. 유휴자원은 중요한 경제적 잠재 가치를 지닌 사회적 자산이지만 24시간 사용되지 않았던, 그래서 그 잠재적 효율성을 최대한으로 발휘하지 못했던 자원이라고 할 수 있을 것이다. 다른 말로 하자면, 유휴자원 자체가 시장경제에서 팔기 위한 재화가 아니었던 것이다. 따라서 폴라니의 '허구상품' 개념을 떠올려볼 수도 있다. 물론 근본적으로 노동, 토지, 화폐가 전근대 사회에서 받아들여졌던 인식과 유휴자원이 현대 사회에서 받아들여질 인식의 차이를 생각하면 유휴자원과 허구상품을 그렇게 쉽게 연결 지을수는 없다.

하지만 이 문제는 그렇게 중요하지 않다. 더 중요한 문제는 폴라니가 주목했던 문제, 기술과 산업의 단절적 변화로 인해 허구상품이 시장경제를 떠받드는 중심 상품으로서 그 역할이 탈바꿈할 때 생기는 근본적인 정치경제학적 갈등의 과정이다(Polanyi, 1944). 폴라니가 집중했던 이 문제에 비추어볼 때, 유휴자원이 시장경제의 큰 부분을 차지하게 되었을 때 생길 수 있는 사회경제적 전환은 거칠게 표현하자면 네 가지 과정으로 추론해볼 수 있다.

첫째, 개개인들의 동기 변화가 있을 수 있다. 유휴자원을 처음 교환하면서 사람들이 가질 수 있었던 다층적 동기들—예를 들면 '아까운 유휴자원의 가치 공유'나 '적정한 수준이나 공정한 가격으로 팔아 생계에 조그만 보탬 되기'—은 이익추구라는 동기가 밀어낼(crowd-out) 수 있다. 다른 동기들은 이익추구라는 동기의 주변적(peripheral) 동기로 강등될 수도 있는 것이다.

이를 극명하게 보여주는 것은 앞서 언급한 공유경제의 분석틀에서 1번 모델과 2번 모델이 확대될수록(3번, 4번, 5번 모델은 해당되지 않는다) 이윤추구의 동기만을 가진 참여자가 확대되는 사례들이다. 이 모델의 참여자는 이제 사기 위해 파는 것이 아니라 '팔기 위해 사는'(Marx, 1867) 이들로 대체되고 있다. 이를 보여주는 극명한 예시는 차량 공유경제의 모델인 우버가 "아예 리무진을 대여하고, 기사를 모아 직접 서비스를 하기 시작했다"는 점, 숙박 공유경제의 모델인 에어비앤비에 참여하는 많은 이들이 "에어비앤비로 수익을 내기 위해 부동산을 사거나 집을 새로 짓는다"는 점, 그리고 '심부름' 및 유휴시간의 노동력을 매개하는 태스크래빗(TaskRabbit)에서 "공급하는 사람들의 전문성이 높아지고, 공급하는 사람들이 '전업으로' 그 일을 하기 시작"했다는 점 등이 있을 것이다(김진우, 2015). 이렇게 유휴자원과 일반적 시장 재화는 그 경계선이 붕괴된다.

두 번째는 각각 다른 공유경제 모델이 (일부분) 대체하는 기존 산업과의 정치적 갈등이다. 우버/리프트와 기존 택시산업의 갈등이 가장 대표적인 사례라고 볼 수 있다. 우버/리프트와 택시산업은 일정 정도 대체재로서 작용할 수 있다. 이 때문에 우버/리프트의 효율성이 기존의 택시산업보다 높으면 높을수록 기존의 택시산업은 위축될 가능성이 크다. 물론 이 때문에 발생하는 정치적 갈등이 단순히 택시산업을 해친다는 이유만으로 진행되지는 않을 것이다. 하지만 다른 부수적인 이유들도 분명 그 산업들 사이의 경제적 갈등에서 기반할 가능성이 크다. 스테파니는 우버와 택시기사의 갈등에서 핵심으로 대두되는 이슈가 우버 운전자의 면허와 보험, 그리고 미터기를 둘러싼 제도라고 서술한다(Stephany, 2015: 283~285). 택시 운전사 면허를 얻고 번호판을 얻는 것만 해도 큰 비용이 들어가는데 우버 운전사들은 그 비용을 내지 않는다. 우버는 스스로가 합승 앱이기 때문에 택시와 관련된 법을 적용받지 않아야 한다고 주장했지만 샌프란시스코와 캘리포니아 주 같은 경우 우버에게 정지 명령을 내린 바 있다. 런던의 경우 택시 운전사들은 우버 운전사들도 택시 미터기를 설치해야 한다고 주장하며 시위를 벌인 경우가 있다. 택시 5000대가 트라팔가 광장을 둘러싼 도로에서 시위를 하는 일도 발생했다. 하지만 아이러니하게도 이 날 이후 우버의 가입자가 무려 약 850% 증가했다.

셋째, 노동의 단위와 성격의 급격한 변화가 진행될 수 있다. 온디맨드 경제에서 공급 측의 노동은 최저 시간단위, 최저임금 등이 적용되지 않는다. 법적으로 플랫폼과 공급자의 관계가 고용주-고용인의 관계가 아니기 때문이다. 라이시(Robert Reich)는 이런 공유경제의 성격을 비판하며 공유경제를 '부스러기 공유경제(share-the-scrap economy)'라고 불렀다(Reich, 2015). 노동의 일정한 시간이 보장되지 않아 노동을 무한정 유연하게 만들고, 최저 임금이 적용되지 않아 공유경제 서비스 공급자가 받는 돈이 점점 더 낮아질 것이라는 지적이었다. 결국 플랫폼에 등록된 서비스 공급자들은 스스로 소기업가가 된다. 사업에 대한 리스크를 제도적인 보호 없이 스스로 모두 받아들여야 한다. 실제로 숄츠에 따르면 우버가 있는 미국의 20개 도시에서 운전자들은 시간당 평균 10달러에서 13달러 정도를 번다고 한다(Scholz, 2016: 7). 로스앤젤레스 기준으로 최저임금은 15달러인데, 우버가 만약 일반 기업이었다면 법을 위반한 것이다.

알고리즘 등을 이용한 기술적 통제도 공유경제 모델하에서 노동이 소외되는 경향을 보여줄 수 있다. 가령 온디맨드형 배달 앱인 포스트메이츠(Postmates)에서는 최근 서비스 제공자에게 '블라인드 시스템'을 도입했는데, 그 시스템의 도입 이후 서비스 제공자는 소비자들의 요청을 수락할지 거부할지를 선택할 수는 있지만 그 요청이 정확히 무슨 내용인지는 알 수 없다(Callaway, 2016: 5).

또한 플랫폼에 등록된 서비스 제공자들은 지리적으로 분산되어 있기 때문에 조직력을 발휘하기가 힘들다. 경쟁 기업의 노동자가 아니라 플랫폼에 등록된 사용자들끼리 내부적으로 연대하여 공유경제 기업에 대항한 사례는 2014년 9월 로스앤젤레스에서 리프트 운전자들이 연대하여 시위를 벌인 사례밖에 없다(Callaway, 2016: 4).

앞서 이 장의 첫 부분에도 간략하게 언급했지만, 공유경제에 등록된 서비스 공급자(혹은 노동자)와 관련된 경제적 문제들의 해결책 중 하나로서 협동조합

• • • 우버의 대항마, 주노

주노(Juno)는 우버처럼 개인 운전기사를 승객과 연결시켜주는 온디맨드형 거래 플랫폼이다. 하지만 주노를 우버와 구분시켜주는 것은 주노에 등록된 운전사는 양도 제한 조건부 주식(Restricted Stock Unit: RSU), 즉 일종의 보너스 형태의 주식을 배분받는다는 것이다. 주노는 RSU의 형태로 초기 주식의 절반을 10년 안에 (주노에 등록된) 개인 운전기사들에게 나눠주겠다고 발표한 바 있다. 게다가 수수료마저 10%만 받겠다고 공언했다. 이는 우버가 받는 수수료의 절반 수준이다.

물론 주노는 아직 베타 테스트만 진행 중이다. 하지만 그들의 이러한 파격적 제안은 우버 등 기존의 공유경제 영리기업에 등록된 기사들 중 많은 이들이 주노로 옮겨가게 유도하는 데 큰 역할을 했다. 2016년 5월 기준으로 주노의 운전기사는 이미 9천여 명 수준에 도달했다.

주노의 특이함은 기존의 플랫폼 공유경제처럼 네트워크에 기반을 둔 지대(rent)라는 거대한 잠재적 수익을 (그 플랫폼에 등록된) 서비스 공급자들에게도 적극적으로 분배한다는 것이다. 다시 말하자면, 꼭 서비스 공급자가 플랫폼의 운영까지 담당하는 협동조합 모델이 아닐지라도, 주식회사 형태하에서도 분산적인 소유 구조를 창출할 수 있다는 점에서 독특함을 찾아볼 수 있다.

주노는 공유경제적 플랫폼의 전면적인 사회적 도입이 노동영역에서의 사회적 문제를 확대시키고 분배가 약화되며 불평등을 가속화시키기까지 할 수 있다는 우려에 대한 하나의 대안적 모델로서 작동한다. 이 때문에 주노의 성공 여부와 향후는 큰 사회적 주목의 대상이 되고 있다.

자료: "주노와 우버, 누가 더 행복할까", 슬로우뉴스, 2016.6.29, http://slownews.kr/55505

형 플랫폼 모델을 강력하게 지지하는 움직임이 있다. 숄츠에 따르면 영리기업이 운영하는 공유경제 모델에서 끊임없이 제기되는 소유권(공동 소유에 따른 공동 운영), 적절한 소득과 이윤 배분(특히 규모의 성장에 따른 이윤의 재투자와 공정한 배분), 예산과 데이터의 투명성, 노동자 중심의 법적 틀, 그리고 보험 등과 관련한 문제가 협동조합형 플랫폼 모델에서는 더 잘 해결될 수 있다(Scholz, 2016: 18). 물론 완전한 플랫폼형 협동조합이 확산되기 너무 어렵다고 판단된다면 (노동자의) 부분적 소유(혹은 배분의 확대)도 가능하다. 앞서 언급한 문제들을 다 풀 수는 없어도, 가장 핵심적인 소득과 이윤 배분의 문제 등을 풀 수 있는 열쇠는 될 수 있다. 대표적인 사례로는 주노를 꼽을 수 있을 것이다.

넷째, 플랫폼의 규모의 성장과 함께 자동으로 성장하는 기업의 지대수익에 따른 특정 산업의 정치경제학적 갈등구조 변동의 영향을 고려해보아야 한다. 쇼어에 따르면 같은 산업에 있는 두 가지 이상의 공유경제 플랫폼 간의 경쟁구조에 따라서 플랫폼에 등록된 서비스 제공자들이 벌게 되는 돈에 차이가 있을 수 있다(Schor, 2014). 경쟁이 심할수록 플랫폼이 서비스 제공자들을 더 자신의 편으로 이끌어 들이려고 하고, 이 때문에 서비스 제공자를 자신의 플랫폼으로 유치하기 위해 더 많은 금전적 인센티브를 제공한다는 것이다. 하지만 각 플랫폼 간의 불균형 성장으로 인해 한 플랫폼이 다른 플랫폼들을 흡수하여 그 경쟁 구도가 완화되면 될수록 서비스 제공자들에게 제공될 금전적 인센티브는 그 규모가 작아질 것이다.

마지막으로 규제를 둘러싼 다양한 이해관계자들의 정치적 갈등이 있을 수 있다. 특히 공유경제 모델들 중 어떤 모델은 규제되고 어떤 모델은 허용되는지에 대한 문제도 첨예한 사회적 이슈로 등장할 수 있다. 예를 들어 한국과 같은 경우 서울에서 우버는 금지되었지만 카풀링 앱인 티클은 허용된 사례가 있다. (게다가 티클은 서울시의 공유기업 장려 정책으로 인해 1000만 원의 예산까지 지원받기도 했다.) 티클은 앞서 언급한 프랑스의 블라블라카처럼 카풀이 목적인 앱이다. 하지만 탑승자가 운전자에게 목적지까지 가는 데 드는 유류비용을 1/n로 계산해줄 뿐 탑승자가 운전자에게 지불하는 비용을 1/n로 제한시키는 제도는 없다. 이러한 티클의 애매모호함 때문에 사회적인 논란이 벌어진 적이 있는데, 서울시는 2014년에 "티클은 기본적으로 출퇴근 시 유료 카풀을 목적으로 하고 있어 현행법상 합법적인 영업을 하고 있다"라고 답변한 바 있다. 이러한 논란이 진행될 때 이 장에서 앞서 살펴본 것처럼 공유경제 모델에서 상존하는 각각 다른 모델들의 '매개의 주요 원리'를 살펴보는 것이 제도적으로 도움이 될 수 있을 것이다.

제7장

사회적 가치와 새로운 사회발전모델

1. GDP 중심의 사회발전 측정의 한계

1) 새로운 사회발전모델의 대두 배경

우리 사회는 성공적인 경제성장과 민주화를 달성했음에도 삶의 질은 크게 나아지지 않았고 사회갈등이 끊이지 않으며 사회통합은 심각하게 훼손되고 있다. 경제성장의 속도와 양적 측면에만 치우쳐 이에 몰두하다 보니 지금까지의 발전이 가져온 부정적 결과들에 대해서는 간과해온 것이다. 세계화와 정보화가 초래한 새로운 사회적 변화의 방향도 긍정적인 것만은 아니다. 우리 사회는 고용 위기, 사회안전망의 미비, 양극화 심화, 불평등의 증대, 저출산과 고령화 사회의 불안, 사회관계의 왜곡, 공동체 해체 등 다양하고 새로운 사회적 위험에 직면해 있다. 이에 따라 많은 사람들은 과거보다 더 불행해졌고 걱정과 불안에 사로잡혀 있으며 제도와 사람에 대한 불신은 점점 증대하는 것으로 평가되고 있다. 특히 1997년 외환위기와 2008년 세계 금융위기를 거치면서 경제적 성장은 사회적 한계에 부딪혔다. 사회적·경제적 안정이 흔들리고 있으며, 새로운 사회적 위험에 대한 우리 사회의 대응능력은 턱없이 부족한 것이 현실이다.

산업화와 민주화 이후 우리 사회에서는 전통적 산업기반 성장모델이 더 이상 유효하지 않게 되었다. 탈산업화는 빠른 속도로 진행되고 있으며, 사회자본

표 7-1 새로운 사회발전모델의 대두 배경

구분	1960~1987	1987~2000	2000~
주요 자본	물질적 자본	인적 자본	사회적 자본
발전단계	산업사회	후기산업사회	탈산업사회
발전의 기준	경제적 수준	정치적 수준	사회적 수준
핵심 과제	경제성장	민주화	사회의 질
벗어날 대상	굶주림으로부터의 자유	권력으로부터의 자유	분노로부터의 자유

자료: Yee and Chang(2009) 재구성.

에 기반을 둔 질적인 사회발전이 중요한 과제로 대두되는 등 경제적 측면에서 의 패러다임 전환이 가속화되고 있다. 우리 사회가 이러한 도전 과제에 효과 적으로 대처하기 위해서는 경제 중심의 양적 성장 논리를 넘어서 질적인 사회 발전 모델로의 전환이 절실하다.

2) GDP 지표의 문제점

기존 GDP 중심의 경제지표는 삶의 질이나 사회의 질을 제대로 반영하지 못한다. 그래서 고용, 교육, 복지, 공동체, 시민참여 등을 포괄하는 새로운 사회 경제지표로서 '사회의 질' 지표의 유용성에 대한 논의가 대두되고 있다. 그동안 사회발전의 척도로 사용해왔던 GDP에는 많은 문제점이 있다. GDP는 양적 성장을 보여주지만, 그것이 얼마나 질적으로 좋은 성장인지는 설명하지 못하기 때문이다.

GDP는 화폐가치로 환산되는 경제활동 이외의 다른 활동에는 어떤 가치도 부여하지 못할 뿐만 아니라 환경오염 같은 심각한 문제를 낳는 경제활동도 경 제성장에 긍정적 기여를 하는 것으로 평가하는 역설적 문제를 야기한다. GDP 뿐만 아니라 지금까지 만들어진 사회지표들도 대부분 양적 측면에만 치중하고 있어 사회의 질적 수준을 담보하지 못한다는 한계를 가진다.

- GDP는 시장경제에서 생산 활동이나 부의 축적을 측정하는 데는 적합하지만, 시장 가치로는 측정이 어렵거나 안전, 여가, 분배, 환경 등 경제성장 자체를 지속가능하게 만드는 요인들에 대한 고려가 없다.
- GDP는 평균 소득이 얼마나 늘어났는가를 보여주지만, 소득이 어떻게 분배되는지, 얼마나 빈부격차가 있는지를 반영하지 못한다.
- 가족이나 공동체의 비시장적 경제활동을 간과한다. 청소, 요리, 육아 등의 비임금 노동이 GDP 산출에서 고려되지 않는다.
- 사회적 지출 증가를 성장으로 인식하는 오류가 발생한다. 범죄, 이혼, 자연재해 등도 경제적 이득으로 간주하거나, 자연오염과 그에 따른 방재비용 증가를 GDP가 증가하는 것으로 나타낸다.
- GDP는 자연자원이나 인적자원, 사회자본 등의 크기를 반영하지 못하며, 성장의 결과로 나타나는 자원의 고갈 문제를 간과한다.

자료: 이재열(2009).

경제중심적 사고에 대한 문제제기는 '이스털린의 역설(Easterlin Paradox)'에서 찾을 수 있다(Easterlin, 1974; 이재열, 2014). 경제성장에도 불구하고 국민들의 행복감이 높아지지 않는다면 성장 위주의 정책이 과연 정당한 것인가 하는 질문이 야기될 수밖에 없다. 경제성장은 그 자체로 목적이 될 수 없으며 많은 사람들의 보다 나은 생활을 확보하기 위한 수단일 뿐이다. 따라서 '사회의 질' 개념 도입은 경제적인 것(the economic)과 사회적인 것(the social)의 상호관계를 성찰적으로 보고자 하는 데 의의가 있다(Beck et al., 2001).

3) 사회적 가치로의 전환

사회적 가치에 대한 관심은 그동안 경제성장 위주의 발전 모델이 바람직한 사회를 만들어내지 못했다는 반성과 성찰에서 비롯된다. 나아가 오늘날 세계

그림 7-1 새로운 사회발전모델과 측정 지표의 발전

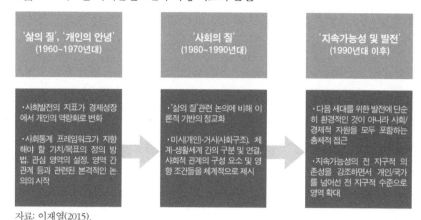

'삶의 질', '개인의 안녕' (1960~1970년대)	'사회의 질' (1980~1990년대)	'지속가능성 및 발전' (1990년대 이후)
•사회발전의 지표가 경제성장에서 개인의 역량화로 변화 •사회통계 프레임워크가 지향해야 할 가치/목표의 정의 방법, 관심 영역의 설정, 영역 간 관계 등과 관련된 본격적인 논의의 시작	•'삶의 질' 관련 논의에 비해 이론적 기반의 정교화 •미시(개인)-거시(사회구조), 체계-생활세계 간의 구분 및 연결, 사회적 관계의 구성 요소 및 영향 조건들을 체계적으로 제시	•다음 세대를 위한 발전에 단순히 환경적인 것이 아니라 사회/경제적 자원을 모두 포함하는 총체적 접근 •지속가능성의 전 지구적 의존성을 강조하면서 개인/국가를 넘어선 전 지구적 수준으로 영역 확대

자료: 이재열(2015).

화가 초래하는 고용 없는 성장과 사회양극화의 문제가 사회통합을 저해하고 지속적 성장의 잠재력을 위협하게 되면서 새로운 발전 패러다임에 대한 관심이 증대되고 있다. 삶의 질과 사회의 질에 대한 관심은 경제성장이라는 목표 아래 종속되었던 사회적 가치와 이슈들의 중요성을 재발견하여 새로운 발전 모델을 위한 정책적 방향을 제시한다. 특히 '성장의 한계'가 드러나며 경제의 '비경제적·사회적 요인들'에 대한 관심이 대두되는 현실 속에서 삶의 질과 사회의 질에 대한 주목은 매우 유의미하다. 최근 성장잠재력을 훼손하는 주요 원인으로 불평등과 빈곤 문제가 지목되고 있기에(IMF, 2014) 공정성이나 형평성 같은 사회적 가치가 더욱 중요해지고 있다. 국민들의 행복을 결정하는 요인으로 신뢰, 협동, 사회자본, 공정성과 같은 사회적 요인들이 최근 들어 자주 부각되는 것도 이와 같은 맥락이다.

사회적 가치는 성장의 한계를 넘기 위한 새로운 원동력이다. 사회의 질이 높아져야 성장도 가능하다는 점은 여러 경험적 연구를 통해서도 확인된 바 있다. 한 예로 신뢰가 경제성장에 미치는 효과를 측정한 결과, 낯선 사람에 대한 신뢰도가 10%포인트 증가하면 경제성장률은 0.88%포인트 상승한다는 연구

결과가 있다(김병연, 2014).

새로운 사회발전 모델의 구성 원리로 삶의 질, 행복, 사회적 연대, 신뢰, 참여 등의 사회적 가치를 주목하는 이유는 바로 이 때문이다. 경제적 측면에 국한된 지표들은 복지제도의 취약성, 인적자원 배분의 왜곡, 사회적 갈등과 정치적 불안정, 부패와 불신, 사회적 폐쇄성 등과 같은 사회 전반의 질적 수준을 제대로 평가하지 못한다. 그러나 삶의 질과 사회의 질 접근은 '경제성장'에서 '사회통합'으로, '양적 성장'에서 '질적 발전'으로 정책적 목표를 전환해야 하는 필요성에 대해 주의를 환기시킨다. 새로운 발전모델은 경제성장, 민주주의, 조화로운 사회, 사회적 가치와 도덕적 기반, 개인의 행복과 안녕 등 다양한 요소들의 균형적 발전을 통해서만 가능하다는 점을 분명히 한다는 점에서 삶의 질과 사회의 질 논의는 유용하다.

2. 새로운 사회발전모델과 측정 지표의 발전

1) 삶의 질 개념의 대두

앞서 언급했듯이 전통적 경제지표인 GDP의 한계를 넘어 경제적 성취뿐 아니라 삶의 질, 사회발전 정도를 측정할 수 있는 종합적 사회지표를 구성하기 위한 연구는 여러 국가 및 국제기구를 통해 시도되었다. 개인의 '삶의 질'이나 '웰빙(wellbeing)'을 어떻게 측정할 것인가가 주요 관심사로 대두된 것은 1960년대부터이다. 2차 대전 직후까지는 전쟁의 폐허 위에서 경제를 재건하는 것이 모든 발전의 기초가 된다는 데 대한 세계적인 합의가 존재했다. 그러나 대량소비사회에 진입한 이후에 '풍요의 역설'을 경험한 선진국들에서부터 삶의 질에 대한 관심이 증대되었다. 삶의 질을 측정하는 데는 주관적 접근과 객관적 접근이 모두 강조되었다. 주관적 접근은 행복감이나 삶의 만족도에 초점을

그림 7-2 웰빙의 개념 틀과 지표

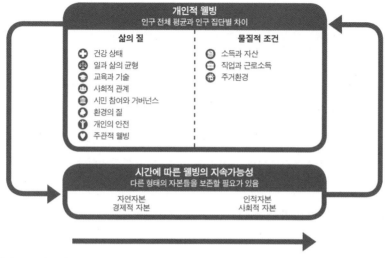

개인적 웰빙
인구 전체 평균과 인구 집단별 차이

삶의 질
- 건강 상태
- 일과 삶의 균형
- 교육과 기술
- 사회적 관계
- 시민 참여와 거버넌스
- 환경의 질
- 개인의 안전
- 주관적 웰빙

물질적 조건
- 소득과 자산
- 직업과 근로소득
- 주거환경

시간에 따른 웰빙의 지속가능성
다른 형태의 자본들을 보존할 필요가 있음

자연자본
경제적 자본

인적자본
사회적 자본

자료: OECD(2013).

맞춘다. 반면에 객관적 접근은 개인의 욕구와 역할을 극대화할 수 있는 생활의 객관적 조건에 초점을 맞춘다. 최근에는 웰빙의 객관적 측면을 넘어서 개인의 심리적·정서적 웰빙, 말하자면 주관적 웰빙까지도 포함한 사회지표 작성이 이루어지고 있다.

행복 개념을 사용하여 삶의 질을 측정하고자 한 시도는 1972년 부탄의 왕추크 국왕에 의해 제안된 국민총행복(GNH) 개념에서 찾을 수 있다. 2009년 '스티글리츠 위원회'로 불리는 '경제적 성취와 사회발전 측정 위원회'는 '삶의 질' 지표 작성에 관한 12개 권고 사항을 제안한 바 있다. 스티글리츠 위원회의 권고에 따라 2011년 OECD는 BLI(Better Life Index)를 발표하기 시작했고, 유럽연합위원회는 "GDP and Beyond: Measuring Progress in a Changing World" 보고서를 발행하는 등 전 세계적으로 행복과 삶의 질 지표 측정 및 국제비교 평가가 확산되는 추세이다.

최근 발간된 "OECD 웰빙 보고서"(2013)는 '웰빙'에 대한 정의와 측정에서 기존 작업들을 더욱 발전시키고 있다. 이 보고서는 '물질적 삶의 조건'을 '삶의 질'이나 '지속가능한 삶'과 구분한 후, 앞의 두 분야는 현재의 웰빙과 연관된 것으로, 지속가능한 삶 분야는 미래의 웰빙과 연관된 것으로 본다는 점에서 현재와 미래를 함께 고려해 웰빙을 정의했다는 특징을 갖는다.

이 책에서는 아마르티아 센(Amartya Sen)이 주장했던 '웰빙'의 다차원성과 역량 중심 접근이 중요한 이론적 근거를 이룬다(Sen, 1985). 즉, '사람들이 무엇을 하는가'(기능성)와 '사람들이 그런 가능성을 선택할 자유가 있는가'(역량)에 따라 같은 거시적 조건에서도 개인의 웰빙은 달라질 수 있다는 것이다.

2) 사회의 질 개념의 대두

사회의 질(Social Quality) 논의는 1997년 6월 10일 네덜란드 암스테르담 EU 회의에서 유럽 지식인 1000여 명이 발표한 '사회의 질 선언(The Amsterdam Declaration on the Social Quality of Europe)'에서 시작된다. 유럽에서 사회의 질에 대한 관심이 대두한 것은 1980년대 이후 신자유주의와 세계화가 초래한 사회적 결과와 연관된다. 세계화 시대의 발전은 시민들의 삶의 질을 저하시키고 불평등을 증대시켰으며 대처리즘, 레이거노믹스와 같은 경제성장 중심 정책은 우리의 삶에서 보다 더 중요한 다른 가치들을 간과하는 결과를 초래했다.

암스테르담 선언, 즉 사회의 질 선언은 경제정책에 사회정책이 종속되는 기존의 방식으로는 '사회적으로 정당한 유럽'을 만들 수 없다는 인식에 기반을 두고 있다(Beck et al., 2001). 사회의 질 선언은 우선 사회의 질을 높이기 위한 핵심 가치를 제시한 후, 유럽 사회가 경제적 성공과 동시에 사회정의와 시민참여가 보장되는 사회를 만들기 위해 함께 노력해야 하며 이를 성취하기 위해서는 사회의 질을 높이는 일이 핵심적이라고 주장한다.

사회의 질은 개인의 생애사적 발전과 사회적 발전을 가르는 수직축과 체계와 생활세계를 가르는 수평축을 교차하여 네 영역으로 구성된다. 사회의 질은

그림 7-3 사회의 질 구성요소

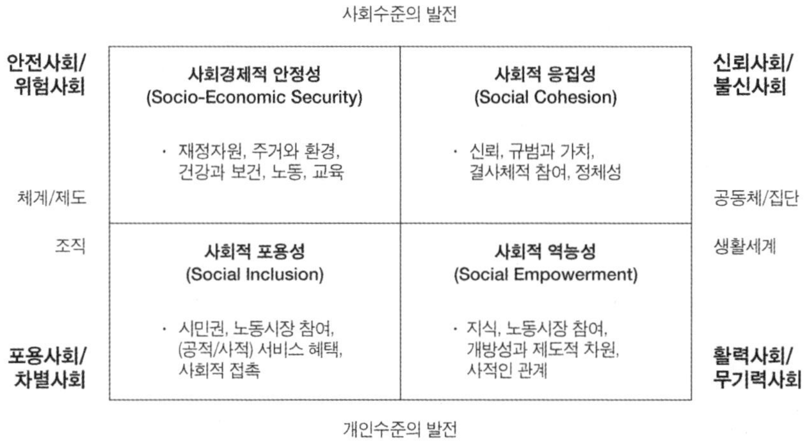

사회수준의 발전

안전사회/ 위험사회	**사회경제적 안정성** (Socio-Economic Security) · 재정자원, 주거와 환경, 　건강과 보건, 노동, 교육	**사회적 응집성** (Social Cohesion) · 신뢰, 규범과 가치, 　결사체적 참여, 정체성	신뢰사회/ 불신사회
체계/제도			공동체/집단
조직	**사회적 포용성** (Social Inclusion) · 시민권, 노동시장 참여, 　(공적/사적) 서비스 혜택, 　사회적 접촉	**사회적 역능성** (Social Empowerment) · 지식, 노동시장 참여, 　개방성과 제도적 차원, 　사적인 관계	생활세계
포용사회/ 차별사회			활력사회/ 무기력사회

개인수준의 발전

자료: van der Maesen et al.(2005), 이재열(2015) 재인용.

사회적 관계를 형성하는 데 토대가 되는 자원, 접근과 참여, 연대감, 역능성 등 네 가지 구성요소들로 이루어진다.

① **사회경제적 안전성**: 사람들이 물질적·환경적 자원에 얼마나 접근 가능한 가를 나타낸다. 여기에는 빈곤, 질병과 재해, 실업으로부터의 안전 등을 충족시키는 조건으로서 재정적 안정, 고용, 주거, 건강, 교육, 가족, 여가 등이 포함된다.

② **사회적 포용성**: 서로 상이한 사회적 관계에 놓여 있는 사람들이 일상생활 을 구성하는 다양한 제도와 사회관계에서 배제되지 않고 얼마나 접근 가 능한가를 나타낸다. 사회적 배제 정도 및 차별받지 않을 권리 등을 보여 주는 척도로서 시민권, 노동시장 참여, 공적·사적 서비스 혜택, 사회적 접촉 등을 포함한다.

③ **사회적 응집성**: 사회적 관계가 얼마나 공통의 정체성과 가치 규범에 기반 을 두고 있는지를 나타낸다. 사회적 결속과 연대감을 보여주는 척도로서

신뢰, 공통된 규칙 및 가치, 사회적 관계, 정체성 등을 포함한다.

④ 사회적 역능성: 개인의 역량과 능력 발휘가 사회적 관계를 통해 얼마나 북돋워지는가를 나타낸다. 사회구성원이 정치나 소속된 공동체의 주요 의사결정과정에 참여하고 개인의 능력을 발휘할 수 있도록 지원받고 있는지를 측정한다. 이것은 지식 접근성, 노동시장 참여, 개방성과 제도적 지원, 사적인 관계 등을 포함한다.

네 영역 간 관계는 적절한 조화와 균형을 필요로 한다. 예를 들면 전반적으로 사회경제적 안전성이 매우 높은 사회라 해도, 특정한 집단이 배제될 경우 포용성에 심각한 문제가 생길 수 있다. 연고적 사회관계가 강한 사회는 내부 집단 내에서는 높은 신뢰가 작동하지만 외부 집단에 대해서는 배타적으로 흐르게 되므로, (내적) 응집성이 (외적) 포용성과 심각하게 갈등을 일으킬 수 있다. 또한 투명성과 신뢰와 같은 사회적 응집성이 확보되지 않는다면 시민들의 역능성 강화는 오히려 사회적 갈등으로 이어질 수 있다(이재열 외, 2015).

이와 같은 맥락에서 사회의 질은 '개인의 잠재력과 복지를 향상시킬 수 있는 조건하에서 공동체의 사회, 경제, 문화적 생활에 참여할 수 있는 정도'라고 정의된다(Beck et al., 2001). 사회의 질은 개인 수준의 삶의 질과 대비되는 사회 수준의 관계의 특성을 의미한다. 그래서 삶의 질 접근이 개인을 기본 분석과 측정 단위로 한다면, 사회의 질 접근은 개인 간의 상호작용과 관계에 초점을 맞춘다는 차이가 있다(Beck and van der Maesen et al., 2001: 310; 이재열 외, 2015).

삶의 질 연구에서의 개인이 자신의 욕구 실현을 목표로 하는 데 비해, 사회의 질 연구에서의 개인은 사회적 과정 속에서 자기실현을 통해 공동체의 정체성을 획득하는 것을 목표로 한다는 점에서 다르다. 현실적으로 개인의 자기실현과 사회적 발전이 서로 보완적이고 균형을 이룰 때 사회의 질도 높아진다. 또한 공식적 관계 및 제도를 형성하는 체계와 비공식적이고 친밀한 관계로 구성된 생활세계가 서로 균형을 유지할 때 사회의 질이 높아진다. 결국 사회성의 성격, 내용, 형태, 구조 등은 체계와 생활세계 간, 그리고 개인과 사회 간의 긴장과 상호연관성에 의해 역동적으로 규정된다고 할 수 있다.

거시지표와 설문조사 자료를 활용해 OECD 국가들의 사회의 질을 측정한 결과 사회의 질이 가장 우수한 나라는 덴마크이며, 그다음 아이슬란드, 스웨덴, 노르웨이, 핀란드 등의 순으로서 북유럽 국가들이 최상위권에 포진했고, 한국의 사회의 질은 비교대상인 30개 OECD 국가들 중에 28위에 불과했다. 사회의 질에 대한 비교연구를 통해 확인한 국가 간 질적 차이는 사회적 위험을 다루는 방식이나 복지정책의 차이를 잘 보여준다. 선진국들은 지금 우리보다 훨씬 낮은 소득 수준이었을 때 이미 높은 수준의 시민 역량을 갖추었다(Yee and Chang, 2011).

3) 지속가능한 발전 개념의 대두

'지속가능한 발전' 개념의 역사

지구 환경보전을 위한 국제적 노력의 역사는 '지속가능한 발전'이라는 개념의 발전 역사와 맥을 같이하고 있다(이창우, 2002). 환경문제가 점점 심각해지자 자연을 희생시키면서 이룩한 경제성장이 과연 바람직한가, 계속 이런 형태의 발전이 계속 가능할 수 있을 것인가를 묻는 질문이 등장하게 되었다. 이런 문제제기는 환경주의(Environmentalism)의 형태로 나타났다(사득환, 2000: 126).

현재의 성장추세가 감소되지 않는 한 환경적 대앙과 붕괴를 초래할 수밖에 없다는 로마클럽(The Club of Rome)의 「성장의 한계」 보고서가 대표적인 저작물들이라고 할 수 있다. 초기 환경주의자들의 우려와 관심은 1972년 6월 스웨덴 스톡홀름에서 개최된 UN인간환경회의(UN Conference on Human and Environment: UNCHE)에서도 이어졌다. 유엔인간환경선언(Declaration of the United Nations Conference on the Human Environment)은 인간환경의 보전과 향상에 대한 공동인식과 일반원칙을 천명한 것이다. "인간환경을 위한 행동계획"은 인근 주거환경의 계획과 관리, 천연자원 관리의 환경적 측면 고려, 국제적으로 중요한 오염물질의 파악과 규제, 환경교육, 정보·사회문화적 측면의 고려, 개발과 환경 등의 5개 분야에 걸쳐 109개의 활동 권고안으로 구성되어 있다(사득환, 2000: 128~129).

지속가능한 발전이라는 공식적인 용어가 처음 널리 알려진 것은 1987년 '환경과 개발에 관한 세계위원회(World Commission on Environment and Development: WCED)'에서 제출한 「우리 공동의 미래(Our Common Future)」에서이다.

1992년 브라질 리우데자네이루에서 열린 유엔환경개발회의(UN Conference on Environment and Development: UNCED)에서 주요 의제가 지속가능한 발전이 되면서, 이제 지속가능한 발전은 세계인의 일상용어가 되기에 이르렀다(이창우, 2002). 리우 회의에서는 환경과 개발에 관한 27개 원칙으로 구성된 '리우선언'과 지구환경보전행동계획인 '의제 21' 및 기후변화협약, 생물 다양성협약, 산림원칙 성명이 채택되었다.

2002년 남아프리카공화국 요하네스버그에서 개최된 '지속가능발전 세계정상회의(World Summit of Sustainable Development: WSSD)'는 1992년 리우 환경개발회의 이후 국제사회가 10년간에 걸쳐 추진한 지속가능발전의 실적을 종합·평가하고 향후의 구체적인 추진계획을 마련하려는 것이 주목적이었다. WSSD는 회의 주제를 "인간, 지구, 번영(People, Planet & Prosperity)"으로 채택했는데, 이러한 주제의 채택은 지구촌 최대의 과제가 이제는 환경보호라는 소극적 주제를 넘어 지속가능발전이라는 적극적인 주제로 전환되어야 함을 강조하는 의미를 지닌다. 여기서 지속가능발전은 사회발전과 통합, 환경보호, 경제성장이라는 3대 축을 아우르는 것으로 이해되었다(변동건, 2003).

지속가능한 발전: 경제-사회-환경의 동태적 균형

지금까지 이어진 '발전'에 대한 전통적 접근은 경제활동으로 인해 환경오염과 같은 문제를 발생시키는 서비스조차도 경제 성장에 긍정적 기여를 하는 것으로 간주해왔다. 이러한 GNP/GDP에 의한 발전 척도는 부의 재분배 문제를 해결하는 데서도 한계를 보여왔다. 이러한 접근은 오직 경제를 위해 지불되는 시장경제 안의 금전적 대상에 대해서만 강조해왔고, 그에 따라 다른 활동에는 어떤 가치도 제시하지 못했다.

'지속가능발전'의 개념은 '발전'에 대한 새로운 인식의 전환이 필요하다고 주장한다. 발전은 경제, 환경, 사회를 포괄하는 다방면에 걸친 개념이며 이는 사회 전 부문에서 발생한다. 지속가능발전을 구성하는 경제적 성과, 환경적 책임, 사회적 책임의 세 중심축은 함께 발전해나가야 한다. 경제적 성과와 사회적 책임에서 긍정적 결과를 가져오는 정책이라 할지라도 환경적 책임을 간과하고 환경 자원을 파괴시키는 접근은 지속가능발전에 적합하지 않다. 지속가능발전은 어느 한 부분의 가치를 파괴하여 새로운 가치를 만들어내는 것을 지양한다. 지속가능한 발전이란 경제성장, 환경 보호, 사회적 책임 등이 서로 균형을 이루며 지속적으로 발전이 이루어지는 것을 의미한다. 단순히 환경에 국한된 지속가능성을 넘어 경제적·사회적·환경적 측면에서 통합적인 지속가능성을 성취해야 한다. 따라서 지속가능성을 경제적 지속가능성, 사회적 지속가능성, 생태적 지속가능성으로 구분하여 살펴볼 필요가 있다.

사회적 지속가능성은 '사람들의 능력을 유지하고 경제활동에 필요한 사회 구조를 지원하는 사회적 역량'을 의미한다. 구체적으로는 형평성, 기회균등, 참여, 투명성과 반응성 제도, 환경 변화에의 적응가능성, 회복탄력성 등을 지칭한다. 생태적 지속가능성은 '생태적 다양성을 보전하고 생태계의 본질적 기능과 과정을 유지하는 생태계의 역량'을 의미한다. 이것은 '환경 수용력(Carrying Capacity)' 개념과 밀접한 연관을 가지며 구체적으로 환경보호, 생명다양성, 환경오염 방지, 재생가능 자원 및 폐기물의 관리 등을 의미한다.

지속가능성 개념에서 주목할 점은 사회발전이 '지금', '여기'의 발전으로 끝나서는 안 되고 다음 세대로 이어질 수 있어야 한다는 것이다. 또한 한 국가만 생각하는 것을 넘어 전 지구적 상호의존성을 강조한다는 것이다.

그림 7-4 지속가능성의 세 영역

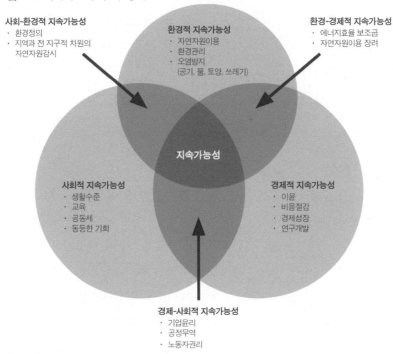

자료: Rodriguez et al. (2002).

그림 7-5 생태적 지속가능성과 삶의 질 및 사회의 질

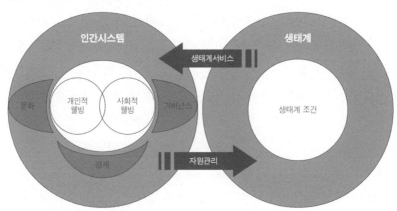

자료: Hall et. al. (2010).

이처럼 지속가능성 개념은 사회발전의 관점에서 사회적 가치를 평가하기 위한 중요한 기준을 제시해준다. 그러나 분석틀의 범위와 수준이 매우 거시적이라는 점에서 미시적 차원의 분석틀로 구체화될 필요가 있다. 거시적 차원에서 경제체계, 사회체계, 생태적 체계는 삶의 질과 사회의 질에 영향을 미치는 중요한 배경적 요인으로 작용한다는 점에서 거시-미시의 연계가 중요하다.

그림 7-6은 우리 삶을 둘러싼 영역들을 경제, 사회, 환경이라는 세 부문으로 구분하고, 각 부문들의 핵심 가치와 주요 지표들을 다시 거시적 제도 영역, 공동체 및 생활세계 영역, 개인수준의 영역 등 세 개의 동심원으로 구분하여 표현하고 있다는 점에서 의미가 있다.

경제부문에서 핵심 가치는 각 경제주체들이 최대한의 효율성을 발휘하여 높은 성과를 얻는 데 있다. 아울러 경제적 자원은 개개인의 역량을 발휘할 기회를 제공할 뿐만 아니라 생활기준을 충족시켜야 한다는 점에서 사회경제적 안전성을 담보할 수 있어야 한다.

사회부문에서 핵심 가치는 개인의 자율성과 역량을 발휘할 수 있도록 하는 동시에 공동체와 균형과 공존이 가능하도록 하는 데 있다. 즉, 개인의 자율성과 다양성을 유지하는 기반 위에서 사회 전체의 응집성과 통합성을 유지할 수 있어야 한다.

환경부문에서 핵심 가치는 개개인에게 쾌적한 생활환경을 제공하고 자연재해나 인위적 환경으로부터 안전성을 확보하는 동시에 미래세대에 물려줄 환경적 가치를 보존하는 것에 있다.

이 통합모델은 거시-미시의 연결을 통해 개인의 삶을 형성하는 구조적 조건과 공동체의 사회적 관계, 개별적 변인 등을 포착하고 있다. 즉, 거시적 수준에서 한 사회의 사회적 자본, 경제적 자본, 자연자원 등은 개별 시민들의 삶에 직간접적으로 영향을 미치는 구조적 조건이 된다. 한편으로 개개인이 가진 인적자원에 따라 구조적 조건이 미치는 영향력이 달라질 수 있기 때문에 시민들의 행동, 경제활동, 생활환경 등에서 차이가 나타난다.

그림 7-6 미시-거시 연계 모델: 개인-생활세계-체계의 연계

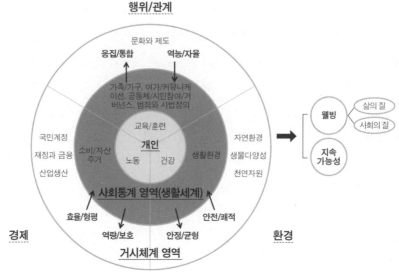

자료: 이재열 외(2014: 70).

　앞에서 언급한 삶의 질과 사회의 질, 지속가능한 발전과 관련하여 최근 주목받고 있는 것이 바로 사회적 경제이다. 사회적 경제는 사회적 목적, 사회적 소유, 사회적 자본을 구성요소로 하여 자본과 권력을 핵심자원으로 하는 시장과 국가에 대한 대안적 자원배분을 목적으로 하며, 시민사회 혹은 지역사회의 이해당사자들이 그들의 다양한 생활세계의 필요들을 충족하기 위해서 실천하는 자발적이고 호혜적인 참여경제 방식을 의미한다(장원봉, 2006). 이러한 접근은 경제적 발전 이외에도 사회적·환경적 접근을 강조하고 있는 지속가능한 발전의 개념과 맞닿아 있다고 할 수 있다. 최근 지속가능한 발전을 위한 사회적 경제의 역할이 중요하게 논의되고 있다. 지속가능발전은 환경적·사회적·경제적 의미의 균형적인 발전을 의미하며, 이러한 논의는 사회문제의 해결이나 환경과 같은 공공재 문제의 해결 차원에서 사회적 경제 조직이 중요한 행위자로 형성되는 과정에서 그 의미를 더해갈 수 있다.

제8장

사회적 가치 평가 프레임워크의 구성

1. 사회적 경제와 사회적 가치

사회적 가치라는 관점에서 사회적 경제의 역할과 구체적 현실을 분석할 때 어떤 의미와 한계가 있는지를 살펴보자. 사회적 경제는 경제활동의 목표를 단지 이윤이 아니라 다양한 사회적 욕구의 실현과 실질적인 문제 해결에 두고자 한다는 점에서 '사회적 가치를 추구하는 경제활동'이라고 정의할 수 있다. 드푸르니에 따르면, 성공적인 사회적 기업의 역할은 ① 생산성과 경쟁성을 높이도록 돕고, ② 사회적으로 포용적인 부의 창출에 기여하며, ③ 지역의 부흥을 위해 개인과 지역사회가 일하도록 하며, ④ 공공서비스를 전달하고 개선하는 새로운 방식을 보여주며, ⑤ 포용적인 사회를 만들고 적극적인 시민정신을 발현하도록 돕는 데 중요한 역할을 수행한다(Defourny, 2004). 드푸르니의 시각에 의하면 사회적 경제의 출현은 경제활동의 새로운 영역 및 주체가 나타났다는 단순한 의미를 넘어 경제를 사회적으로 재구성하려는 적극적 움직임이 시작된 것이다. 사회적 경제에 대한 논의는 사회적 가치 실현을 목표로 하는 새로운 경제활동이라는 점에서 매우 중요하다.

하지만 지금까지 사회적 경제의 성장과 지속가능성 문제가 단순히 경제적 성과 및 정책적 개입의 문제로만 다루어지다 보니 사회적 경제와 관련한 활발한 논의는 주로 행정학, 복지학, 경영학 등에서만 이루어져 왔다. 이에 반해 이 장은 사회적 경제가 경제적 성과나 정부의 정책적 성과를 넘어 사회경제적 발전모델 자체를 바꾸어가는 계기가 될 수 있을지에 대해 검토하고자 한다. 사회적 경제에 대한 '사회학적 확장'이 필요한 것이다. 말하자면 사회학적 확장은 양적 확장을 넘어선 사회적 경제의 '가치의 확장'이다. 사회적 경제를 둘러싼 사회적 가치들에 대한 논의는 곧바로 각 사회적 경제 주체들이 어떠한 사회적 가치를 자신의 활동 목적에 결합해 가치 확장을 꾀하는지 평가하는 것으로 이어지기 마련이다.

그러나 사회적 가치 개념은 워낙에 포괄적이고 추상적이어서 어떤 구체적 속성이나 특질을 측정하고 평가할 수 있는 분석틀이 되기 어렵다는 점을 또한 지적하고자 한다.

1) 가치혼합(Blended Value): 경제적 가치와 사회적 가치의 추구

현실에서 사회적 경제는 다음과 같은 특징을 갖는다. 첫째, 가치의 측면에서 이야기될 수 있는데, 경제적 가치뿐만 아니라 사회적 가치가 중요시되는 경제활동을 말한다. 둘째, 영역의 측면에서 사회적 경제는 국가, 시장, 공동체의 중첩적이고 교차적인 영역에 속하는 다양한 조직 및 결사체들을 의미한다. 따라서 사회적 경제의 특징은 공공과 민간, 공식과 비공식, 영리와 비영리의 원리와 가치가 혼재되어 나타난다는 점에 있다(Pestoff, 2005: 김의영·임기홍, 2015). 말하자면 사회적 경제는 가치, 영역, 규범(운영원리) 등의 측면에서 중첩적이고 다차원적이며 상호침투적인 특성을 갖는다.

사회적 경제는 일반적으로 자원 활동 조직과 공동체적 조직, 재단 및 여러 형태의 협회를 포함하는 개념이다. 이런 시각에서 보면 사회적 기업은 사회적 경제가 포괄하는 구성 요소(actor) 중 하나로, 기업의 형태를 띠면서 시장을 통해 경제활동을 수행하는 조직으로 정의할 수 있다(최석현 외, 2015). 그러나 전통적인 협동조합과 비교하면, 사회적 기업은 공동체 전체의 보편적인 이익을 지향하는 성격이 강하다. 그래서 동질적인 이해집단으로 구성된 협동조합에

표 8-1 혼합조직으로서 사회적 기업

구분	순수한 자선	혼합 조직(사회적 기업)	완전한 영리기업
동기	선의에 호소	혼합된 동기	자기 이익에 호소
방법	미션지향적	미션과 시장의 균형	시장지향적
목적	사회적 가치 창출	사회적·경제적 가치 창출	경제적 가치 창출
수입/이윤의 귀속	(법·정책에 의해 요구되는) 비영리조직의 미션지향적 활동에 직접적으로 귀속	미션 활동 및 운영비에 재투자되며, 기업성장 및 발전을 위해 보유됨(이윤지향은 재분배를 위한 것)	소유자나 주주에게 배분

자료: Alter(2007).

비해 다양한 이해관계자를 포괄하는 경향이 있다. 또한 사회적 기업은 사회적 가치를 추구하기 위해 사회적 특성을 갖고 있다는 점에서 비영리조직과 유사해 보이지만, 필요불가결한 경우에만 최소한의 이윤활동을 허용하는 비영리조직과 달리 사회적 가치와 목적을 달성하기 위해 매우 적극적으로 전문적인 경영체제를 구축하여 수익을 창출하는 조직이라는 점에서 차별성을 갖는다.

사회적 경제는 순수하게 자선활동을 하는 전통적인 비영리부문과 이윤만을 추구하는 완전한 영리기업이라는 양 극단의 중간에 위치한 다양하고 혼합적인 조직 형태라는 특징을 갖는다. 그중에서도 사회적 기업은 시장 경제를 지향하는 방식으로 경제적인 가치 창출을 목표로 하는 완전한 영리기업과, 사회적 미션 실현을 통해 사회적 가치 창출을 목표로 하는 전통적인 비영리부문이라는 대비되는 두 조직 유형의 목적과 방식을 결합하게 된다. 조직 활동을 통한 수입이나 이윤의 경우 비영리조직에서는 사회적 미션 추구 활동에 귀속되고 영리기업에서는 주주들에게 배당된다. 그러나 사회적 기업에서는 수입이나 이윤을 사회적 미션 추구 활동 및 운영비에 재투자하거나 보유하는 경향이 나타난다.

다양한 사회적 맥락에서 활동하지만, 사회적 기업은 사회적 가치와 경제적 가치를 지향하는 다양한 혼합 형태(hybrid)의 조직이라는 점에서 그 공통점을

그림 8-1 혼합형태 조직 스펙트럼에서 사회적 기업의 위치

전통적 비영리부문 (1)	수입창출 활동을 하는 비영리부문 (2)	**좁은 의미의 사회적 기업** **(3)**	사회적 책임 기업 (4)	기업의 사회적 책임을 실현하고 있는 기업/CSR (5)	전통적 영리부문 (6)

←──────── **맥락적 관점에서 넓은 의미의 사회적 기업** ────────→

사회적 미션 동기 ·　　· 이윤추구 동기
이해관계자의 책임성 ·　　· 주주 책임성
사회적 프로그램 및 운영비에 수입 재투자 ·　　· 주주에 대한 이윤 재분배

자료: Alter(2007: 14).

찾아볼 수 있다. **그림 8-1**에서 보는 것처럼, 전통적 비영리부문과 영리부문을 양 극단으로 할 때 혼합 조직들은 네 가지 유형으로 구분할 수 있다. 경제적 목적과 사회적 목적의 지향성 정도에 따른 혼합의 정도에서 보면, 전통적 비영리부문과 가장 유사한 '수입창출 활동을 수행하는 비영리조직'의 형태로부터 좁은 의미의 사회적 기업, 사회적 책임 기업, 그리고 사회적 책임을 실현하는 기업 등의 네 가지 형태가 이에 해당한다.

우선 스펙트럼의 가장 왼쪽에 있는 전통적인 비영리부문은 회원들의 기부나 독지가의 기금에 재원을 의존하여 사회적 목적을 실현하고자 하는 순수 비영리조직들이다. 회원의 회비나 기부에 의해 재정 자립을 이룬 사회운동적 성격을 갖는 NGO를 그 예로 들 수 있다. 그러나 오늘날 회원이나 외부 기부자의 기금에만 의존함으로써 재정적으로 온전히 자립하여 운영되는 비영리조직은 그리 많지 않다. 사실상 많은 비영리조직들은 비영리활동이 추구하는 사회적 목적을 달성하기 위해 부분적으로 수익사업을 실시하여 재정적인 도움을 받고 있다. 이러한 유형에 속하는 대부분의 비영리조직들은 앞에서 제시한 사회적 기업의 정의에 비추어볼 때 경제적 수익성을 추구하는 기업적 조직운영의 원리로 사회적 공공성을 추구하는 것은 아니기 때문에 사회적 기업이라고 볼 수는 없다. 그러나 현실세계에서는 국가별로 다양한 사회적·문화적·법적 맥

락이 달라지기 때문에 그 경계가 불분명한 경우가 많다. 처음부터 설립된 조직이 비영리조직의 형식으로 출발하는 경우도 있지만, 비영리조직들이 사회적 목적을 수행하면서 점진적으로 경제성을 추구하는 기업적인 성격을 넓혀감으로써 사회적 기업의 특성을 갖는 조직으로 진화하는 경우도 많아지기 때문이다(최석현 외, 2015).

스펙트럼의 가장 오른쪽에 위치한 전통적인 형태의 영리부문의 대표적 사례는 일반 민간기업이다. 하지만 시장에서 이윤을 창출하는 것을 기본 목적으로 하는 기업도 사회적 책임(corporate social responsibility: CSR)을 다해야 한다는 것이 오늘날의 사회적 분위기이다. 기업도 사회 구성원의 일부로 기업의 활동이나 생산물의 사회적 결과에 도덕적으로 마땅한 책임을 져야 한다는 것인데 이에 따라 요즘은 기업윤리가 강조되는 추세이다. 기업은 이윤추구라는 상업적 행위를 하지만, 그 결과는 사회적으로 이익이 될 수 있어야 한다는 것이다. 기업의 사회적 책임성은 기업의 이미지 개선을 통한 홍보 또는 마케팅 전략으로 사용되기도 한다.

혼합형은 일반 시장의 제품과 서비스를 생산하는 영리기업의 단순한 사회적 책임성으로부터 한 단계 더 나아간다. 이윤을 추구하는 영리기업이라는 점에서 수익을 소유주나 주주에게 배분하지만, 생산 상품과 제공하는 서비스의 효과, 그리고 결과에 대해서는 사회적 목적을 강조한다. 우리는 이 같은 기업 유형을 사회적 책임 기업(corporate responsible business)이라고 부른다.

사회적 목적의 기능과 조직적 특성이 강한 유형은 사회적 기업의 이념적 원형(prototype)이다. 그러나 사회적 기업이 사회적 목적과 경제적 목적을 실현하기 위해 다양한 조직구조와 운영방식을 동원한다는 사실에서 알 수 있듯이, 현실 세계에서의 사회적 기업 조직은 상호 결합, 혼합을 통해 다양한 형태로 성장·진화하고 있다. 이러한 맥락에서 사회적 기업이 사회적 경제의 핵심 조직형태로서 지속가능성(sustainability)을 가지려면 사회적 가치와 경제적 가치 추구라는 두 가지 기능을 어떻게 균형적으로 조화시킬 수 있게 조직 형태를 만들어갈 것인가가 중요한 과제가 된다(최석현 외, 2014: 43~44).

특히 사회적 경제에서 사회적 가치와 경제적 가치는 서로 경합하거나 대립하는 것이 아니라 조화를 이루어야 한다. 그리고 복합적인 사회적 목적을 가진 사회적 경제 조직은 실질적으로 사회적 가치를 창출해내는 능력을 발휘함으로써 경제적 가치창출의 가능성과 기회도 갖추게 된다. 결국 사회적 경제 조직이 실현하고자 하는 가치는 사회적 가치와 경제적 가치의 균형적 접근을 통해야만 가능해진다(노대명 외, 2010: 182~183).

2) 사회적 가치: 외부성의 문제

사회적 경제는 사회적 가치와 경제적 가치를 동시에 창출한다. 그런데 사회적 가치는 시장의 가격에 반영되지 않는 것이 일반적이어서 시장실패가 발생하기 쉽다. 특히 외부성의 문제가 심각하다. 이 중 사회에 이득을 주는 것을 '외부경제', 손해를 주는 것을 '외부불경제(external diseconomy)'라고 한다(보울스 외, 2005).

사회적 경제 조직이 창출하는 사회적 가치는 외부경제의 대표적 예이다. 예를 들어 취약계층을 고용하는 사회적 기업이나 사회적 약자에게 서비스를 제공하는 사회적 경제 조직은 외부경제를 낳지만, 높은 비용부담 때문에 시장실패로 이어지는 경우가 대부분이다. 한 예로, 친환경 재활용 기업이 지속가능한 운영을 할 수 있으려면 시장에서 추가적인 비용부담을 통해 외부불경제를 감소시켜야만 한다. 사회적 가치가 시장에서 보상받지 못할 경우에는 실패가 자명하다. 즉, 외부성이 있는 사회적 재화의 생산을 전적으로 시장에 맡길 경우 시장실패가 발생할 수밖에 없다는 얘기이다. 이러한 외부성 문제를 개별 사회적 기업에서 해결할 수 있는 방법은 사회적 가치의 구매자를 별도로 찾아 외부성을 가격에 내부화하거나, 기술과 가치사슬의 파괴적 혁신을 통해 외부성을 상쇄하고도 남을 만큼의 경제적 가치를 추가적으로 창출하는 것이다(라준영, 2013). 그러나 파괴적 혁신의 기회는 제한적이다. 그래서 사회적 기업 생태계를 활성화하기 위해서는 외부성을 가격기구에 내재화할 수 있도록 정부나 비영리부문이 제도적으로 지원하는 정책을 만드는 것이 필수적이다.

다음으로 공공재(public goods) 문제가 있다. 일반적으로 배제성과 경합성*을 만족하는 재화는 시장을 통해 효율적인 공급이 가능하다. 반면에 사회문제를 해결하기 위한 활동은 배제성을 만족시키지 못하는 경우가 많기 때문에 무임승차의 위험성이 높다. 사회문제 해결을 위한 각자의 노력이 구체적인 사회변화에 얼마만큼 기여했는지 알 수 없기 때문에, 사회문제 해결의 정당성에 공감하면서도 자발적으로 나서지 않는 것이다. 사회적 경제가 해결하고자 하는 많은 사회문제도 배제성을 만족시키지 못하는 경우가 많은데, 따라서 무임승차의 위험도 높다. 하지만 희망적이게도 배제성을 확보하는 사례들도 곳곳에

• • • 키바

2005년 미국 샌프란시스코에서 설립된 키바(Kiva)는 기존 제도권 금융의 도움을 받기 힘든 개발도상국의 소규모 사업가나 단체, 저소득층 개인들에게 낮은 금리로 돈을 빌려주는 사회공헌 펀드이다.

자금이 필요한 단체나 개인은 키바 웹페이지(www.kiva.org)에 자신의 사연과 함께 모금이 필요한 목표 금액을 게시한다. 사람들에게 빌린 돈을 어떻게 상환할지에 대한 계획도 함께 알려야만 한다. 사람들은 이 사연을 보고 최소 25달러부터 투자할 수 있다. 약정 기간이 지나면 원금을 돌려받지만 이자는 받지 않는다.

만약 키바를 통해 사업 또는 생활의 자립 기금을 마련하고자 했던 단체나 개인이 분명한 상환 계획 등을 명시하지 않았다면 키바의 성공은 어려웠을 것이다. 전 세계 수많은 사람들이 키바를 통해 대출 신청을 하고 있으며 상환율은 98.75%에 이른다.

• 배제성은 재화를 소비한 사람과 그렇지 않은 사람을 구분할 수 있어서 가격지불을 요구할 수 있는 상태를 의미한다. 반면 경합성은 한정된 재화로 인해 한 사람의 소비가 다른 사람의 소비를 방해하는 상황을 말한다.

서 발견된다. 저개발국 소상공인에게 마이크로크레디트 서비스를 제공하는 크라우드펀딩 조직인 키바(Kiva)는 기부자에게 자신의 기여를 일대일로 명확하게 보여줌으로써 배제성을 확보하는 데 성공한 사례이다(Sommerrock, 2010; 라준영, 2013).

사회적·환경적 가치가 큰 경제활동은 그 과정에서 발생하는 다양한 사회적 편익과 비용을 가격에 제대로 반영할 수 없는 경우가 대부분이다.[*] 같은 맥락에서 사회적 경제 조직은 사회문제 해결을 위해 긍정적 외부성(외부경제)을 극대화하거나 부정적 외부성(외부불경제)을 최소화하는 기업 활동을 추구하기 때문에, 사회적 경제 조직이 창출하는 사회적 가치는 시장을 통해 정상적으로 제공될 수 없는 것이 대부분이다. 따라서 장애인 고용 사회적 기업의 경우 생산성이 낮기 때문에 생존과 성공을 위해서는 사회적 기업이 창출한 사회적·환경적 가치를 측정하여 시장가격에 추가적으로 반영할 수 있게 해주어야 한다. 이처럼 사회적 가치를 측정하는 것은 사회적 경제 조직이 창출한 가치 중 외부성이 있는 부분의 규모를 측정하여 가격기구에 반영하기 위한 일련의 노력이라고 볼 수 있다(라준영, 2015: 85).

2. 사회적 가치 평가와 측정의 쟁점: 무엇을 측정할 것인가

1) 왜 사회적 가치 평가가 중요한가

사회적 경제 조직의 가치 평가는 조직의 목적(사명)과 관련한 존재가치를 증

---

[*] 사적 비용과 편익이 사회구성원 전체에게 돌아가는 사회적 비용 및 편익과 일치하지 않을 때 외부성이 존재한다고 볼 수 있는데, 이때 가격은 사적인 한계비용을 반영할 뿐 사회적 한계비용을 적절히 측정하지 못하는 한계가 있다(Bowles, et al. 2013: 296).

명하는 과정이며, 조직의 지속가능성과 관련해서도 아주 중요한 작업이다(사회투자지원재단, 2014). 하지만 이들은 조직의 존재가치를 일반 영리기업처럼 화폐가치로 보여주는 데 한계를 지닐 수밖에 없다. 사회적 경제 조직의 활동으로 생겨난 사람들의 환경 인식 변화, 마을살이의 즐거움 등을 화폐가치로 단순하게 계산해내는 것이 과연 가능할까. 이처럼 사회적 경제 조직의 가치를 평가하는 것은 매우 어렵다. 그럼에도 불구하고 사회적 경제 조직들이 산출한 다양한 가치를 제대로 평가할 수 있다면, 조직의 운영 목표와 방식 또한 효과적으로 발전할 수 있을 것이다. 사회적 경제의 가치 평가는 조직 내부적으로도 활동의 효과성을 개선하고 관리역량을 증진하는 데 기여한다.

사회적 가치 평가가 중요한 또 다른 이유는 외부의 필요성 때문이다. 사회적 경제 조직들이 산출한 가치에 대한 공정한 평가가 이루어지면 이 조직들이 다양한 이해관계자들에게 스스로의 책임성을 잘 보여줄 수 있다. 특히 조직 구성원과 다양한 이해관계자들이 조직 활동의 중요성을 지속적으로 인식하게 됨으로써 사회적 경제 조직의 유지와 성장에 긍정적 영향을 미친다(사회투자지원재단, 2014). 그리고 이를 통해 다양한 자원이 유입될 수 있다. 가치 평가는 이해관계자들과의 관계 설정을 긍정적인 방향으로 이끌어가는 기초가 된다.

최근에는 사회적 기업을 위한 새로운 자본시장을 만들고 새로운 제품 및 서비스 시장의 필요성을 설득하는 데 사회적 가치 평가의 중요성이 부각되고 있는데, 그 면면을 자세히 들여다보자. 첫째로, 사회적 가치 평가는 새로운 자본시장을 만드는 데 매우 중요하다. 사회적 경제 조직은 구조적인 시장실패 요인 때문에 일반 자본시장을 통해 자본을 조달하는 데 많은 한계를 가지므로 기존 시장이 아닌 새로운 자본시장 안에서 운영될 수 있어야 한다. 사회혁신기금, 사회혁신채권, 소셜벤처 캐피털, 벤처자선기금 등이 대표적이다. 사회투자 자본시장은 높은 경제적 투자수익률을 기대하지 않는 대신 사회적 영향력이 매우 큰 사회적 경제 조직에 투자하고자 한다. 따라서 투자 대안의 타당성과 투자의 결과를 평가하기 위해서는 사회적 경제 조직이 창출한 사회적 가치에 대한 신뢰성 있는 평가가 필수적이다. 이런 경향은 비영리재단의 자선기금, 대기업의 사회공헌기금 운용에서도 뚜렷이 나타나고 있다. 과거에는 시혜적 관점에서 기금 배분상의 공정성과 형평성을 중시했다면, 최근에는 기부금이 사용된 사회활동의 실제 성과와 사회적 영향에도 관심을 갖기 시작한 것이다 (라준영, 2015: 82). 정부 지원도 소모성 지출 중심의 복지보다는 사회투자 관점에서 실제 성과와 결과를 중시하는 쪽으로 변화하고 있다. 즉, 사회적 경제가 창출한 실제 가치에 대한 관심이 높아지고, 그것을 객관적으로 측정할 수 있는 방법론에 주목하기 시작한 것이다.

다음으로 사회적 경제 조직을 위한 제품과 서비스 시장의 역할이 중요하게 부각되고 있다. 사회적 경제 조직이 영리기업과 똑같이 경쟁해서 살아남기란 매우 어려운 일이다. 따라서 사회적 경제 부문을 우선 배려할 수 있는 공공시장의 지원이 필요하다. 정부의 조달 시장, 위탁서비스 시장, 기업의 MRO(소모성 자재)시장 등이 대표적이다. 정부와 대기업은 사회적 경제 조직에 직접 지원을 하는 것이 아니라 제품 및 서비스에 대한 직접 수요자로 나섬으로써 사회적 기업에게 시장을 제공한다. 구매방식도 사회적 기업에 대한 단순 우선 구매가 아니라 사회적 기업의 사회적·환경적·경제적 성과를 구매의사결정의 기준으로 삼는 '사회책임구매'를 취하는 사례가 많아졌다. 이를 위해서도 사회적 경제가 창출한 사회적 가치에 대한 신뢰성 있고 타당한 측정 방법론의 개발이 필수적이다. 그럴 때에야 사회적 경제를 보호하고자 하는 시장의 폐해를 막으면서 동시에 사회적 경제 조직 간 경쟁과 혁신을 유도할 수 있고, 다른 기업에게도 공정한 기회를 제공할 수 있기 때문이다(라준영, 2015).

2) 사회적 가치 측정의 쟁점

사회적 경제 조직 또는 사회적 기업의 사회적 성과를 평가하기 위한 기존의 측정 모델은 몇 가지 한계를 가지고 있다. 사회적 가치를 평가할 때 제기되는 핵심 쟁점은 다음과 같다.

첫째, 사회적 경제의 가치 평가 모델 구성에서 가치에 대한 개념 규정의 모호성이다. 사회적 경제 조직이 창출하는 가치는 크게 경제적 가치와 사회적 가치로 구분된다. 일반적으로 기업이 창출한 경제적 가치는 기업회계를 통해 측정할 수 있다. 그러나 기업회계는 사회적 기업이 창출한 사회적 가치를 대부분 반영하지 못한다. 물론 이승규와 라준영은 사회적 기업의 가치를 경제적 가치, 사회경제적 가치, 사회적 가치로 구분하면서, 경제적 가치 이외에 기업 활동으로 인해 발생한 사회적 영향 중 '화폐가치로 환산이 가능한 가치'를 의미하는 사회-경제적 가치를 구분하고 있다(이승규·라준영, 2009). 반면에 사회적 가치는 사회적 기업이 생산한 가치 중 금전적으로 환산이 불가능한 모든 비화폐적 가치를 의미한다. 따라서 사회적 가치에 대한 측정은 재무제표 등 객관적인 측정이 가능한 경제적 가치에 비해 무형의 가치를 측정 대상으로 하고, 또 주관적 판단이 개입되기 때문에 객관적 측정에 어려움을 가지고 있다.

둘째, 사회적 경제 조직과 그 활동을 평가하고자 할 때 사회적 성과에 대한 측정은 매우 중요한 문제이지만, 계량화에만 초점을 맞추게 되면 눈에 보이는 성과 위주로 평가가 전개될 우려가 있다. 이 같은 한계점은 사회적 경제 조직 및 활동의 사회적 가치를 평가하는 데 치명적이다. 사회적 경제는 협력, 신뢰, 호혜성 등 사회적 가치에 기초하는데, 이러한 특징들을 정량화하기란 매우 힘든 일이다.

사회적 경제 조직이 창출하는 사회적 가치는 정량적인 평가지표를 통해서 설명될 수 있지만 충분히 설명되지 못하는 부분도 있다. 그래서 정성적 지표를 함께 활용하는 것이 반드시 필요하다. 특히 지역 사회의 폭넓은 이슈와 관련한 사회 변화를 측정하는 데 있어서 정량적 평가와 정성적 평가를 상호보완적인 관점에서 활용할 필요가 있다(노대명 외, 2011: 183~184).

셋째, 가치평가의 측정 대상에 대한 논의에서 일반적으로 활용하는 모형은 논리모형이다. 논리모형은 프로그램의 수행력을 설명하기 위해 프로그램의 요소들, 즉 투입(input)-활동(activity)-산출(output)-결과(outcome) 사이의 관계를 분석한다(이승규·라준영, 2009). 이 모형의 가치 측정에서 핵심 쟁점은 측정 대상을 산출로 할 것이냐 결과로 할 것이냐의 구분이다. 경제적 가치 측정의 경우 자본투입과 수익창출이라는 형태로 산출(output)을 주요 대상으로 하는 데 반해, 사회적 가치 측정에서는 산출을 측정할 것인지, 아니면 결과를 측정할 것인지가 중요한 이슈가 된다(이승규·라준영, 2009).

산출을 측정하게 되면 활동에 대한 즉각적 결과에 집중하게 되면서 활동이 목적했던 바를 추구하지 못할 위험성이 존재한다. 반면에 결과에만 집중하게 되면 측정가능한 시점까지 투입과 활동에 대한 판단을 유보할 수밖에 없다. 이렇게 되면 효과가 미미하거나 투입과 대비하여 유효하지 않은 활동을 계속 수행해야 하는 비효율성을 낳을 수도 있다. 산출은 단시간 내에 측정이 가능한 반면, 결과는 일정 시간 이후에 나타나는 변화를 측정해야 하기 때문에 측정이 더욱 어렵다.

더욱이 기업에서 주로 활용되는 성과관리 측정은 사회적 경제 조직이 목표 하는 사회적 목적 및 지속가능성 등 보다 확장된 범주의 성과를 측정하는 데

표 8-2 사회적 성과 측정의 유형

구분	구조평가	과정평가	결과평가		영향평가
대상	input (투입)	activity/process (활동)	output (산출)	outcome (결과)	impact (영향, 변화)
의미	자원	프로그램	영향받은 사람의 수	영향받은 사람의 변화	지속적 변화
예시	암치료 지원금	암치료 지원사업	암치료 받은 환자 수	암 환자의 생활가능변화	간병을 담당한 가족의 일상복귀 및 인식 변화
측정내용	효율성		효과성		
목적	성과관리		성과평가		

자료: 김성기 외(2014: 75).

부적절한 경우가 많다. 따라서 성과평가의 범주를 기존의 산출 및 결과를 넘어서 영향(impact)으로 확대할 필요가 있다. 영향을 성과평가의 범주에 넣음으로써 사회적 경제의 사회적 목적에 보다 충실할 수 있다. 이는 사회적 경제 조직이 생산한 제품과 서비스가 이해관계자에게 미친 영향을 반영하는 것으로, 제품과 서비스의 소비를 통한 효용이 보다 광범위하고 지속적인 변화까지 포함하게 된다. 예컨대 공공병원의 성과를 재무적 측면에서 살펴보면 적자가 되어 폐업해야 할 상황이 된다고 할 수 있으나, 영향까지 성과로 파악할 경우 오히려 확장해야 할 상황이 될 수 있다. 치료받은 환자로 인해 그 가족들이 다시 일상으로 돌아가 경제활동을 지속함으로써 소득이 높아지고 가족 간에 행복감이 더욱 향상된다면 이것은 단기적인 성과평가 측정으로는 제대로 포착되지 않는 사회적 가치이기 때문이다(김성기 외, 2014: 73).

물론 중장기적으로 나타나는 성과나 사회적 영향은 사회적 경제 조직의 가치창출 활동과 관계없이 자연적으로 나타난 결과이거나 혹은 다른 활동들에 의해 부수적으로 나타난 결과일 수 있다는 가능성을 완전히 배제해서는 안 된다(Mulgan, 2010; 사회투자지원재단, 2014). 즉, 중장기적으로 나타나는 사회적 영향을 명확한 인과관계로 판단하는 것은 용이하지 않은 문제이다.

넷째, 각각의 이해관계자에 따라 사회적 가치 평가의 목적과 방향이 달라질 수 있다는 점이 고려되어야 한다. 사회적 경제의 가치를 측정하고 평가하는 주체들은 사회적 경제 조직, 자원제공자(투자자, 기부자, 고객, 지자체, 공공 부문), 수혜자, 직원, 사회적 경제 영역들이다. 따라서 사회적 투자회수에서 각각의 입장에 따라 서로 다른 기준을 요구할 수 있다. 예를 들면, 자원 제공자인 투자자 입장에서는 재정적 측면에 초점을 맞추려 하고, 사회적 경제 조직의 입장 혹은 수혜자나 구성원들 입장에서는 사회적 경제 조직의 활동에 대한 증거 혹은 유의미함을 증명할 수 있기를 원할 것이다. 자원 제공자로서의 지자체나 공공 부문 행위자들은 정책 목표의 달성에 관심을 가질 것이며, 사회적 경제 조직들이 산출하는 그 이외의 다양한 편익에 대해서는 소극적이거나 고려하지 않을 가능성도 높다(사회투자지원재단, 2014).

가치 측정이 어려운 또 다른 이유는 사회적 영역에서 바람직한 결과가 무엇인지에 대해 일치된 의견을 갖기 어렵기 때문이다. 사람들의 윤리나 도덕의 우선순위가 다양하기 때문에, 비용과 편익만 감안하는 가치 평가는 한계를 가질 수밖에 없다. 또한 평가의 해석이 이해관계자에 따라 달라질 가능성이 있으며, 이것이 평가의 신뢰도를 떨어뜨리는 약점으로 작용할 수 있다. 사회적 가치 평가는 이해관계자가 합의할 수 있거나 적어도 공통의 이해를 갖고 있는 토대 위에서 이루어져야 한다.

다섯째, 표준화된 평가도구를 사용하게 되면 사회적 경제 조직들의 다양한 가치를 제한할 수 있다는 점을 경계할 필요가 있다. 특히 일정한 기준에 부합하면 인증을 해주는 정부에 의해 공식화된 기준은 과잉 표준화된 기준을 적용함으로써 신뢰성에 논란을 불러일으킬 수 있다. 그리고 정부나 공공 부문에 의해 표준화된 가치 평가도구는 사회적 경제의 다양한 가치를 제한하고, 나아가 제도적 동형화를 강제할 위험이 있다(사회투자지원재단, 2014).

이러한 평가를 기반으로 사회적 성과를 평가하는 데 고려해야 할 주요 기준들은 다음과 같다.

첫째, 보다 종합적인 관점에서 객관적 지표뿐만 아니라 주관적 평가 기준을 도입할 필요가 있다.

둘째, 공식 기준이 주로 초점을 맞추고 있는 경제적 가치보다는 사회적 가치를 더 많이 고려하여 다양한 사회적 가치들을 구분해야 한다. 현재 성과 측정 시 이용되는 세세한 경제적 지표들처럼 사회적 지표도 보다 자세하고 명확하게 구분되어야 한다.

셋째, 다양한 이해관계자들을 모두 포함해야 한다. 이런 점에서 사회적 경제의 가치평가 방식에 대한 전향적 변화를 고려할 필요가 있다. 이해관계자인 정부와 기업, 시민사회, 수혜자와 조직 구성원, 사회적 경제 조직들이 참여하는 평가방식을 통해 구체적인 사회변화를 측정하는 지표를 설정해나가야 한다.

넷째, 결과중심적인 사회적 성과 평가에 그치기보다는 지속가능성이라는 관점에서 과정중심적인 접근을 통해 사회적 가치를 확장할 수 있는 틀이 중요하다.

다섯째, 경제적 가치와 사회적 가치뿐 아니라 환경적 가치도 고려해야 한다.

여섯째, 평가하고자 하는 사회적 가치들을 개인 단위보다는 공동체나 지역 수준에서 검토할 수 있게 해야 한다.

3) 사회적 가치 측정 방법의 분류

그간 국내에서는 사회적 가치를 실현하고자 하는 조직들—국내에서는 주로 사회적 기업과 협동조합, 마을기업, 소셜벤처로 구분됨—에 대한 성과 평가 방법으로 주로 SROI(Social Return Of Invest)나 사회적 회계를 이용해왔다. 얼마 전에는 한국사회적기업진흥원이 사회적 기업의 가치를 측정하고 평가하는 데 도움이 되는 지표로 BISV(Basic Index of Social Value)를 개발 중이라고 밝혔으며, SK-카이스트 경영대학 측에서는 사회적 기업의 성과를 측정하는 지표를 만들어 그 지표를 기반으로 기업들의 성과를 측정하고 실적이 좋은 기업에게는 SPC(Social Progress Credit)라는 인센티브를 제공함으로써 사회적 경제 생태계를 더욱 강화해나갈 것이라는 계획을 내세우기도 했다. 이 같은 변화는 국내 사회적 경제 조직들의 성과를 측정하는 방식이 점차 다양해지며 평가방식 또한 성과 중심에서 가치 중심으로 전환되고 있음을 보여주기에 매우 고무적이다. 이 외에도 여러 민간재단과 사회적 가치 평가 연구자들의 의미 있는 움직임이 발견된다.

이처럼 다양한 사회적 가치 평가 방법들이 존재하는 가운데 간과해서는 안 될 고민은 결국 사회적 경제 조직의 가치를 평가하고 측정함에 있어서 그들의 활동과 결과를 어떻게 충분히 드러낼 수 있을 것이냐이다. 사회적 경제의 가치를 평가하기 위한 도구와 측정 지표는 매우 다양하다. 그리고 사회적 가치 평가 방법들은(그것이 방법론이든 툴이든) 널리 알려진 사회적 가치 측정지표들 중 하나를 활용하거나, 혹은 둘 이상의 지표를 복합적으로 활용해 자기만의 독특하고 유용한 평가 기준을 제시한다. 사회적 가치 평가방법을 분류하는 기준은 일반적으로 다음과 같이 제시할 수 있다.

첫째, 사회적 관점과 경제적 관점에서 무엇을 중요하게 생각하는가?

둘째, 개별 조직의 사회적 성과를 측정하는 도구인가? 아니면 공공의 이익 실현을 위한 도구인가?

표 8-3 사회적 가치 측정 도구의 분류

분류	평가도구	측정지표			평가대상			사용용도	
		정량	동간	서술	결과	동인	과정/절차	외부 보고용	내부 관리용
회계	SROI	○			○			○	
	Social Accounting	○			○			○	○
전략경영	Theory of Charge			○	○	○		○	○
	BSC	○	○		○	○			○
	Dashboard	○	○		○	○			○
	Sigma Scorecard	○	○		○	○			○
보고서	GRI Guideline	○		○			○	○	
	Social Audit			○			○	○	
	AA 1000			○			○	○	
	ACAFI	○		○	○	○	○	○	
	IRIS	○		○	○				
성과측정	Local Multiplies	○			○		○		
	ABCD		○		○				○
	KSCPI	○			○				○
	Eco-mapping	○		○	○	○			○
	Prove it!	○		○	○	○			○
도구모음	OASES	○			○	○			○
	The sigma guideline			○	○	○	○		○

자료: 라준영(2015: 88).

셋째, 평가 문항이 이미 정해져 있는가? 아니면 취사선택이 가능한가?

넷째, 돈으로 환산 가능한가? 아니면 점수로(혹은 순위, 등급으로) 환산 가능한가?

다섯째, 누구나 쉽게 평가 방법을 이용할 수 있는가? 아니면 전문가만 평가할 수 있는가?

이러한 기준 이외에도 다음과 같은 분류 기준을 생각해볼 수 있다. 첫째, 형태상으로는 회계, 전략경영, 보고서, 성과측정, 도구모음 등으로 분류할 수 있다. 둘째, 측정지표는 정량적 지표와 정성적 지표로 구분할 수 있다. 셋째, 평가대상에서 결과와 동인에 초점을 맞추는가, 과정이나 절차에 초점을 맞추고 있는가로 구분할 수 있다. 넷째, 사용목적에 따라 외부 이해관계자 보고용과 내부 경영관리용으로 분류할 수 있다(라준영, 2015: 88).

이 장은 이 시점에서 우드와 레이턴의 연구(Wood and Leighton, 2010)를 중심으로 영국 및 여러 선진국에서 사용되는 사회적 가치 평가방법을 살펴보고자 한다. 다른 국가들보다 시장경제 구조 속에서 사회적 가치를 비교적 빠르게 정착, 확산시킨 영국의 사례는 한국의 사회적 경제에 많은 시사점을 제공한다. 전 세계적으로 유용하게 사용되는 사회적 가치 평가방법 대부분이 영국에서 만들어졌는데, **그림 8-2**에서도 알 수 있듯이 영국에서는 사회적 가치를 추구하는 개별 조직의 상황과 측정 대상, 선호하는 평가방식 등에 따라 다양한 평가방법이 존재한다. 사회적 경제 조직들은 자신들의 동기와 목적을 확실히 하고 성과를 입증하기 위한 방법으로 사회적 가치 평가방법 중 적절한 유형을 선택할 수 있다. 정부·행정 조직, 기업 차원에서도 자신들이 추구하는 사회적 가치 평가를 위해, 또는 자신들의 사회적 가치를 최대한 확산시키기에 적절한 사회적 경제 조직을 선정하기 위해 여러 평가방법 중 적절한 도구를 활용하면 된다.

우드와 레이턴이 유형화한 사회적 가치 평가방법은 **그림 8-2**에서 보듯이 크게 두 가지의 축으로 나뉘는데 첫 번째(세로축)는 각 평가방법이 어떤 특성을

그림 8-2 사회적 가치 평가방법의 분류틀

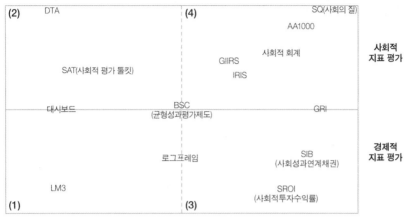

자료: Wood and Leighton(2010).

위주로 조직들의 사회적 가치 실현방식을 평가하느냐이다. 이들은 경제적 지표와 사회적 지표로 사회적 가치 실현 평가방식을 구분하고자 한다. '경제적 지표'는 개별 조직들의 사회적 가치 추구 활동효과를 금전적으로 환산할 수 있느냐의 문제이다. 사회적 가치 평가의 '경제적 지표'는 일반 시장 경제에서 강조하는 기업의 이윤추구, 손익 계산, 목표 수익 달성과 같은 재무적 척도와는 전혀 다르다. 후에 더욱 자세히 살펴보겠지만, 사회적 경제 조직들의 활동이 지역경제와 구성원들의 생활에 가져온 변화를 경제적으로 어떻게 평가할 수 있는지가 관건이다. 대표적으로 사회적 가치를 화폐가치로 환산하는 SROI(Social Return on Invest, 사회적투자수익률)를 들 수 있다. LM3(Local Multiplier 3), 로그프레임(Logical Framework) 등도 이에 해당한다.

'사회적 지표'는 굉장히 주관적이라 단정지어 분류하기가 매우 어렵다. 평가방법에 따라 그것은 사회윤리적 기준을 제시하기도 하고, 조직의 내·외부적 상호관계, 환경친화적 측면, 전 지구적 관점들을 제시하기도 한다. 그림의 '사회적 척도' 면에 위치한 평가방법 배치의 높이가 조금씩 다른 것은 '사회적'이라는 것이 각각의 관점과 방식에 따라 비교적 단순하거나 복잡하기 때문이다. 금전적 환산이 어렵고, 정량적 지표보다는 정성적 지표로 표시되는 '사회적 지표'에는 대표적으로 삶의 질과 웰빙 지표가 있다. DTA(Development Trust Association)('tell your story')도 대표적인 사회적 지표 중 하나이다. SAN 프레임워크(Social Audit Network Framework), AA1000(AccountAbility Principles for Sustainable Development), SAT(Social Appraisal Toolkit, 사회적 평가 툴킷) 등도 사회적 지표로 표시될 수 있다. 한편, 대시보드(Dashboard), BSC(Balanced Score Card, 균형성과평가제도), GRI(Global Reporting Initiative) 등은 경제적 지표와 사회적 지표가 중첩되는 영역에 해당한다.

그림 8-2의 다른 한 축(가로축)은 사회적 가치 평가방법이 개별 조직 수준의 도구인지, 아니면 포괄적인 도구인지로 구분할 수 있다. 또한 평가방법 자체에 대한 접근성과 이용 편리성으로도 구분할 수 있다.

'사회적 가치 평가'는 어렵고 추상적이다. 무엇을 평가해야 할지 잘 모를 수 있으며, 평가방법(또는 툴)을 이용하면 누구나 손쉽게 원하는 조직을 평가할 수 있는지도 의문이다. 그리고 과연 어떤 평가방법을 이용하는 것이 효과적이고 효율적인지 지금 당장 가늠하기도 어렵다. 어떤 평가방법은 매우 단순하고 기본적인 내용을 측정하는 데 반해, 다른 평가방법들은 다양한 측면의 성과를 입증할 수 있는 방대한 자료가 필요하며 외부 전문기관에 평가를 맡기기도 한다. 비교적 오랜 시간 동안 정기적으로 평가를 진행해야 하는 경우도 있다. 더욱이 특정 평가방법들은 국제적 기준에 부합해야 하며, 일반 개인이나 소규모 조직은 어디에서 어떻게 그 성과 평가방법을 활용할 수 있을지조차 알기 어렵다. 비교적 개별 조직 수준에서 누구나 손쉽게 이용가능한 평가방법은 **그림 8-2**의 왼쪽에, 조금 더 복잡하고 전문적인 지식을 필요로 하며 큰 조직에 대한 포괄적인 평가·비교에 적절한 방법은 오른쪽에 자리 잡고 있다. 개별 조직 차원의 도구로는 DTA, SAT, 대시보드, LM3 등이 해당하며, 포괄적 영역의 도구로는 SQ(Social Quality, 사회의 질), AA1000, GRI, 사회적 회계, SROI 등이 해당한다.

이 장에서는 **그림 8-2**의 (1)-(2)-(3)-(4) 순서에 따라 다양한 사회적 가치 평가방법의 특성을 살펴본 후, 이 같은 분류법이 한국의 사회적 경제에 던지는 시사점에 대해 이야기하고자 한다.

3. 사회적 가치 측정 모델에 대한 검토

1) 개별적 수준에서의 '경제적 지표' 평가

LM3(Local Multiplier 3): 지역 사회의 경제적 이익 창출 효과 알아보기

한국처럼 지산지소(地産地消) 방식을 추구하는 경제구조가 자리 잡지 못한 사회에서는 지역 내에서 발생한 경제적 이익이 외부로 빠져나가는 일이 빈번하다. 요즘에는 지역 화폐나 로컬푸드 등 지역경제 활성화를 위한 움직임들이 곳곳에서 포착되지만 아직 갈 길이 멀다. 다행히 사회적 경제 조직들은 지역 사회의 경제적 이익을 증진시킬 수 있는 주체가 된다. 지역사회 약자를 고용하거나, 지역의 물품을 구입해 제품을 생산하는 제도적 장치가 마련되어 있기 때문이다. 그런데 과연 개별 사회적 경제 조직들이 지역사회에 경제적으로 얼마나 기여하는지를 어떻게 알 수 있을까. 그리고 정부 행정이 조직들의 지역 경제 효과를 평가한다면 조직의 규모와 관계없이 어떻게 공정한 평가를 진행할 수 있을까.

영국의 NEF(New Economic Foundation)에서 만든 평가 툴 LM3는 비교적 간단한 방법으로 위 문제를 해결한다. 만약 A지역의 주민들이 소비 행위를 외부가 아닌 자기 지역에서만 계속한다고 가정해보자. 그렇다면 A지역의 경제 효과는 프랜차이즈 업체를 주로 이용하는 주민들이 많은 B지역의 경제 효과보다 계속 커질 수밖에 없다. 이것이 바로 '지역경제 승수효과(local multiplier)'라는 개념인데 LM3는 이 개념에 착안해 조직(또는 개인)의 경제적 행위를 3단계로 구분한 후 과연 그 조직이 지역경제에 얼마나 도움이 되었는지를 판단한다.

① 1단계: 조직의 총 수익금(income)
② 2단계: 조직의 지역사회 지출 비용(spending)
③ 3단계: 조직 구성원의 지역사회 지출 비용(spending by staff and suppliers)

LM3를 이용하기 위해서는 정확하지는 않더라도 2, 3단계에 대한 추정치를 가늠할 수 있어야 한다. 각 단계에 대한 비용이 구해졌다면 '(①+②+③)/①'이라는 간단한 수식을 활용해 결과값을 도출해보자. LM3는 간단한 숫자로 나타난다. 한 행위자의 소비가 지역사회 내에서 결과적으로 얼마의 경제적 효과를 가져왔는지를 금액으로 계산하는 것은 불가능하기 때문에 단순히 지수로 계산된다. LM3 지수가 클수록 조직 및 단체의 활동이 지역사회 경제 창출에 앞장서고 있다는 의미이다. 그리고 동시에 지역사회 경제 활성화를 위해 조직과 구성원이 앞으로 더 많은 지역사회 물품을 구매하고, 지역사회 약자를 고용하는 데 힘써야 한다는 방향성을 환기하는 데도 도움이 된다(NEF, 2002).

로그프레임(Logical Framework): 조직 활동에 대한 명쾌한 사고 갖추기

로그프레임은 조직의 규모나 개별적 수준 또는 포괄적 수준의 평가 등에 관계없이 조직의 활동과 목적에 대한 명쾌한 사고를 수립하고 전반적 활동을 평가하기 적절하다. 다만 로그프레임을 시도하기까지 조직에 대한 많은 생각과 고민이 동반되어야 하기 때문에 아주 작은 개별 조직에게는 조금 골치 아픈 방법일 수도 있다. 하지만 조직 활동에 대한 명쾌한 사고가 향후 조직 운영 방향에 대한 전략 수립에 상당한 도움이 된다고 보이기 때문에 로그프레임을 (1)에서 다루는 것이 조직 차원에서 보다 유익할 것이라고 여겨진다.

로그프레임은 1960년대 후반 미국의 국제개발청(USAID)이 의회 예산 요구 자료 작성을 위해 처음 개발했다고 한다. 어떤 한 프로젝트를 수행할 때 프로젝트의 목적, 목표, 성과, 활동, 투입 등이 논리적으로 일관되며 합리적으로 잘 구성되었는지를 가시적으로 알아보기 위해 만든 분석방법이다. 이후 영국에서는 주로 자금 요청 지원서를 작성하는 공무원들에 의해 사용되다가 점차 프로젝트 계획 수립과 운영을 평가하기 위한 방법으로 널리 사용되기 시작했다(BOND, 2003). 그러나 주목해야 할 점은 이 로그프레임이 효과적인 이유가 단순히 프로젝트의 성공적 계획을 위한 구성을 하는 데 있는 것이 아니라, 명쾌하고 분명한 사고를 통해 프로젝트의 방향 제시에 도움을 주는 핵심 요소를 논리적으로 정리해내는 데 있다는 것이다.

로그프레임은 조직의 구성원들이 개인 혹은 팀 단위로 업무 방향을 설정하고 필요한 자원을 생각하게 하는 데 매우 유용하다. 즉, 어떤 시스템을 설치하지 않고도 상황과 필요에 따라 손쉽게 이 프레임을 활용하면 된다는 얘기이다. 먼저 **표 8-4**처럼 네모 틀을 그려보고 각 행에 조직의 목표와 목적, 기대성과, 그리고 목표를 이루기 위한 활동을 적어보자. 그리고 첫 번째 열에는 각 행에 적었던 목표, 목적, 기대성과, 활동이 어떻게 측정될 수 있는지를 기록해보고, 두 번째 열에는 향후 무엇을 통해 그것이 이루어졌다고 입증할 수 있는지를 세심하게 기록하자. 마지막 세 번째 열에 해당하는 '중요 가정'은 매우 중요하다.

표 8-4 로그프레임의 구성요소

구분	측정 척도 (measurable indicators)	입증 방법 (means of verification)	중요 가정 (important assumptions)
목표(goal)	양적·질적 측정 척도	가장 효과적인 입증 방법 제시	목표→장기적 최종 목표
목적(purpose)	상동	상동	목적→목표
투입(outputs)	상동	상동	투입→목적
활동(activities)	세부 활동 예산	예산 산출 근거 보고서	활동→투입

사실 아래 행의 내용들이 잘 이루어져만 바로 위 행의 내용들을 실행할 수 있다(활동→성과→목적→목표). 마지막 열은 이 단계들이 잘 이루어질 수 있도록 '만약'을 가정하는 것이다. 현 단계의 실행이 어렵다면 장애요인이 무엇인지, 어떻게 그 어려움을 해결해서 다음 단계에 이를 수 있을 것인지에 대한 고민과 해결방법들을 계속해서 쏟아내야 할 것이다.

2) 개별적 수준에서의 '사회적 지표' 평가

BSC(Balanced Socre Card, 균형성과평가제도): 네 가지 관점으로 조직이해도 높이기

사실 대시보드가 BSC보다 개별적 수준에서 이용하기 더욱 편리하지만 BSC를 기반으로 대시보드가 만들어졌기 때문에 BSC를 먼저 설명하는 것이 적절하겠다. 로그프레임과 마찬가지로 BSC의 조직 활동 평가는 '경제적 지표'와 '사회적 지표'를 넘나들며 이루어지기 때문에 그리핀과 멀건의 틀에서는 정 가운데에 위치해 있다.

BSC는 1992년 하버드 경영대학원과 컨설팅 회사인 '르네상스 솔루션'에 의해 개발되었다. 일반적으로는 '평가 툴'보다 전략 수립 및 운영 방향 설정을 위한 프레임워크로 여겨지는데, 전략집중 및 전략커뮤니케이션 도구로 적합하다. 기존에 기업 성과지표는 단순히 매출액이나 수익 같은 재무지표로만 이루어져 있었다. 그러나 BSC는 기업을 둘러싼 새로운 환경변화를 적용해 재무적 측면만이 아닌 고객, 내부 프로세스, 학습과 성장 요인을 추가해 기업의 성과를 종합적으로 측정하고자 한다. 또한 성과에 대한 동인 요인을 파악해 차별성을 강조한다. 결국 BSC의 네 가지 관점, 즉 △ 재무적 관점, △ 고객 관점, △ 내부 프로세스 관점, △ (종업원의) 학습 및 성장 관점은 내부 구성원의 조직 이해도를 다각도에서 높여 기업과 고객의 성장이 동시에 이루어질 수 있는 방향을 모색한다(Kaplan, 2010).

그림 8-3 BSC의 구조

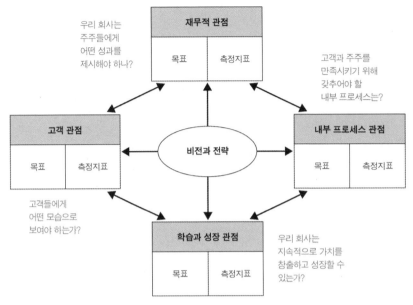

자료: 정혜영(2002).

　사회적 가치를 실현하는 사회적 경제 조직들도 BSC를 이용해 조직과 구성원, 그리고 고객과 주주의 성장을 함께 추구할 수 있겠다. 가장 우선적으로는, 조직의 비전에 부합하게 각 관점들의 목표와 측정지표를 정리할 수 있어야 한다. 조직이 추구하고자 하는 각각의 관점이 무엇인지, 어떤 지표로 평가를 받을 것인지는 구성원들이 조직의 상황에 맞게 정할 수 있어 신생 조직도 부담 없이 활용 가능하다. 다만 이렇게 구성된 BSC는 조직 자체와 그 내부에서 스스로의 역할을 찾게 하는 '내비게이션'의 역할을 행하게 되므로 분명한 목표 설정과 객관적이고 균형 있는 측정지표를 구성해야 할 것이다. 또한 BSC는 정기적으로 평가되고 재구성되어야 하는데 이를 통해 현재의 조직 상황뿐 아니라 미래의 방향 설정 또한 가능해진다.

대시보드(Dashboard): 조직의 현재 수준 가늠하기

대시보드*는 앞서 설명한 BSC를 기반으로 소셜 펌스 UK(Social Firms UK)가 개발했다. BSC의 네 가지 관점이 대시보드에서는 세분화되어 총 여섯 개의 관점으로 구분되며 각 관점의 평가항목은 **표 8-5**와 같다. 표의 항목들은 사회적 경제 조직(특히 사회적 기업)들이 활용하기 적절하게 구성되어 있다. 예를 들면 종업원 관점과 환경 관점에서 사회적 가치를 실현하기에 적합한 항목 등이 포함된 것이 특징이다.

각 조직들은 여섯 가지 관점의 항목들에 대해서 조직이 애초에 설정했던 목표치를 먼저 기입한다. 이후 조직 운영 과정에서 실제로 체감한 경험에 따라 기존 목표를 평가 시점에서 조직이 정한 기한까지 이룰 수 있을 것인지, 없을 것인지에 대한 자가 평가를 하게 한다. 여기까지의 기입이 끝나면 대시보드는 각 관점당 현재 조직이 어느 수준에 이르렀는지를 파란 불, 노란 불, 빨간 불로 나타내 설정 목표에 근접했는지 아닌지를 보여준다(김순양, 2008). 이 과정에서

표 8-5 대시보드의 관점과 평가기준

관점	평가 기준
재정	판매로부터 발생하는 수입 비율, 재정수입, 재정유보, 수입원, 고용비용/수입비, 수입증가율
종업원	장애인 고용 비율, 직업훈련 제공 여부, 작업조건, 고용계약, 종업원 지원, 종업원 참여율
고객	제품 및 서비스의 질, 고객만족도, 마케팅과 판매, 신규 고객, 고객 보유도, 전문적 이미지, 제품 및 서비스의 혁신도
기업내부과정	생산 효율성, 규정 적합성, 교통편 제공, 공공관계, 신문 논평
환경	윤리적 소비, 폐기물, 오염과 교통 유발, 재활용
훈련생	양도 가능한 기술(transferrable skills), 개인의 학습계획 지원, 훈련생 지원, 고용자수 대비 훈련생

* 참고로 평가 툴 CD를 구입해 이용해야 한다.

중요한 점은 개별 조직의 특수성과 상황이 충분히 인정되어 절대적인 비교 대상이 존재하지 않는다는 점이다. 즉, 대시보드는 개별 사회적 경제 조직이 기업의 전반적인 상황을 쉽게 파악하고 향후 방향을 설정하고자 할 때, 어느 항목에 조금 더 중점을 두어야 할지 결정하는 데 도움을 준다.

SAT(Social Appraisal Toolkit, 사회적 평가 툴킷): 개발도상국의 '충격' 대응 수준 평가하기

앞서 살펴봤던 평가방법들이 조직의 활동, 내부 구성원, 지역사회에 대한 영향력을 평가했다면 SAT는 보다 복합적이며 주관적인 가치를 평가하는 데 적합하다. 그 가치란 바로 현재와 미래의 경제적·사회적·환경적 '충격(shock)'에 대응해 국가의 사회적 보호 전략을 발전시키는 것으로 선진 국가들보다는 개발도상국들이 이 평가방법을 사용하는 것이 적절하겠다.

이 평가방법을 이용하기 위해서는 먼저 '충격준비도'라는 핵심 개념에 대해 알아야 한다. 충격준비도란, "한 국가가 경제 위기나 노동시장 붕괴와 같은 충격에 처했을 때 도움을 필요로 하는 특정 인구 집단에 대한 효과적인 대비를 갖추어 놓은 정도"를 의미한다. 각 국가의 특성에 따라 처할 수 있는 충격의 유형은 다양하다. 그리고 국가마다 동일한 충격이 가해진다 해도 그것의 영향력은 천차만별이다. 먼저 SAT는 해당 국가의 정부 부처 자료와 국제기구, 시민사회 데이터를 이용해 그 나라에서 발생할 수 있는 충격들을 유형화한다. 그 후 각 충격의 유형마다 어떤 인구 집단이 피해를 입을 것인지 파악한 후, 해당 국가의 사회적 보호 제도를 분석해 충격에 대응할 수 있는 능력이 충분한지 알아본다. 그리고 이에 더해 기술, 국가 재정, 정치적 요소 등을 평가함으로써 해당 국가가 여러 면에서 건실한지 아닌지, 실현 가능한 미래 대응 전략은 무엇인지를 찾아내 국가적 사회 보호 발전 전략을 세우고자 한다(McCord, 2013).

사실 이 평가방법은 국가적 수준에서 추구하고자 하는 가치를 평가하기 때문에 사회적 경제 조직 단위에서 활용하기에는 무리가 있다. 하지만 한 나라의 충격 대응 방식을 평가하고 향후 전략을 수립하는 전 과정은 사회적 경제 조직을 평가하는 과정과 여러 면에서 맞물려 있는 듯하다. 단위는 다르지만 조직의 문제는 무엇인지, 조직은 누구를 위해 또는 무엇을 위해 운영되는지, 그리고 현재 그 문제를 해결하기 위해 무엇을 행하는지, 그것이 적절한지 등에 대한 평가는 경제 조직 단위에서든 국가 단위에서든 직면한 문제를 올바르게 직시하고 해결 방향을 설정하는 데 매우 기본인 것이다.

DTA(Development Trust Association): "Tell Your Story"

기존의 가치평가방법들이 어떤 척도들을 기준으로 성과 입증 자료를 모으고 그것이 적절한지 아닌지를 판단하는 과정에서 이루어졌다면 DTA는 보다 더욱 쉽고 간편하게 해당 조직이 자신의 이야기를 풀어낼 수 있게 하는 방식이다. 평가방식이 글이 될 수도 있고 말이 될 수도 있지만 그 속에는 분명한 조직의 활동 배경과 내용, 지역사회에서 이룬 파트너십의 성과, 그리고 활동을 통해 만들어낸 지역자산(주로 지역사회 공간)과 사회적·경제적 성과 등에 관한 내용이 담겨 있어야 한다. 'DTA'라는 이름처럼 이 가치평가방법은 "신뢰를 쌓는" 것에 특히 주목하는 듯한데 여기서 신뢰란 활동을 직접 행하는 당사자들 내부에서의, 그리고 활동의 범위가 되는 지역사회에서의 '신뢰 쌓기'를 말하는 것 같다.

이야기를 하는 과정에서 조직은 자신들의 활동을 반추하며 왜 그 활동이 필요했었는지, 사회적 가치를 실현하기 위해 그간 어떤 과정을 겪었으며, 조직 자체와 주변을 둘러싼 모든 구성원들에게 미친 영향력이 무엇인지에 대한 명확한 상(像)을 갖게 된다. DTA는 형식적으로는 '평가방법'의 한 유형이지만 주요 목적은 조직 활동의 시작점에서 목표 달성을 위해 무엇을 '더' 해야 하는지를 스스로 깨닫게 하는 데 있다. 조직의 활동을 활발하고 풍성하게 만드는 동기는 결국 내부에서 만들어질 수밖에 없다. 일 자체와 '경제 조직'으로서 창출해내야 하는 이윤에만 매몰되지 않고 계속해서 지역사회에서의 올바른 활동을 해나갈 수 있는 원동력을 다시금 얻게 하는 것이야말로 사회적 가치 평가의 가장 의미 있는 성과일 것이다(http://www.dtawales.org.uk 참조).

3) 포괄적 수준에서의 '경제적 가치' 평가

SROI(Social Return on Invest, 사회적투자수익률): 사회적 가치를 '금전화'하기

SROI는 최근처럼 사회적 가치 평가에 대한 다양한 방법을 연구하고 제시하기 이전에 주로 사용되었던 가치평가방법이다. 시장경제 영역의 기업들은 보통 ROI(Return on Invest)를 통해 기업의 투자 금액이 향후 얼마만큼의 수익을 가져올지를 계산하는데 SROI는 ROI에 기반을 두고 만들어진 사회적 성과를 측정하는 툴이다. 다시 말해 SROI는 사회적 경제 조직이 창출해낸 사회적 가치와 경제적 가치가 실제 화폐가치로 얼마인지를 환산해 보여준다. 때때로 성과란 화폐가치로 환산할 수 없을 때도 있지만 비교의 용이성을 위해 SROI에서는 모든 가치를 공통의 단위로 환산한다. 사회적 가치 분석 결과는 비용 대비 효과의 비율로 나타난다. 만약 SROI 분석방법의 결과로 1.2 대 1이라는 수치가 나왔다면 그 의미는 "1달러를 투자하면 총 1.2달러의 사회적 편익이 발생"했다는 이야기이다(한국임팩트평가, 2013).

SROI는 사업 수행의 전 과정에 투여된 모든 유형과 무형의 자원을 계산하다. 독거노인을 위한 도시락 배달 사업에 투여된 경제적 자원으로는 식자재 비용, 인건비, 배달 운송비 등을 들 수 있다. 이를 화폐가치로 환산하는 것은 매우 쉽다. 반면, 사회적 가치는 기존에 경제적 지출로 계산하지 않았던 내용들이 대부분인데 도시락 배달 사업에 자원봉사자의 도움이 필요하다고 한다면 자원봉사자들의 시간도 값을 매길 수 있어야 한다. 결국 SROI는 하나의 사업을 수행하며 투여된 모든 자본과 노동력, 시간, 가치 등의 최종적 화폐가치이다.

그렇다면 이제 투여 자원에 대비하여 얼마만큼의 이익을 얻었는지에 대해, 즉 성과의 계산에 대해 알아보자. SROI는 조직 활동이 가져온 사회적 성과에 집중한다. 쉽게 말해 어떤 프로젝트를 위해 특정 활동을 몇 번 했느냐는 산출(output)이고, 그것이 가져온 사회적 결과가 성과(outcome)이다. 독거노인을 위한 도시락 배달 사업을 한다고 하면 몇 명의 독거노인에게 도시락을 전달했느냐가 아니라 도시락 배달 사업으로 독거노인의 굶주림이 얼마나 해소되었느냐가 주된 성과인 것이다. 일종의 사회지표로만 여겨왔던 창출 고용률, 질병예방률, 영아 사망률의 증감이 가져온 경제적 이익의 효과가 조직의 성과로 계산된다.● 하지만 만약 성과의 일부분이 사업만으로 인해 발생한 순수 성과가 아니라면 그 변수를 발생시킨 외부 요인을 제거해야만 한다. 사회 전체적으로 독거노인이 식사를 하지 못하는 비율이 줄어드는 경향이 있었다면 그것은 조직의 성과가 아니기 때문이다(Chroman, 2010).

SROI는 이해관계자별로 접근하는 특징을 가지기 때문에 각 성과에 적절한 지표를 활용해 성과를 쉽게 결정하고 평가할 수 있다. 그리고 만약 사업의 활동 계획 단계에서 SROI를 활용한다면, 원하는 기대치만큼의 성과를 낼 수 있게끔 각 단계에서의 목표를 설정하고 적절한 데이터를 수집할 수 있기 때문에 과거의 성과만이 아닌 미래의 예측도 가능해진다.

SIB(Social Impact Bond, 사회성과연계채권): 사회문제 해결 가능성을 투자 가치로 환산하기

최근 서울시와 경기도 등의 지자체에서는 사회 문제 해결을 위해 이른바 '착한 투자'라고 일컬어지는 SIB를 확장하는 움직임이 빠르게 나타나고 있다. 사회 문제 해결이 정책 시행이 아니라 투자에 의해서도 이루어질 수 있다니 생소하다. 그렇지만 SIB는 민간 투자자들이 투자 수익도 올리고 사회 문제 해결에

● 만약 성과에 대한 화폐가치 환산이 어렵다면 SROI 가이드에서는 측정하고자 하는 성과를 직접 표현하는 지표를 찾거나, 각 국가에서 주로 사용하는 성과 항목을 화폐가치로 표현할 수 있는 대리 지표를 찾는 것을 추천한다.

도 동참하는 새로운 금융 모델로 각광받고 있다. 2016년 7월 현재 전 세계에서 약 60여 개의 SIB 프로젝트가 진행 중이다(머니투데이, 2016.7.2).

SIB가 사회 문제를 해결하는 데 효과적일 수 있다는 첫 신호는 바로 2010년 영국의 피터버러(Peterborough) 교도소에서 단기수감자를 대상으로 시행한 재범률 감소 프로젝트의 성공이었다. 당시 교도소를 출소한 단기수감자들은 지자체로부터 46프랑을 지급받을 뿐 어디에서도 지역사회 생활 지원을 받지 못했다. 마땅한 직업과 주거지를 구하기도 어려웠던 출소자들은 지병이나 약물 중독, 사회부적응 등의 심리적·정서적 문제를 호소했으며 일부는 다시 범죄를 일으키기도 했다. 이에 법무성과 피터버러 시가 협의해 '피터버러 SIB'를 발행해 성과조건부 지급보증을 바탕으로 민간투자자들에게 채권을 발행함으로써 공공사업 운영 자금을 조달하기로 한다. 록펠러재단을 비롯한 17개 민간재단은 총 500만 파운드의 자금을 투자했고, 피터버러 시정부는 사회서비스를 제공할 수 있는 단체들과 계약해 수형자들에게 교도소 내부 및 출소 후 사회복귀 서비스를 제공하거나 직업 훈련 정보 및 여러 자활 프로그램을 제공했다. '피터버러 SIB'의 최종 결과는 아직 발표되지 않았다.* 보통 SIB 제도는 오랜 시간에 거쳐 성과를 측정하기 때문에 3~7년 정도의 시간을 사업 진행 기간으로 보기 때문이다. 그러나 투자기간이 길면 민간투자자들의 불안이 증폭될 수 있기 때문에 법무성은 피터버러 SIB에 대한 중간 평가를 시행했다. 그 결과, 다른 교도소에서 출소한 1년 미만의 남자 단기수감자 그룹과 피터버러 교도소의 출소자 그룹을 비교했을 때 재범률이 줄어든 효과를 낸 것을 알 수 있었다. 프로젝트 시행 1년 사이에 재범률이 8.4% 낮아진 것이다. 투자에는 그에 따른 보상이 있으므로, 민간투자자들은 투자 금액에 따라 연리 7.5%에서 최고 13%

---

* 영국의 피터버러 SIB는 6년여에 걸친 사업을 성공적으로 완수했다는 평가를 받는다. 아직 최종 성과발표가 이루어지지 않았지만 프로젝트 선임담당관의 말을 빌리자면 "올해 투자금 회수와 수익을 기대할 수 있을 것"으로 전망된다(머니투데이, 2016.7.2).

의 이자를 지급받았다(RAND Europe, 2011).

사실 SIB는 **그림 8-4**에 위치한 여러 평가방법들처럼 조직이 추구하는 사회적 가치를 평가하기에는 무리가 있다. 국가나 지자체 등 큰 단위의 조직이 사회문제를 보다 효과적으로 해결하고자 할 때 활용할 수 있는 하나의 방법일 뿐이다. 평가하는 사회적 지표들과 무엇이 성과인지를 측정하는 기준은 사업의 초기 과정에서부터 이미 정해진다. 그러나 SIB의 성과는 결과적으로 금전화되는 화폐가치이기 때문에 SIB는 **그림 8-2**의 (3)에 위치하는 것이 적절하다.

지금껏 위에서 하향식으로 전달되던 정책들은 지역사회의 필요와 욕구를 제대로 파악하지 못해왔다. 그리고 최근 증대되고 있는, 새로운 투자 시장을 개척해야 하거나 기업의 사회적 책임을 행해야 한다는 기업의 니즈는 앞으로 SIB가 더욱 활발해질 수밖에 없는 요인이다. 더욱이 중앙정부의 정책을 지역사회로 하달하던 지자체의 입장에서는 기존의 지자체 예산에 민간의 투자금

그림 8-4 SIB의 구조

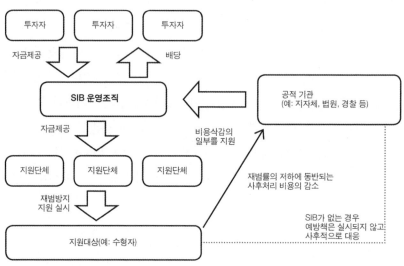

자료: 신창균(2013).

액이 더해져 문제해결을 위한 예산도 증대되고 보다 직접적인 방식을 통해 사회문제를 해결할 수 있으니, SIB의 효과성은 클 것이라 기대된다. 그러나 각 지역사회마다 직면한 상황, 투자를 하고자 하는 민간투자자들의 성격이 다르기 때문에 성과측정기준과 평가방법도 각자의 재량에 맡길 수밖에 없다. SIB 모델이 더욱 효과적일 수 있으려면, 계약 과정에서 성과측정기준과 평가방법이 명확히 정의되어야 하겠다.

4) 포괄적 수준에서의 '사회적 가치' 평가

GRI(Global Reporting Initiative): 기업의 지속가능성 평가하기

1997년 설립된 GRI는 '지속가능보고서'의 가이드라인을 제시하는 국제기구이다. 환경 문제에 대한 세계적 관심이 높아지면서 기업은 점점 사회적 책임을 다할 것을 요구받고 있다. GRI도 그러한 맥락에서 각 나라의 기업들이 경제적 이익 이외에도 사회적·환경적 가치를 추구하는 방향으로 활동영역을 전환할 것을 권고한다. GRI의 가이드라인도 기업 보고서는 경제성, 사회성, 환경성 등 세 개의 축을 고려해 성과보고를 해야 한다고 말한다. **표 8-6**은 GRI 가이드라인의 세 가지 축에 대한 항목들인데, 기업 조직을 평가할 때 사회적 가치의 위상이 점차 커지고 있음을 알 수 있다.

GRI 제시 기준에 의해 성과보고서를 작성하는 기업들은 보통 규모가 큰 조직들이다. 한국의 여러 대기업들도 2년마다 꾸준히 지속가능보고서를 발간하는 데 동참한다. KPMG 인터내셔널의 2013년 발표에 의하면 '지속가능보고서' 작성 시 GRI 권고 가이드라인을 이용하는 비율은 한국이 90% 이상으로 전 세계에서 가장 높은 수준이라고 한다(≪조세일보≫, 2013.12.10).

그러나 기업들은 때로 GRI의 가이드라인을 이용해 보고서만 제출할 뿐 성과 입증을 통해 더욱 장기적인 발전 전략을 세우기 위한 책임을 다하지는 않는다. 서은주에 의하면 한국 기업의 지속가능경영보고서가 기업의 재무적 성과

표 8-6 지속가능성의 측면별 평가기준

구분	항목
경제적 측면	• 창출 가치의 수입과 분배 정도: 종업원 임금, 지역사회 투자 금액, 기업 운영 비용, 납부 세액 • 기업 환경 변화에 따른 위험과 기회 요인, 그리고 재무적 성과 • 정부 지원금, 연구개발 비용, 보상 비용 • 지역사회 노인 고용 비율, 남녀 임금 격차, 최저임금 준수 여부 • 지역사회 인프라에 미치는 기업의 영향력, 지역사회 생산 물품 사용 비율
환경적 측면	• 재활용 (불)가능 자원 사용 비율 • 에너지 소비량(전기, 난방, 냉각, 증기 등) / 에너지 사용량 감소 달성 비율 • (지역사회의 상황을 고려한) 수자원 사용량, 재이용 수자원 비율 • 기업 활동 시 생물다양성 존중 내용 • 온실가스 배출량 및 전년 대비 감소량 • 쓰레기 배출량 규모
사회적 측면	• 전체 고용인 대비 신규 고용인 비율(지역, 성, 연령 고려) • 고용인들의 복리후생(정직원별, 비정규직별 구분) • 남녀 고용인의 육아휴직 사용 및 복귀 비율 • 노사관계 • 직원들의 인권 정책 인지 및 교육 실태 • 인권 차별 발생 및 시정 건수 • 원주민 노동(개발도상국의 경우), 아동 노동 실태 • 사내 부정부패 발생 건수 • 직원 윤리 교육 시행 여부 • 생산제품의 윤리성

로는 연결되지 않으며, GRI 프레임워크의 적용 수준이 높을 뿐 실제 가이드라인을 제대로 준수해 작성된 보고서는 발간되지 않고 있다고 한다(서은주, 2010). 특히 가이드라인이 제시하는 모든 항목에 대한 보고는 진행되고 있지만 기업이 해당 항목에 대해 실패한 사례, 부정적 이슈 등에 대해서는 보고를 꺼리는 추세이다. 이는 GRI가 제시하는 품질 보증의 원칙(Reporting Principles for Defining Quality)에서 가장 우선시되어야 할 균형 자체를 무너뜨리는 것이다(김아리, 2012). 조직의 성과를 측정하는 과정에서 내부 구성원들의 참여와 책임의 필요성이 다시 한 번 강조되는 지점이다.

IRIS(Impact Reporting and Investment Standards)와 GIIRS(Global Impact Investing Rating System): 정교해진 평가방법을 이용해 조직 간 비교하기

IRIS는 미국의 록펠러재단과 어큐먼 펀드(Acumen Fund), B랩(B-Lab)이 만든 사회적·환경적·재무적 성공을 측정을 위한 성과지표이다. 일종의 카탈로그 형식으로 이용자는 먼저 자신의 조직이 활동하는 섹터를 선택한 후, 각 영역에서 활용할 수 있는 평가 기준과 지표, 정의들을 구체화해 자신만의 지표 프레임워크를 구성한다. 예를 들어, '물(water)' 섹터에서는 상품 개발 시 폐수가 어느 정도 발생했는지, 또는 정수 처리를 위한 장치를 설치해놓았는지 아닌지가 주 관심이다. 하지만 '교육(education)' 섹터에서는 사업 대상이 받는 교육의 질이 어떠한지를 묻는 것이 당연하다. 따라서 자신의 활동과 목적에 걸맞은 섹터와 평가항목들을 선택하는 것이 중요하다. 재무성과, 운영성과, 제품성과는 어떤 조직이든 답을 해야 하는 영역이다. 필터 기능을 이용해 만들어진 매트릭스에서 그에 맞게 짜여진 질문들에 답을 하고 나면 성과 리포트를 볼 수 있다. IRIS의 특기할 만한 장점 중 하나는 각 섹터 내에서 자기 조직의 성과가 어느 정도인지를 다른 이용자들과 비교할 수 있다는 점이다. 그 비교를 통해 조직들은 자신의 위치를 가늠해보며 장기적 전략을 수립한다. **그림 8-5**는 IRIS의 작동 원리를 표현한 그림과 성과 영역에 해당하는 지표들이다(한국임팩트평가, 2013).

GIIRS는 이름에서 알 수 있듯이 등급제 시스템을 이용한 분석에 기반을 두고 기업의 사회적·환경적 성과를 평가하는데 '별점 등급제'를 이용해 조직에 점수를 매기는 것이 특징이다. 미국의 비영리조직인 B랩에서 IRIS의 기본 원리를 이용해 고안한 평가방법으로 조직의 활동영역별, 지역별,* 규모별 비교가 가능하며 누구나 비교적 편리하고 쉽게 이용할 수 있다. 성과 평가에 대한 결과가 별점과 함께 수치로 계산되어 결과값을 쉽게 활용할 수도 있다. 특히

---

* 조직이 속한 국가가 개발도상국(emerging market)인지 선진국(developed market)인지를 구분함.

그림 8-5 IRIS의 구조

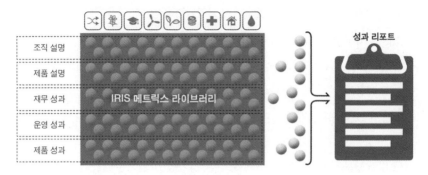

표 8-7 IRIS의 성과지표

구분	주요 지표
재무성과	재무 지표 및 재무 정보
운영성과	지배구조, 종업원 정책, 일반 운영과정에서 파생되는 사회적·환경적 영향
제품성과	생산 상품, 서비스 및 조직 고유의 가치 사슬에서 발생하는 사회적·환경적 영향
섹터성과	각 섹터에 해당되는 고유 질문들 ※ 섹터 구분: 농업, 교육, 건강, 에너지, 환경, 금융서비스, 주택 및 지역사회 시설, 수자원 및 폐기물, 기타

GIIRS는 평가자가 달라져도 동일한 성과 평가를 받을 수 있는 것이 장점이다. 정교화되고 계량적 규명이 가능한 지표들을 이용해 평가 요소와 과정이 일종의 매뉴얼처럼 고정되어 있기 때문이다. 물론 평가 툴에서 묻지 않는 질문은 예외로 해야 한다는 점이 아쉽기는 하지만 동일한 질문과 답변을 통해 조직 비교가 수월해진다.

GIIRS는 조직을 총체론적 관점에서 평가하기 때문에 활동에서의 '의도한 성과'와 '의도하지 않은 성과'를 함께 파악하고자 한다. 의도한 성과는 '사회 및 환경 비즈니스 모델'로 평가하는데, 여기서는 조직이 실현하고자 하는 사회적 가치가 활동 과정에서 생겨나는지, 아니면 상품 생산이나 서비스 판매라는 최종 결과를 통해 생겨나는지를 구분해야 한다. 사회적 가치가 활동 과정에서 발생한다면 그 조직은 유사한 영역에서 활동했던 모범 조직 사례와의 비교를 통해 점수를 부여한다. 그리고 최종 결과물을 통해 사회적 가치를 실현하는 조직에게는 매출, 고객 수, 판매량 등의 정보를 수집해 사회적 성과의 크기를 정량화해 평가한다.

의도하지 않은 성과는 비록 그 성과가 의도되지 않았더라도 조직 및 조직의 이해관계자들의 활동을 통해 얻게 된 모든 성과를 전체적으로 평가하기 위함이다. 의도하지 않은 성과는 거버넌스(Governance), 고용(Workers), 지역사회(Community), 환경(Environment)이라는 네 가지 영역의 프랙티스(practice)에서 발생한다. 프랙티스란 기업의 사회적 성과 창출과는 별개로 기업이 네 개의 영역에서 어떻게 긍정적 영향력을 창출해내는지를 살펴보는 관점이다. 각 영역에는 **표 8-8**에서 볼 수 있듯이 하위 핵심 주제들이 존재한다. 그리고 각 핵심 주제마다 그에 따른 지표들이 있어 평가는 그 지표들에 대한 답을 하는 것으로 이루어진다. 조직은 '사회 및 환경 지향 비즈니스 모델'과 '프랙티스' 중 자기 조직의 어떤 성과를 평가받을 것인지에 대해 먼저 선택해야 한다. '사회 및 환경 지향 비즈니스 모델'을 선택했다면 조직의 비즈니스 모델에 따른 모델 지표를 설정해야 한다. '프랙티스'를 선택한 경우에는 다시 조직이 속한 지역, 산업, 규모를 선택하게 하는데, 이때 조직의 지역과 규모에 따라 거버넌스 각 영역의 배점이 서로 다르기 때문에 같은 지역에서 동일 산업에 종사하는 비슷

표 8-8 GIIRS의 성과지표

영역	핵심 주제
거버넌스	기업의 책임성, 투명성, 신뢰성
고용	고용 창출, 보상, 종업원 훈련과 이익, 종업원의 주인 의식, 작업환경
지역사회	지역사회 투자, 지역사회와의 연계성, 다양성, 지역사회 상품과 서비스 활용
환경	친환경 제품, 토지/공장/사무실, 투여/산출 자원

한 규모의 다른 기업들과 함께 상대적인 평가를 받을 수 있다. GIIRS는 일률적인 지표에 근거해 평가값을 도출하므로 여러 조직을 동시에 비교하기가 매우 용이하다(한국임팩트평가, 2013).

사회적 회계(Social Audit): 회계 평가의 사회적 관점

사회적 회계는 SROI와 더불어 사회적 경제 조직의 성과를 평가할 때 흔히 쓰이는 평가방법이다. 한국 사회에서 기업의 사회적 책임을 요구하는 것은 최근의 일이지만 선진국에서는 몇십 년 전부터 기업의 사회적 책임을 촉진할 수 있도록 여러 제도적 환경이 마련되어왔다. 사회적 회계도 그 제도적 환경 중 하나로 사용되어오다 1996년 영국의 친환경 화장품 브랜드인 '바디숍(Body Shop)'의 첫 번째 사회적 회계 보고서가 출판되며 그에 대한 관심이 커지기 시작했다. 사회적 회계는 SROI 등의 평가방법과 중요 가치를 포함해 기존 경제적 영역에 포함되지 않았던 조직의 독특한 가치들을 사회적·환경적·경제적으로 세분화해서 측정하는데 각 가치들에 대한 통합적 분석과 윤리경영 연구, 사회적 가치의 경제적 측정, 환경적 평가 등 그 평가항목이 다양하게 구성되어 있다. 각 가치들에 대해 세부적으로 평가하고자 하는 항목들은 표 8-9와 같다.

사회적 회계에 대한 필요성은 다양한 측면에서 발생하겠지만 가장 우선적으로 △ (내부 이해관계자들의) 조직에 대한 이해를 증가시키고, △ 다양한 이해관계자들과의 소통을 원활하게 하기 위해서이다. 자기 조직이 무엇을 잘하는지 제대로 알지 못하면 투자자나 이사회, 공공기관 등 사회적 생태계를 구성하는 다양한 개체들과의 상호작용이 더딜 수밖에 없다. 또한 사회적 회계 결과는 △ 통합적이고 전략적인 조직운영을 위한 가이드가 되며, △ 조직에 대한 지역사회의 욕구에 부응하고 책임성을 제고하며, △ 조직의 홍보 및 사회적 효과 측정을 위한 기준을 마련할 수 있다(장효안, 2007).

모든 사회적 가치 또는 성과 평가가 마찬가지이겠지만, 사회적 회계는 조직의 모든 활동을(종합성) 시기를 정해 정기적으로 평가해야 한다(정기성). 또는

표 8-9 사회적 회계의 평가항목

구분	평가 항목
사회적 가치	지역주민 대상 일자리 창출, 지역 필요 서비스 제공, 구성원 역량 강화, 사회적 네트워크 형성, 지역사회 발전을 위한 사회적 활동과 그로부터 파생되는 양적·질적 사회적 가치
경제적 가치	(주로) 일자리 창출과 관련된 경제적 효과, 훈련에 대한 투자비용, 사회적 목적을 기반으로 한 투자유치 내용 및 비용, 개인 및 가족의 소득 증대, 지역 내 구매정책 및 지역주민 대상 상거래 할인, 공정무역 등 윤리 구매 내용 및 금액, 지역사회에 대한 기여
환경적 가치	종이 및 물품 사용, 에너지 절약, 사무용품 및 업무 환경의 환경적 관리, 쓰레기, 교통수단 정책, 재활용/재사용 비율, 내부 환경정책 유무 등

유사한 성격을 가진 다른 조직과도 함께 비교를 하며 지속적으로 자기 조직의 발전가능성을 제시하면서 성장해가야 한다(비교가능성). 그리고 올바른 가치 평가가 이루어지기 위해서는 분명한 근거 자료를 제시함으로써 조직의 활동과 가치에 대해 스스로 입증할 수 있어야 한다(입증성). 마지막으로, 무엇보다도 중요한 것은 회계·감사 후 그 보고서를 조직의 전체 이해관계자와 함께 공유해(개방성) 내부 결속을 증진시키고 함께 성장을 도모해야 한다는 것이다.

AA1000(AccountAbility Principles for Sustainable Development): 회계 평가의 사회윤리적 관점

1995년 설립된 비영리재단 '어카운터빌러티(AccountAbility)'는 사회적 가치를 추구하는 조직의 지속가능성은 조직의 모든 활동과 가치를 설명하는 의무에서 비롯된다는 혁신적인 움직임을 주도하며 정부, 시민사회 단체, 기업과 협력해 민관 거버넌스 체계를 만들기 위해 노력한다. 이 단체는 '설명의무의 원칙'에 관한 여러 버전의 AA1000 시리즈를 내놓은 바 있다. 먼저 1999년에 발표된 AA1000 설명의무 프레임과 그로부터 발전되어 2003년에 만들어진 AA1000 검증 표준은 설명의무 원칙으로 포괄성과 완전성 및 대응성이라는 원칙을 제시했다. 이 원칙들이 바로 AA1000의 검증 원칙으로 활용되어 이후 AA 1000AS(2003년), AA1000APS(2008년)에서도 핵심적 기준이 되었다. 특히 AA 1000APS는 온라인 설문과 다양한 이해관계자들의 의견을 묻고 반영하는 워크 숍을 통해 만들어졌다. 그로부터 만들어진 초안은 위키(Wiki) 소프트웨어를 이용해 검토 과정을 거치며 최대한의 투명성을 보장하고자 했다. AA1000의 정식 명칭은 '지속가능한 발전을 위한 설명의무의 원칙'이다. AA1000은 함께 하는 표준의 학습으로부터 조직 그리고 사회혁신이 진화를 이루어나갈 수 있다고 믿는다. 이해관계자들은 지속적인 참여를 통해 보다 더 나은 AA1000 시리즈를 구체화해갈 수 있다(AccountAbility, 2008).

그렇다면 AA1000은 사회적 가치를 어떻게 평가할까? 앞서 사회적 회계를 살펴보며 기존의 기업 회계와는 다른 영역들에 대한 평가가 이루어질 수 있음을 확인했다. 그런데 AA1000은 그보다 더 주관적이고 광범위한 차원에서의 평가가 필요하다고 말한다. 즉, '사회윤리적' 평가인데 여기에서 '사회적'이란 조직 이해관계자들의 행동에 의한 내부적·외부적 효과를 의미하며, '윤리적'이란 이해관계자의 환경, 경제 등에 대한 조직과 구성원의 행동과 의무를 말한다. 다시 말해, 조직과 구성원들의 어떠한 행동이 가져오는 효과는 관계에서 기인하기 때문에 사회적이라고 할 수 있으며, 각 구성원들과 그들을 둘러싼 환경—그것이 정말 환경적이든 경제적 상황이든—에 대한 의무와 태도는 '윤리적'이라는 것이다. 따라서 사회윤리적 관점에서 조직을 평가할 때는 조직의 내외부적 관계성, 그리고 각 개인들이 스스로 그것을 어떻게 여기는지와 관련된 기대와 규범도 평가의 대상이 된다. 사회윤리적 회계는 성실성과 객관성, 독립성과 전문성, 비밀 보장 유지와 소속 구성원들이 마땅히 행해야 할 의무를 원칙으로 하여 평가된다. 평가 내용은 조직 문화, 사회적-윤리적 보고, 공정무역, 근로조건, 인적자원 경영, 환경과 동물 보호, 지역기여도, 인권 등이다(Account-Ability, 1999).

일반적인 기업 회계와 뚜렷하게 구별되는 점은 바로 평가 내용에 조직의 수입, 순이익 등의 경제적 성과가 없다는 점이다. AA1000은 가치를 평가하는 방법 중에 하나이다. 조직의 평가가 이것만으로 이루어질 수는 없다. 따라서 경제적 가치와 사회적 가치를 동시에 추구해야 하는 사회적 경제 조직의 특성상 AA1000이 가장 유효하다고는 할 수 없겠다. 그러나 AA1000은 다른 가치 평가 방법들이 평가대상으로 삼지 않았던 사회적·윤리적·환경적·경제적 효과들에 대한 조직 구성원의 책임감과 기대를 묻는다. 이것은 앞서 AA1000이 중요하다고 강조했던 '설명의무의 원칙'처럼 계속해서 구성원들에게 묻고 설명되어야 하는 중요 가치인 것이다. 평가가 진행되는 여러 과정을 거칠 때에도 단계를 지날 때마다 구성원들에게 평가 내용을 회람하고 피드백을 수집하며, 전략 강화를 할 때에도 조직 이해관계자의 참여는 필수적이다. 빠른 변화를 강조하는 현대의 기업에게 이것은 매우 지난한 과정이겠지만 구성원들 모두가 조직의 활동과 자신의 역할에 책임감을 느끼는 것이야말로 가장 효과적이며 모범적인 조직의 지속가능 전략이다.

4. 사회적 가치 평가방법 활용 제언

1) 현재 사회적 가치 평가의 문제점

「사회적 기업 지원법」(2006년 제정), 「협동조합기본법」(2012년 제정), 그리고 법 제정은 아직 이루어지지 않았지만 단단한 사회적 경제 생태계 조성을 목적으로 한 '사회적 경제 기본법' 등 지난 8년여간 한국 사회 곳곳에서 사회적 경제 관련 붐이 일어났다.* 사회적 경제가 무엇인지에 대한 정의는 아직 완전하

---

* 2016년 9월 기준, 전국에 설립된 협동조합의 개수는 총 1만 72개이다. 이 중 일반협동조합은

지 않지만 2012년 「협동조합기본법」이 제정되고, 서울시를 중심으로 협동조합 설립이 가속화되면서 기존의 시장경제와는 다른 경제 시스템의 특성을 어렴풋이나마 인지하게 된 듯하다. 그러나 사회적 경제를 뿌리내리게 하려는 정부 주도의 노력이 속도전을 방불케 하면서 그 크기는 커졌을지 몰라도 정작 내용물은 부실해 '질소 과자'를 연상케 한다. 그럼에도 성과 중심의 정부 행정은 사회적 경제 조직들이 충분히 성장할 수 있는 여건과 시간을 고려하지 않은 채 '투여 자원(input) 대비 성과물(output)'만을 판단하는 성급한 자세를 견지한다.

한 예로, 기획재정부는 '2015 협동조합 실태조사'를 실시해 2015년 12월에 그 결과를 발표했는데, 조사 결과 운영이 제대로 이루어지고 있는 협동조합은 전체의 3분의 1에 불과하다는 다소 충격적인 사실이 드러났다. 협동조합 설립을 장려하기 위한 비교적 쉬운 조합 설립 근거들은 구체적인 사업 목표가 없는 상태로 우후죽순 숫자 늘리기를 가능하게 했다. 따라서 이 같은 조사 결과는 당연한지도 모른다. 하지만 한편으로는 신생 조직이나 다름없는 대다수 협동조합들에게 조사 기준 자체가 너무 엄격했던 듯하다. 비단 이번 조사만이 아니다. 이미 사회적 경제 조직으로 굳건하게 자리 잡은 몇몇을 제외한 대부분의 조직들은 한정된 기간 동안에만 투여되는 정부 지원금이 사라지고 나면 운영의 지속가능성을 담보할 수 없다. 이처럼 모든 사회적 경제 조직들에게 고용 창출 효과와 경영 안정성 및 이익 증대 여부 등의 복잡한 잣대를 들이대는 것이 과연 옳은 일일까. 그것도 각 조직의 상황과는 관계없이 동일한 기준으로 말이다. 성과 중심적이고 금전화로 환산되는 경제적 지표들이 복잡하게 얽혀 있는 성과 측정 방식은 우리 사회 대다수의 사회적 경제 조직들에게는 적절하지 않다. 오히려 안정된 조직들에게 어울리는 방식이다.

9492개로 우리나라 협동조합의 전부를 차지한다고 해도 과언이 아니다. 일반협동조합보다 비영리적 성격이 강하고 공익사업 업종에 보다 집중하는 사회적 협동조합은 526개에 불과하다.

더욱이 역설적이게도 법적·제도적 근거에 의해 투입되는 여러 지원은 오히려 풍성한 사회적 경제 생태계를 조성하는 데 저해 요인이 되기도 한다. 사회적 기업, 협동조합, 마을기업, 자활기업 등 사회적 경제 조직 구분은 관련 법과 제도를 다루는 정부 부처에 의해 이루어진다. 유사한 영역의 사회적 가치를 추구하는데도 관련 법과 제도는 왜 달라야만 하는가. 그뿐 아니라 법에서 정하는 요건을 갖추어야만 법적 테두리 안에서 사회적 기업, 협동조합 등의 명칭을 사용할 수 있는데, 정부 부처는 이 같은 명칭의 구분 없이도 사회적 가치를 실현하는 다양한 조직들이 많다는 사실을 간과하는 듯하다. 특히 사회적 기업에 대해서는 '예비'와 '인증'이라는 구분을 두어 조직이 정당성을 얻는 과정을 더욱 까다롭게 만들었다. 또한 사회적 기업의 목적을 지역사회 이익 실현, 취약계층 대상 일자리 창출, 사회서비스 제공 등으로 한정함으로써 많은 사회적 기업 활동의 다양성을 제한해왔다. 이렇듯 정부 기준의 표준화는 좀 더 다양한 대상과 생활 면면에서 이루어나갈 수 있는 창조성을 제한하며 조직의 동형화를 초래할 위험이 크다.

2) 건강한 사회적 경제 생태계를 위한 사회적 가치 평가방법 활용의 전환

사회적 경제 조직에 대한 기존의 평가방식은 조직의 다양한 상황과 특성을 제대로 파악하지 못했으며 평가조직의 성과를 과연 올바르게 입증해왔는지, 향후 가장 적절한 전략을 수립하고 있는지가 의문이다. 따라서 여기에서는 한국의 사회적 경제 생태계를 구성하는 여러 조직들을 신생 조직과 안정 조직으로 구분하며, 각 조직의 상황과 특성에 맞는 평가방식을 적절히 활용하는 전환을 요구하고자 한다. 평가대상의 상황과 목적에 맞춤화된(customized) 평가방법은 결국 대상을 면밀하게 살펴 그 대상의 장단점이 무엇인지, 무엇에 집중해야 하는지를 분명하게 제시한다. 앞서 살핀 우드와 레이턴의 사회적 가치 평가방법 구분 틀(Wood and Leighton, 2010)을 기반으로 조직의 특성에 맞는 사회

그림 8-6 사회적 가치 평가방법의 조직생태학적 연관성

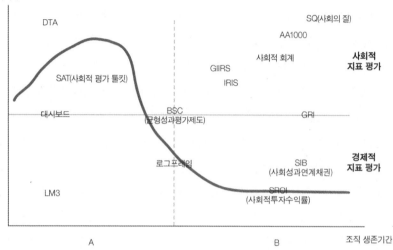

적 가치 평가방법을 선택할 수 있게 **그림 8-6**을 작성해보았다. 어떤 평가방식이 자신에게 가장 적절한지를 알기 위해서는 먼저 다음의 세 가지 질문에 답을 할 수 있어야 한다.

첫째, 평가하고자 하는 조직이 신생 조직인가? 어느 정도 중요 성과를 거두고 있는 안정된 조직인가?

둘째, 평가하고자 하는 조직의 성과는 금전화될 수 있는 경제적 지표인가? 또는 주관적이며 포괄적인 사회적 지표인가?

셋째, 평가하고자 하는 조직의 영향이 미치는 범위는 특정 지역에 국한되는가? 또는 국가, 사회, 전 지구적 차원에 해당하는가?

사회적 가치 평가방법 툴은 위의 세 가지 물음에 따라 **그림 8-6**처럼 위치 지을 수 있다. 일찍이 조직사회학자 캐롤(Glenn Caroll)은 생태계의 수용능력(Carrying Capacity)에는 제한이 있음을 가정하고 생태계 안에서 조직 간의 경쟁은 생존과 사멸의 역학구도를 만들어낸다고 설명해왔다. **그림 8-6**처럼 조직생태계

는 내외부적 변화를 통해 급성장하지만 그 안에서 경쟁이 발생했을 경우에는 규모, 연령 등의 수준에 따라 점차적으로 소멸하기 마련이다. 한국의 사회적 경제 생태계도 이와 같은 현상을 경험할 것이라 생각된다. 다만 지금의 활성화된 사회적 경제 생태계가 한순간의 꿈이 아니기를 바라며, 각 조직들이 조금 더 건강하게 다져지기 위해 **그림 8-6**에서 제시하는 가치 평가방법들을 이용하여 스스로를 진단해나갈 수 있기를 바란다. 마찬가지로 사회적 경제 조직을 지원하는 정부 부처와 기업들도 이 같은 고민을 함께할 수 있기를 기대한다.

A: 신생 조직의 사회적 가치 평가방법

우선, 조직 개체 수와 조직 생존기간에 따라 A와 B를 구분해야 한다. A에는 비교적 새로 생겨난 사회적 경제 조직들이 사용하기 적절한 평가 툴들이 있다. 특히 A는 한국의 사회적 경제 현실에 시사하는 점이 많을 것 같다. **그림 8-6**에서 보듯이 어떤 조직생태계가 활성화 시기를 맞이하면 조직 개체 수는 짧은 시간 안에 폭발적으로 증가한다. 즉, 신생 조직들이 대거 생긴다는 얘기인데 짐작할 수 있듯이 조직 운영 초기에 그 내부에서는 자금 조달의 어려움, 구성원 간 조직 비전 공유 부족, 향후 계획 설정 문제 등 여러 가지 크고 작은 어려움이 발생하기 마련이다. 이 어려움들을 잘 해결한다면 조직 운영은 안정되고 그 생존기간 또한 당연히 길어지겠지만, 대다수의 조직들은 문제 해결에 실패해 조직생태학적으로 개체 수는 하향 곡선을 그리게 된다. 물론 (조직생태계이든 자연생태계이든) 생태학적으로 초기 시점에서 많은 수의 조직들이 사라지고 탄탄한 조직들만 살아남는 것은 매우 자연스러운 일이다. 그러나 오늘날 우리 사회에서 사회적 경제가 주목받는 시의적 의미를 생각한다면 신생 사회적 경제 조직이 강자생존의 법칙에 의해 그 수가 자연적으로 빠르게 소멸하는 것보다는 적절한 제도적 도움을 통해 내실을 다지고 체력을 키우는 전략을 취할 수 있지 않을까 싶다. A에 위치한 사회적 가치 평가방법들은 단순하게 보면 보다 간결한 방법으로 조직의 성과를 파악하는 도구에 지나지 않지만 그 과정을 통해 동원 가능한 자원(노동력, 자금, 시간 등)이 적은 신생 조직들이 '나는 과연 누구이며 무엇을 할 수 있는지'를 깨닫는 데 도움을 줄 수 있다. 한편, 신생조직의 사회적 목적은 조직이 속한 지역사회에서 주로 실현되기 마련인데 해당 조직이 지역사회에 얼마나 잘 착근되어 긍정적 영향을 끼치는지도 알 수 있게 된다. 이 장 제3절의 '개별적 수준에서의 경제적 지표 평가'와 '개별적 수준에서의 사회적 지표 평가'가 이에 해당한다.

B: 안정 조직의 사회적 가치 평가방법

사회적 경제는 시장경제라고 일컬어지는 기존의 경제 체계와는 다른 성격을 갖고 있기 때문에 사회적 경제 생태계 자체가 안정되기까지는 매우 지난하고 오랜 시간이 걸릴 것이다. 그러나 조직생태학적으로 생태계의 폭발과 변화가 안정되는 지점에 이른다면 결국 생존해 있는 개체들은 비교적 건강한 체질을 가지고 있는 조직들이다. 시간이 또 흐름에 따라 몇몇 안정된 조직들이 신생 조직 가운데에서 발견되겠지만 생태계가 활성화되던 초기와 같은 커다란 외부적 자극 없이 생태계 자체가 커지기는 어렵다. 한국의 사회적 경제가 안정화될 시점이 언제일지 현재로서 가늠하기는 매우 어렵다. 다만 1970년대부터 지금까지 지속되어오는 한살림, 아이쿱 같은 소비자생활협동조합과 기업 재단의 지원으로 규모와 내실을 키워가는 몇몇 사회적 경제 조직들을 현재 한국의 사회적 경제 생태계에서 안정된 조직이라고 꼽을 수 있겠다. 안정성 또는 지속가능성을 기대할 수 있는 이 같은 조직들은 대다수의 신생 조직과 같은 방법으로 가치 평가를 해서는 안 된다. 물론 앞서 살펴본 사회적 가치 평가방법도 때에 따라 효과적일 수 있지만, 기본적으로 이러한 조직들이 가치 평가를 받는 주된 목적은 자신들의 성과를 입증하기 위함이다. 즉, '나는 무엇을 잘하느냐'에 초점을 맞춰 성과 평가가 이루어져야 한다.

따라서 평가방식은 좀 더 복잡해지고 정교해진다. 성과를 평가받기 위해 과정마다의 세세한 검증이 필요하기도 하며, 조직이 추구하는 가치는 단순히 특정 조직, 또는 지역의 변화만을 말하는 것이 아니라 조직 내 인력, 지역사회 구성원, 환경, 사회 등 다양한 영역에서의 변화를 포함한다. 앞서 이 장 제3절의 '포괄적 수준에서의 경제적 지표 평가'와 '포괄적 수준에서의 사회적 지표 평가'가 이에 해당한다.

3) 향후 과제

개별 사회적 경제 조직 단위에서 조직의 목적과 상황을 가장 잘 드러낼 수 있는 평가방법을 이용하려 해도 그 조직에 대한 평가를 진행하는 정부 부처, 기업과의 협력 없이는 매우 어렵다. 따라서 가장 근본적으로 해결해야 할 첫 번째 과제는 정부 부처, 또는 기업과의 협력관계이다. 한 예로, 영국은 지난 2012년 3월 「사회적 가치 창출을 위한 공공서비스 법」(Social Value Act, 일명 「사회적가치법」)을 제정하고 2013년 1월부터 시행해오고 있다. 「사회적가치법」은 공공기관이 위탁, 조달하려는 서비스에 대해 사회적 경제 조직과 협력하고, 핵심적으로는 계약(또는 입찰) 이전 관련 계획을 수립하는 단계(pre-procurement)에서부터 어떻게 하면 더욱 많은 사회적 가치를 창출할 수 있을지를 고려하고 규율해야 한다고 정하고 있다.

사회적 가치는 매우 유동적이며 규범적이다. 다시 말해, 어떤 지역에서는 청년 실업이 문제라면 다른 지역에서는 아동 결식이 문제일 수 있다. 그렇다면 각 지역이 추구하는 사회적 가치는 달라지는 것이 마땅하다. 이제는 공공기관의 서비스를 대신할 개별 사회적 경제 조직들이 위탁 과정에 참여하고 있다. 각 조직들은 자신의 사회서비스 제공 활동이 왜 공공기관이 행하고자 하는 활동에 가장 적절한지를 자신만의 가치에 의한 측정 지표를 통해 제시할 수 있어야 한다. 그 가치를 측정할 평가방법과 가치 측정 지표는 조직의 규모나 안정성 여부에 따라 다르다. 비교적 신생 조직인 경우에는 공공기관이 평가방식을 제시한다. 통일성 없는 다양한 방식은 일의 혼란을 가중시키기 때문이다. 이 과정에서 공공기관은 무엇보다도 지원 기관과의 연계를 통해야만 해당 사업이 잘 진행될 수 있음을 알기에 개별 조직의 특성과 사업 수행지역 특성을 잘 고려해 평가방법을 제시한다. 안정 조직의 경우나 지자체의 경우에는 자신에게 가장 알맞은 평가방식을 그들이 직접 제안하기도 한다.

사회적 경제에 대한 정부 부처 간 나눠먹기식 행정, 중앙 정부에 비해 힘이 약한 지방 행정 등이 영국의 「사회적가치법」에서 주목하는 공공기관-사회적 경제 조직의 연계성을 약화시키는 요인이다. 이러한 장애물을 어떻게 극복할 것인지에 대한 활발한 논의가 필요한 시점이다.

두 번째 과제는 무엇보다도 개별 조직 내부에서 찾을 수 있겠다. 사회적 경제를 지원하는 다양한 중간지원조직, 민간 조직 등의 교육을 통해 개별 사회적 경제 조직 단위에서도 어떻게 해야 사회적 가치와 경제적 가치를 동시에 실현할 수 있을지 근본적인 고민이 시작되고 있다. 그렇지만 여전히 경제적 이윤 추구로 생존가능성을 우선 확보한 후에 사회적 가치를 실현해도 늦지 않다는 인식이 만연하다. 한편으로는, 사회적 가치를 실현하고 싶어도 여러 환경적 요인이 뒷받침되지 못해 불가능한 경우도 대다수이다. 그런 와중에 내부 구성원 모두가 조직의 비전과 목표를 공유하고 새로운 활동 방향을 수립해나간다는 것이 큰 부담으로 느껴질 수도 있을 것이다. 다양한 사회적 가치 평가방법 자체에 대한 교육과 사회적 경제 영역에서 활동하고자 하는 개개인에 대한 교육이 더욱 절실하다 하겠다.

5. 결론

사회적 가치와 경제적 가치를 함께 추구한다는 것이 모순처럼 느껴질 때가 많다. 따라서 사회적 경제 영역에서 활동한다는 것 자체가 매우 어려운 것이 사실이다. 특히 지금처럼 사회적 영향력이 아닌 경제적 효과로 환원되는 지표와 성과 중심의 평가방식이라면 더더욱 그렇다. 사회적 경제에 대한 관심이 점차 사그라들며 그것이 지니는 가치마저 평가절하되는 것도 문제이다. 사회적 경제 생태계 활성화를 위한 근본적인 해결책은 아니지만 관점의 전환은 사회적 경제 내외부에 문제 해결의 실마리를 제공하기도 한다.

여러 번 강조했듯이 현행 사회적 가치 평가방식은 한국의 사회적 경제 생태계 대다수를 구성하는 신생 조직의 욕구와 필요성을 반영하지 못한다. 그들은 '너희는 무엇을 잘하느냐'는 물음보다 '너희는 누구이며, 앞으로 무엇을 할 수 있겠느냐'에 대한 답을 먼저 찾아야 한다. 그리고 보다 쉽고 직관적인 방식으로 조직의 활동과 목적, 영향력을 평가할 수 있어야 한다. 따라서 무엇보다도 이들을 지원하는 정부 부처와 기업과의 협력이 중요하다.

반면, 비교적 안정되어 어느 정도의 성과를 이루는 조직들은 성과 자체를 입증하고 장기적인 성장 전략을 수립하는 것이 우선이다. 조금 더 복잡한 방식이라 하더라도 세세한 면면을 평가할 수 있어야 한다. 안정 조직의 사회적 가치를 측정하는 평가방법들은 경제적 지표 중심이든 사회적 지표 중심이든 관계없이 이 조직들이 실제로 얼마나 큰 영향력을 끼치는지에 집중한다. 그렇기에 좀 더 세부적으로 자세한 평가가 진행된다. 다만 안정 조직의 사회적 가치 평가는 단순히 평가로만 끝나는 것이 아니라 정기적으로 진행되어야 하며 내부 구성원의 참여, 내부 구성원과의 공유를 통해 조직을 더욱 투명하고 안정적으로 운영하는 데 기여하는 것이 중요하겠다.

...

제9장

요약과 결론

서로 경쟁하는 개인들만 존재하는 각자도생(各自圖生) 사회는 바람직하지 않다. 그리고 각자도생 사회란 '뿔뿔이 흩어진 개인들로만 굴러가는 사회'라고 정의된다는 점에서 형용모순(oxymoron)이다. 상식적인 이야기지만 인간은 '사회적 존재'이다. 따지고 보면 사람이 혼자 할 수 있는 일은 별로 없다. 보이는 관계, 혹은 보이지 않는 관계에 둘러싸인 존재인 개인의 삶은 늘 누군가에 의존할 수밖에 없다. 그럼에도 우리가 불편함 없이 공존하는 비결은 관계를 규제하는 암묵적 규칙들이 잘 작동하기 때문이다. 경제가 가능한 것도 따지고 보면 사회적 관계를 규제하는 공식적·비공식적 규칙이 작동하기 때문이다. 그래서 사회는 경제의 비경제적 토대이다.

사회적 관계의 요소를 가장 잘 담고 있는 것은 공동체와 가족이다. 계약에 기반을 두고 교환이 이루어지는 시장은 익명성과 효율성을 추구한다. 위계적 명령에 따라 움직이는 국가는 정당성과 공정성을 추구한다. 그러나 공동체의 계약은 시장계약보다 훨씬 암묵적이고 사람들 간의 상호작용은 시장에서보다 훨씬 더 호혜적이다. 공동체의 존재 근거는 지배의 정당성보다 훨씬 원초적이며, 사람들 사이의 상호작용은 법률이 제시하는 공정성보다 훨씬 민감하다.

거시적 수준에서 조정 제도를 구성하는 대표적 요소로 학자들은 흔히 시장, 정부, 그리고 공동체를 든다. 각자는 독특한 조정의 양식을 가지고 있다. 그래서 때로는 원칙상 모순되기도 하고, 한 가지 방식의 실패는 다른 방식의 조정 양식에 의해 대체된다(Hollingsworth and Boyer, 1997). 시장의 실패는 정부 개입으로 해소하고, 정부의 실패는 외부화를 통해 해결하는 것이다. 그러나 이러한 제도적 환경 속에서 개인은 시장, 정부, 그리고 공동체의 세 요소와 동시에 관계를 맺는다. 인간은 시장에 참여할 때는 교환가치를 추구하는 존재이며, 정부와의 관계에서는 공정한 시민권과 정치적 참여를 요구하는 존재이다. 그러나 공동체 내에서는 유사한 가치를 추구하며 연대감을 기대하고, 또 상호작용을 통해 친밀성을 추구한다.

이 책을 관통하는 주제는 엄연히 구분된 영역인 시장과 정부, 그리고 공동체가 개인의 삶에서는 서로 모순되지 않게 통합된 삶의 장이라는 점이다. 본래 경제와 사회는 통합된 실체였다. 시장교환은 사회적 관계의 맥락 위에 놓여 있었고, 호혜성과 배려는 가족이나 공동체에만 국한된 것이 아니라 모든 교환의 자연스러운 토대였다. 인류의 유구한 역사를 놓고 볼 때 시장경제가 자리 잡은 근대 이후 사회의 역사는 오히려 예외적이라고 할 것이다. 시장경제가 예외적인 구조임에도 놀라운 영향력을 발휘하게 된 배경에는 '가치'를 일정 부분 반영하되 객관적 화폐단위로 표현되는 '가격'이 교환의 토대가 되었기 때문이다.

이 책이 주목한 첫 번째 키워드는 '사회적 경제'이다. 사회적 경제에는 다양한 개념과 내용이 포함되는데, 대체로 어떤 경로를 거쳐 사회적 경제가 활성화되었느냐에 따라 그 성격이 결정되는 경향이 있다. 포괄적으로 경제활동의 제도적 유형론을 제시한 라이트(Erik Olin Wright)는 경제를 조정하는 결정적 요소가 시장인지 계획인지, 경제활동을 주도하는 이해관계가 공적인지 사적인지, 행위자들 간의 협력을 끌어내는 힘이 국가 권력인지 자발적 결사체인지, 행위를 규제하는 규범이 권리에 기반을 둔 것인지, 혹은 필요에 기반을 둔 것인지 등에 따라 다양한 경제유형을 구분하고 있다.

그의 다차원적 구분에 따르면, 모든 것을 교환의 대상으로만 삼는 이윤추구가 경제활동의 유일한 동기라면 그것은 전형적인 '자본주의 경제'이다. 그러나 이윤추구 이외에 인간이 가진 기본적 필요를 충족시키기 위한 사회적 공급의

그림 9-1 사회적 경제를 판별하는 세 차원의 개념공간

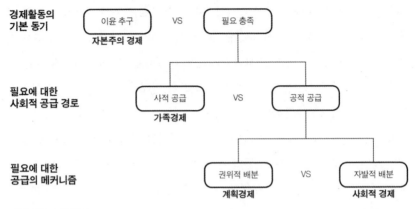

자료: Wright(2010a).

경로가 존재한다. 그중에 사적인 경로를 통해 그 필요를 충족시키는 경우를 '가족경제'라고 한다. 반면에 공적인 경로를 통해 필요를 충족시키는 경우에는 두 가지 경로가 존재하는데, 국가권력을 통해 권위적으로 배분하는 메커니즘 이 작동하는 경우에는 '계획경제'로, 다양한 행위자들의 자발적 배분을 거치는 경우에는 '사회적 경제'로 구분할 수 있다.

이러한 정의에 따르면 사회적 경제는 이윤추구보다는 필요의 충족에, 사적 인 방법보다는 공적인 방법에 의존하며, 국가에 의한 배분보다는 자발적 배분 에 따르는 경제활동을 의미한다.

현실적으로 경제체제는 국가권력이나 경제권력뿐 아니라 시민사회의 사회 권력에 의해서도 영향을 받는다. 여기서 사회권력이란 자발적 결사체와 집합 행동의 역량에 의해 결정되는 권력을 의미한다. 따라서 역사적인 발전경로를 보면, 세 권력자원 간의 상호작용이 어떠했느냐에 따라 다양한 형태의 경제체 제가 발전해왔다. 대체로 경제권력이 국가권력이나 사회권력의 영향을 받지 않은 경우에는 영미형의 자유주의적 시장경제로 진화한 반면, 시민사회의 역 능화를 통해 국가권력이 사회권력의 통제하에 놓이게 되어 경제권력을 조정

할 수 있게 된 북유럽 국가의 경우에는 계급타협을 통한 사회민주주의 체제로 진화했다.

반면에 한국에서는 강력한 국가권력에 의해 경제권력과 시민사회가 순치되고는 했다. 과도성장국가의 제도적 유산이 강하게 남아 있는 것이다. 그래서 사회적 경제의 성장과정에서 시민사회의 사회권력이 상대적으로 강했던 유럽형이나 경제권력이 강했던 영미형과는 사뭇 다른 방식으로 진화할 것임을 짐작게 한다.

두 번째로 이 책이 주목한 키워드는 '사회적 가치'이다. 가치와 가격 간에는 긴밀한 연관성이 존재하지만, 곰곰이 따져 보면 서로 전혀 다른 성격을 가졌다. 가치가 주관적이라면 가격은 객관적이다. 가치가 내재적이라면 가격은 외재적이다. 가치가 타당성과 밀접하다면 가격은 신뢰성과 더 긴밀하게 연결된다. 가치와 가격은 일치할 수도 있지만 일치하지 않는 경우가 더 많다. 둘 사이에 불일치가 일어나는 가장 큰 이유는 경제학자들이 상정하는 가정, 즉 정보 획득의 용이성이 현실적으로는 불가능한 경우가 많기 때문이다. 상품이나 노동력, 그리고 자본의 가치는 가격에 반영된다는 것이 경제학적 사고의 토대이다. 그러나 문제는 사물의 가치를 적절하게 평가하여 가격을 매기는 일이 불가능하거나 매우 어려운 경우도 비일비재하다는 점이다.

인류의 역사를 보면 가치를 객관화하고자 하는 다양한 시도들이 있었다. 가격체계는 그런 점에서 가치를 일정한 기준으로 환산 가능하게 만들고, 또 그것을 보편적 기준에 의해 교환 가능하게 만드는 중요한 수단으로 작용했다. 시장에서의 교환을 통해 언제든 교환할 수 있는 화폐는 가격체계의 정당성과 효율성을 상징한다. 시장교환이 가능한 가격체계는 화폐의 액면가격을 지급해줄 것을 보증해주는 중앙은행의 공적 권위 없이는 성립할 수 없는 것이다.

바람직한 사회적 가치에 가격표를 매기고자 하는 노력의 결정판은 국내총생산(GDP) 개념에 집약되어 있다. 세계대전과 대공황이 휩쓸고 지나간 지구상에서 가격으로 표시할 수 있는 경제활동의 결과물로서 재화와 용역의 가격을 합해 화폐단위로 나타낸 국내총생산 개념은 매우 단순한 것이지만, 그것이 국민들의 소득수준을 나타내는 대표적인 지표로 사용되면서 절대적인 중요성을 갖게 되었다. 그것이 국민들의 행복한 삶을 구현하는 가장 효과적이고 효율적인 수단이라는 생각을 많은 사람들이 공유했기 때문에 가능한 일이었다.

그러나 1934년 경제학자 쿠즈네츠(Simon Smith Kuznets)가 제시한 GDP 개념은 심각한 결함도 가지고 있다. 바람직한 가치에 대한 합의가 부재하기 때문이다. 과연 GDP가 높아지면 국민들은 더 행복할까? GDP에 여가시간은 포함되지 않는다. 어린 자식을 정성껏 양육하는 어머니의 사랑도 포함되지 않는다. 시장에서의 교환가격으로 환산하기 어려운 노동이기 때문이다. 그것뿐일까. 허베이스피리트호 기름유출사고로 자연환경에 엄청난 피해가 발생했어도 손실로 잡히지 않는다. GDP가 환경문제와 같은 외부효과를 반영하지 못하기 때문이다. 그리고 세금계산서가 발행되지 않는 맨손어업 어민들의 소득상실도 반영하지 못한다. 반면에 엄청난 방재비용과 보상액은 모두 GDP를 높인다. 천문학적 손실과 자연피해가 발생했음에도 불구하고 GDP는 높아지는 역설이 생기는 것이다.

이런 GDP에 대한 반성은 삶의 질이나 사회의 질, 사회적 웰빙(social well-being), 혹은 지속가능성을 측정하기 위한 여러 나라들의 노력으로, 그리고 UN이나 OECD 같은 국제기구들의 지표와 노력으로 다양하게 표출되었다.

그래서 가격으로 반영되지 않는 가치는 늘 심각한 논란의 대상이 되었다. 상품이나 노동력, 자본 등의 실제 가치는 100% 정확하게 인지되지 않는다. 다만 겉으로 드러나는 관찰 가능한 속성에 의해 그 가치가 유추될 수 있다. 예를 들면 중고차의 관찰되는 속성은 크기, 주행거리, 색깔, 출고연도 등이다. 반면에 겉으로 쉽게 관찰되지 않는 속성은 내구성, 엔진의 열손실 정도, 자동변속기의 마모 정도 등이다. 노동력의 관찰 가능한 속성은 노동자의 연령, 근속연수, 학력, 성 등이다. 반면에 드러나지 않는 속성, 따라서 오랜 시간이 경과한 후 비로소 발견되는 속성은 노동자의 일에 대한 헌신도, 숙련도와 지식수준 등이다. 마찬가지로 대학 지원자들은 대학의 규모, 설립연도, 교수의 수, 지난해 입학자들의 평균 수능점수 등과 같은 겉으로 드러나는 속성들에 대해서는 잘 알지만, 교수들의 강의의 질, 제반 교육여건, 도서관 장서의 수준 등에 대해서는 소상히 알지 못한다. 많은 언론기관이나 평가기관들이 전 세계의 대학을 평가하지만 평가기관마다 그 결과는 들쭉날쭉하다. 그만큼 바람직한 가치를 객관화하는 일은 쉽지 않은 일임을 알 수 있다.

따라서 행위자들은 자신에게 주어진 정보하에서 얻어진 정보를 최대한 종합하고 분석하여 사물의 가치를 평가한다. 또한 자신의 재화나 기술을 최대한으로 가치 있게 하기 위해 다양한 형태의 신호(signal)를 발산하고자 한다. 예를 들자면, 농산물을 싱싱하게 보여 판매가치를 높이기 위해 탈수방지제를 뿌리는 행위나, 중고차 딜러가 차를 깨끗이 청소해 외관상의 아름다움을 높여 판매가능성을 높이는 행위, 그리고 전문대학원 수료증을 취득함으로써 자신의 경력을 화려하게 보이고자 하는 지방자치선거의 입후보자 등이 이에 해당된다. 심지어는 일부 대학들은 전년도 입시에서의 커트라인 대신 합격자 평균점수만을 발표해 학교의 위상을 높이고자 한다.

하지만 더 심각한 문제는 개인이 선호하는 가치가 아니라 사회적으로 선호되는 가치의 경우에 발생한다. 행복은 개인의 심리현상이라 믿기 쉽다. 그러나 그동안의 행복연구들이 도달한 결론은 개인의 자율성과 잠재력을 극대화할 수 있는 사회적 조건이 어떠한가가 행복에 결정적인 영향을 미친다는 점이다. 최근의 연구들에 따르면 개인의 행복은 단순히 경제적인 소득이나 자산만으로 결정되지 않고, 사회적 관계나 사회생태적 특성에 의해 민감하게 영향을 받는다고 한다. 그래서 개인 행복과 사회적 웰빙은 떼려야 뗄 수 없는 관계에 놓여 있다는 것이다.

유럽의 연구자들은 사회의 질(social quality)을 높이는 일의 가치를 높이 평가한다. 사회의 질이란 '각 개인들이 자신의 복지나 개인적 잠재력을 향상시킬 수 있는 조건하에서 사회경제적·문화적 공동체의 삶에 참여할 수 있는 정도'

를 의미한다. 사회의 질은 개인 수준의 삶의 질과 대비되는 사회 수준의 관계의 특성이며, 따라서 '한 사회를 구성하는 시민들이 공동체 내에서 자신의 잠재력을 충분히 발휘하면서 경제적이고 문화적인 삶을 누릴 수 있는 정도'라고 정의할 수 있을 것이다. 그러나 사회생태계의 질을 높이기 위한 노력은 개인들에게는 직접적 효용을 높이는 일이 아니기 때문에 누구도 나서지 않을 가능성이 많다. 그래서 공유지의 비극이 발생할 수 있는 것이다. 그러한 대표적인 사례를 몇 가지 들어보자.

사회 전반적인 규칙의 투명성을 높이는 것이 많은 이들에게 선택의 불확실성을 줄이고 거래비용을 낮추는 길이 될 수 있다. 그러나 투명성을 높이는 일은 개인의 노력만으로는 불가능하다. 규칙위반자에 대한 처벌을 강화하고, 사회구성원 모두가 감시자가 되어 협력하지 않으면 해결되지 않는 문제이다. 그래서 집합행동을 용이하게 하기 위한 여러 가지 노력이나 사회적 장치는 큰 가치를 갖는다. 공적인 가치를 위해 자신을 희생하는 의인들에 대한 보상은 궁극적으로 사회 구성원 모두의 효용을 증대시키는 효과를 가진다. 교도소에 수감된 범죄자들의 재범률을 낮추는 것은 수감자들의 사회적응력을 높일 뿐 아니라, 불특정 다수의 사회구성원이 입을 범죄피해를 줄인다는 점에서 사회적 가치를 갖는다.

이 책의 세 번째 키워드는 '네트워크 사회'이다. 정보통신기술의 발전이 가져온 디지털 공유재의 확산은 사회적 경제의 지평을 대폭 확대하고 있다. 컴퓨터와 네트워크의 발달, 사물인터넷의 진전으로 인해 관료적인 위계 없이도 조직화가 가능한 유연한 사회가 만들어지고 있다. 이러한 유연성의 기본 문법은 네트워킹이다. 고도로 유연한 네트워크의 발달로 인해 전반적인 한계생산비용이 줄어들어 제로화하는 경향이 나타나며, 거의 모든 사물들이 인터넷으로 연결되다 보면 생산과 서비스의 자동화와 스마트화가 급속하게 진전될 것이다. 이러한 기술적 변화는 정형화한 일자리를 모두 대체하고, 과거에는 상상할 수 없었던 방식으로 공유의 범위를 넓히고 깊이를 심화시킬 것으로 예상된다. 이러한 기술적 진전이 가져올 사회적 경제의 변화는 지금까지 전통적으로 사회적 경제를 구성했던 요소들, 예를 들면 공유재의 성격과 범위, 호혜성이 작동하는 수준과 범위, 생산성에 영향을 미치는 고정자산의 가치, 자본동원과 투자의 방식, 제품의 판로, 과업 수행을 위한 조직화의 방식 등에 근본적인 변화를 가져올 것으로 예상된다. 그래서 지금까지와는 사뭇 다른 형태의 사회적 경제가 가능할 것으로 예상하게 된다.

이러한 세 가지 키워드에 대한 고민을 바탕에 두고 이 책은 모두 8개의 장으로 구성되었다. 전체적으로 보면 제1장부터 제3장까지는 사회적 경제를 둘러싼 개념과 역사, 사회성이라는 개념의 진화과정, 그리고 사회적 경제의 유형과 한국적 현실에 대해 다루었다. 개념적·역사적 접근인 셈이다. 제4장부터 제6장까지는 네트워크 사회의 도래에 따른 변화를 다루었다. 정보통신기술의 발달과 사물인터넷의 진전, 그리고 인공지능의 발달로 인해 미래 사회에서 디지털 공유재와 사회적 경제가 어떻게 결합하게 될지, 사회적 경제를 움직이는 조직들은 어떻게 변화할지, 그리고 급격한 변화과정에서 사회성이 어떤 사회적 갈등과 연결되어 나타날지를 다루었다. 그리고 마지막으로 제7장과 제8장에서는 왜 경제적 가치 외에 사회적 가치가 중요해졌는지, 새롭게 부상하는 가치는 어떤 것들인지, 그리고 사회적 가치를 평가하는 다양한 지표들은 어떤 형태를 가지고 있는지에 대해 다루었다. 각 장의 내용을 간략히 요약하면 다음과 같다.

제1장에서는 시장과 국가를 넘어 새롭게 발견되는 '사회'에 대해 다루었다. 최근의 인류 역사는 시장의 실패와 국가의 실패를 모두 경험한 자본주의가 새로운 변화를 추구하는 흐름으로 논의되고는 한다. 혹자는 자본주의 4.0이라 표현하는데, 창조성, 공동체성, 포용성 등을 강조하여 자본주의의 질적 전환에 대한 기대를 나타내는 표현이다. 이러한 변화는 영리를 추구하는 기업 영역에서조차 사회적 가치가 매우 중요해졌다는 점에서 확인할 수 있다. 이제는 기업의 활동도 준법의 범위 안에서 이윤을 추구하는 모범적인 기업시민의 모델

에서 사회적 공헌을 강조하는 시대를 거쳐, 이제는 적극적으로 사회적 가치를 추구하는 단계에 이르고 있다. 이런 변화의 배경에는 시대적 전환의 증상들이 자리 잡고 있다. 즉, 과거 어느 때보다도 '함께 살아가는 것'의 중요성이 다시금 주목받고 있는 것이다. 특히 액체근대로 상징되는 개인화, 유연화, 불확실성의 시대적 증상이 증대함에 따라, 파편화된 개인들로 가득찬 사회에서 '사회적인 것'의 의미는 새롭게 재해석의 대상이 되고 있다. '사회적'이라는 단어는 단순한 친교개념을 넘어서 집합성, 시민사회, 생활양식 등을 포괄하는 개념으로 그 의미가 풍부해지고 있다. 제1장에서 우리는 사회의 복원은 경제의 도덕적 기초를 복원하는 일이며, 시장가격으로 환원할 수 없는 사회적 가치인 공동체성을 복원하는 일이라고 보았다. 그리고 시장을 배태하고 있는 사회적 관계를 복원하는 일은 시장, 국가, 시민사회의 공진화를 필요로 함을 볼 수 있었다.

제2장에서는 호혜와 협력의 경제는 가능한가 하는 근본적 질문에 대한 답을 찾았다. 경제학의 문제의식은 인간이 이기적 존재라는 것이다. 그러나 행동경제학은 인간이 금전적 유인 이외에 규범이나 관습, 제도를 따르기도 하는 존재임을 보여준다. 인간은 경제적 존재이지만 동시에 사회적 존재이기도 하다. 그리고 이 둘 사이에는 모순과 갈등이 없다. 경쟁하기도 하지만 협력하는 존재가 인간이라는 점은 기억해둘 중요한 요소이다. 사람들 사이의 협력을 촉진시키는 조건은 소통, 네트워크, 제도와 규범 등이다. 사회적 경제의 가장 오래된 형태인 호혜경제도 그런 협력조건하에서 가능했다. 시장경제와 호혜경제의 근본적 차이는 다양한 사회적 동기들이 교환의 바탕이 된다는 것이다. 사회적 경제도 호혜적 관계에 기초를 둔 경제라는 점에서 오랜 역사를 가졌다. 선물경제의 현대적 버전이 공유를 근간으로 하는 협동생산방식이며, 공유와 협력을 내세우는 생산방식에는 다양한 사회적 가치들이 포함되어 있음을 확인할 수 있다.

제3장에서는 사회적 경제의 다양한 유형과 발전과정, 그리고 한국적 특성에 대해 다루고 있다. 사회적 경제란 '사회적 목적 추구를 우선하는 경제활동'을

총칭하지만 그 개념은 나라마다 조금씩 차이가 있다. 사회적 경제에 대한 개념규정이 매우 다양하게 나타나는 이유는 그것을 구성하는 주된 요소들이 그만큼 다양하기 때문이다. 예를 들면 사업의 목적이 얼마나 재무적인지 사회적인지, 조직이 얼마나 제도화되었는지 혹은 비제도화되었는지, 거버넌스가 얼마나 위계적인지 혹은 자발적인지 등에 따라서 매우 다양한 형태로 그 양상이 드러나고 있다. 이는 사회적 경제를 하나의 잣대로 줄 세우기가 불가능하다는 것을 의미한다. 비교적 명확하게 사회적 경제로 구분할 수 있는 것들은 사회적 기업, 신용조합, 공제회, 협동조합, 재단법정자산단체, 비영리법인 등이지만, 그 안에서도 얼마나 영리적 목적을 추구하느냐, 혹은 얼마나 비영리적이고 자발적인 참여에 기반을 두고 있느냐에 따라 많은 다양성을 보여준다. 최근에 '연대경제' 개념에 주목하는 논자들은 현 경제시스템에 대해 가장 적극적으로 대안을 추구하는 이들이다. 19세기 이전에 이미 오랜 역사를 가지고 발전해온 협동조합, 공제조합, 재단 등이 전통적인 사회적 경제조직이라면, 사회적 기업이나 마을기업 등은 최근에 발달한 사회적 경제조직이다. 1970년대 이후 유럽을 중심으로 사회적 경제가 새롭게 부흥하면서, 사회적 경제는 각국의 정부정책이나 유럽연합의 의제로도 중요하게 다루어지기 시작했는데, 그 이유는 복지국가의 위기를 맞아 생겨난 많은 사회문제들을 해결할 적합한 대안으로 주목을 받았기 때문이다. 자본주의의 다양성을 주장하는 학자들은 나라마다 자본주의가 진화해온 방식이 상이하다는 점을 강조한다. 예를 들면 단기적 계약을 중시하는 미국과 같은 시장형 경제에서는 기업거버넌스에서 주주의 역할이 중요하고, 경영자들은 단기적인 성과에 집중하며, 자본의 동원도 주식시장을 중심으로 이루어지며, 노동시장에서도 유연성을 극대화하는 단기적인 계약이 주를 이루어 이동성이 높다는 것이다. 반면에 독일 같은 조정시장경제에서는 장기적 관계를 중시하여 위험을 내부화하는 다양한 제도들이 기능적 호환성을 높이는 방식으로 발전해왔다. 같은 맥락에서 사회적 기업도 국가 간에 매우 상이한 방식으로 발전해왔다. 예를 들면 미국에서는 '시장친화형' 사회적 기업이 많은 반면, 유럽의 경우에는 '지역사회친화형' 사회적 기업이 더 활발하게 발달했다. 그렇다면 한국은 어떠한가? 한국의 사회적 경제의 가장 두드러진 특징은, 정부정책에 의해 육성되고 정부 지원에 의존하는 경향이 강하다 보니 사회적 경제의 대안성이 약하고, 정부의 인증제도를 따르다 보니 동형화의 경향이 강하게 나타난다는 점이다. 이러한 규범적 환경의 특성은 한국의 사회적 기업이나 경제조직들이 공공성과 자율성에서 아직은 많이 뒤져 있다는 점을 인식하게 한다.

그러나 사회적 경제가 지속가능하고 사회적 기업이 생존하려면, 상당한 수준의 혁신 역량을 갖추지 않으면 곤란하다. 특히 기술적 혁신력을 갖춘 소셜 벤처는 사회적 가치와 기술혁신역량을 결합한 바람직한 대안으로 부각되고 있다. 향후 사회적 경제의 미래에 대해서는 자본주의 체제의 대안으로 보고자 하는 급진적 입장에서부터, 국가와 시장의 보완적인 제3의 완충지대로 보는 입장까지 다양하다.

제4장에서는 사회혁신의 성격을 바꾸고 있는 네트워크 사회의 도래에 대해 다루고 있다. 네트워크화는 그동안 격리되고 닫혀 있던 사회들과 개인들을 서로 연결시킨다는 점에서 근본적으로 '열린 체계'로의 전환을 촉진하고 있다. 그래서 과거에는 상상할 수 없었던 방식으로 연결성이 확대되고 있으며, 그 결과 새로운 방식의 거버넌스가 작동할 여지가 많아졌다. 이는 과거의 위계적 조직과 달리 위계화된 조직구조 없이 조직화의 과정만이 존재하는 위키화의 경향이 매우 강해졌다는 것을 의미한다. 위키화는 새로운 자본주의의 가능성을 활짝 열어젖힌다. 리프킨은 인터넷 기술과 재생에너지의 위력이 결합하면 개방적이고 분산적인 구조가 확산되며 고도의 생산성 증대가 이루어져 한계비용이 제로가 되는 사회가 될 것이라는 낙관적 전망을 내놓는다. 제4장은 사물인터넷의 확장과 3D 프린터를 통한 주문생산의 확장, 그리고 공유가치에 대한 확산이 이루어지다 보면 새로운 공유경제가 급격히 확산될 것으로 전망하고 있다.

제5장에서는 기술 발달에 따른 디지털 공유재의 형성이 어떻게 사회적 경제의 지평을 확대할 것인지에 대해 보다 본격적으로 다루고 있다. 정보통신기술의 발달로 인해 네트워크화가 진행되면 유연성이 극단적으로 확장될 것이라는 것이 첫 번째 진단이다. 지식정보와 네트워크 관련 기술이 확장되면 전반적으로 한계생산이 감소하게 될 것이므로 극단적으로 분산된 형태의 생산이 가능할 수도 있지만, 네트워크 효과가 강화되면 심각한 승자독식이 이루어질 수도 있다는 점에서 미래에 대한 예측은 매우 양극적인 방향으로 이루어지고 있다. 더구나 컴퓨터와 인공지능의 능력이 인간의 인지능력이나 판단력을 넘어서 압도적으로 발달하게 되면 비약적인 생산성의 증가가 필연적으로 노동력을 급격히 대체하게 될 것이므로 '일자리'의 문제가 심각해질 전망이다. 이러한 기술적 변화로 인해 네트워크 경제에서 사회적 경제가 어떻게 변화할지 예측하기 위해서는 디지털 공유재의 성격이 무엇인가에 주목해야 한다. 여러 사람이 사용할수록 효용이 늘어나는 협력재적 특성과 불특정 다수가 연결될 수 있는 포괄성으로 인해 디지털 공유재는 사회적 경제의 호혜성과 쉽게 결합할 수 있다고 본다. 또한 네트워크 사회에 걸맞은 수평적이고 민주적인 거버넌스와 선택적 친화력을 가지기 때문에 사회적 경제를 확장하는 데 순기능이 있다고 보인다. 서로 다른 형태의 디지털 공유재를 둘러싼 조직체계를 사례로 해서 보면 보다 구체적으로 그 방향을 짐작할 수 있게 된다. 예를 들어 위키피디아는 누구나 그 가치를 축적하고 확신시키는 데 기여할 수 있는 오픈소스로서의 특징을 잘 보여준다. 또한 위키스피드나 3D 프린터는 디지털 공유재로서의 디자인의 효과를 잘 보여준다. 더 이상 한 개인이나 조직이 독점하지 않는 분산재로 작동하는 디자인은 누구든지 원하는 물건을 훨씬 낮은 비용을 투자해 생산할 수 있게 해준다. 더구나 여기에 더해 리눅스와 같은 오픈소스 운동은 누구든지 사용할 수 있는 소프트웨어를 확산시킴으로써 공유의 생태계를 넓히고 있다. 카우치서핑과 같이 숙박을 둘러싸고 주인과 손님을 무료로 매개하는 플랫폼은 사회적 경제의 토대를 근본적으로 확장할 잠재력을 갖는

다. 다만 앞으로 디지털 공유재가 확산되기 위해서는 지적 재산권의 문제, 인프라를 둘러싼 개방적 커뮤니티의 발전 전망, 조직구조의 양상 등이 큰 영향을 미칠 것이다. 그리고 그 발전의 양상은 얼마나 분산된 네트워크 거버넌스가 자리 잡느냐에 따라 달라질 것이다.

제6장에서 다루고 있는 것은 플랫폼을 통해 매개되는 교환이 발현하는 사회성의 문제이다. 네트워크 경제는 분명 새로운 사회적 경제의 가능성을 열어주고 있지만, 공유자원의 성격, 소유주체, 교환의 원리, 플랫폼 운영 조직의 성격 등에 따라 매우 다양한 특징을 보여줄 수 있다. 이 장에서는 공유경제가 가지는 사회적 성격에 주목했는데, 소유를 위한 소비와 대비되는 '공유'라는 점, 거래에서 드러나는 상호 호혜성, 그중에서도 개인 간 거래에서 나타나는 신뢰의 문제, 그리고 유휴자원을 나눠씀으로 해서 환경비용을 낮춘다는 점 등에서 특별히 '사회적 가치'가 잘 드러나는 것으로 이해했다. 그러나 공유경제가 확장된다고 해서 곧바로 이것이 사회적 경제의 확산에 기여한다고 보는 것은 성급하다. 왜냐하면 공유의 플랫폼에 기존의 시장가치를 지향하는 개인이나 기업이 대거 뛰어들 수 있고, 기존의 산업과 갈등할 수 있으며, 노동이 파편화되고 불안정해질 수 있고, 정치적 갈등의 소지도 안고 있기 때문이다.

제7장에서는 사회적 가치와 새로운 사회발전모델에 대해 다루고 있다. 최근의 현대사를 살펴보면, 과거 경제성장 중심의 발전모델이 점차 사회적 가치를 강조하는 방향으로 변화하고 있음을 알 수 있다. GDP 중심의 경제지표는 점차 삶의 질이나 사회의 질, 혹은 지속가능성이나 사회적 웰빙 등을 강조하는 방향으로 바뀌고 있다. 이처럼 발전의 내용에 대한 이해가 전면적으로 바뀌게 된 이유는 근본적으로는 더 이상 경제중심주의만으로는 인류의 삶이 지속가능하지도 않고 행복하지도 않다는 합의가 전 세계적으로 이루어지고 있기 때문이다. 결국 사회적 경제는 새로운 사회적 가치를 구현하기 위한 수단으로서 과거 어느 때보다도 그 중요성을 인정받게 되었다.

제8장에서는 사회적 가치를 평가하기 위한 다양한 시도들을 정리했다. 사

회적 가치라는 궁극적 가치가 중요하지만, 실제 이를 측정하는 데는 여러 가지 난관이 존재한다. 그 이유는 지향하는 가치가 가지는 혼합성과 중첩성 때문이다. 이처럼 동기와 방법, 목적에서 순수한 자선과 완전한 영리추구 사이의 혼합성을 추구하기 때문에 사회적 기업이 생산한 사회적 가치를 측정하는 일은 개념에서부터 대단히 어려운 과제를 부여한다. 아울러 사회적 가치는 외부성의 효과나 공공재로서의 특성을 가지기에 시장의 실패가 존재하는 영역이라는 점에서 기존의 가격기구로는 측정하기 어려운 한계를 갖는다. 게다가 사회적 가치를 측정하기 위해서는 과연 무엇을 측정할 것인지를 분명히 해야 하고 단기적 효과뿐 아니라 장기적으로 미친 효과까지 포괄해야 한다는 점에서, 그리고 개인이나 조직 수준의 성과뿐 아니라 거시적인 사회적 수준에서 어떤 결과를 낳는지를 측정해야 한다는 점에서 어려운 쟁점들이 남아 있다. 이 장에서는 구체적인 대안보다는 사회적 가치 평가방법의 거시적인 분류틀을 제시하고자 했다. 즉, 경제적 지표를 중심으로 화폐가치로 측정할 것인지, 혹은 주관적인 평가까지 포괄하는 사회적 지표를 만들 것인지 하는 차원과 함께 개별 조직 수준의 도구인지, 혹은 보다 넓은 지역이나 사회를 대상으로 하는 포괄적 도구인지에 관한 차원을 구분하여 양자를 교차함으로써 흥미로운 유형론을 제기하고 있다. 이 책에서 주목한 것은 모든 사례에 부합하는 하나의 모범답안은 없다는 것이다. 사회적 경제의 풍부한 생태계를 고려할 때, 오히려 조직이 신생조직인지 안정적으로 유지되어온 조직인지, 조직의 영향을 미치는 범위가 부분적인지 포괄적인지 등의 쟁점들을 고려하여 다양한 평가틀을 만들어가야 한다는 것이 이 논의의 결론이다. 그리고 그 평가의 틀을 만들어나가는 일 자체가 매우 혁신적이고 창의적인 작업이 될 것이며, 상당한 기간에 걸쳐 사례들이 누적될 때 풍부한 평가의 생태계도 만들어질 수 있으리라고 전망했다.

이러한 포괄적 접근을 통해 필자들이 도달한 결론은 사회적 가치의 문제가 우리 사회의 변화 방향과 긴밀하게 연관되어 있다는 점이다. 그러나 그 중요성에 비하면 사회적 가치를 평가하는 문제는 기술적 편의성이나 수단적인 효율성의 관점에서만 다루어진 감이 있다. 평가의 필요성에 대한 광범한 합의가 존재하지만, 무엇을 기준으로 실제 평가를 구체화할 것인가에 대해서는 의견이 분분하다.

이슈에 따라 다양한 평가기준들이 존재한다. 예를 들어 대부분의 공기업과 정부부처는 '공익성'이나 '효율성'이라는 추상적인 가치를 구체화한 기준에 따라 성과를 평가받는다. 세계 유수의 대학들도 '학문적 수월성'을 재는 다양한 기준에 따라 평가의 대상이 된다. 신용평가회사들은 기업별로 얼마나 투자가치가 있는 회사인지를 평가해 투자자에게 제공한다. 국가도 평가대상이 된다는 점에서는 예외가 아니다. OECD는 국가별로 그 나라 국민들이 느끼는 삶의 만족도를 평가하여 공개한다. 다양한 국제 NGO들은 주요 국가 국민들의 사회적 웰빙이나 행복감의 수준을 비교·평가하여 발표하고 있다.

이렇게 평가는 다양하게 진행되지만, 대부분의 평가는 많은 논란의 대상이 되기도 한다. 그 첫 번째는 신뢰도와 타당도의 문제다. 평가가 공정하기 위해서는 가치를 재는 잣대가 얼마나 신뢰할 만한지, 그리고 그것이 실제 가치를 측정하는 데 얼마나 타당한지 하는 문제가 해소되어야 한다. 그런데 평가의 신뢰도와 타당도는 서로 트레이드 오프(trade off) 관계에 있다. 신뢰도가 높은 평가는 대체로 타당성이 떨어지고, 타당성이 높은 평가는 대체로 신뢰도가 떨어지는 경향이 있다. 이러한 신뢰도와 타당도 간의 딜레마를 어떻게 풀 것인가가 가장 어려운 문제이다. 그 해법은 사회적 신뢰와 밀접히 연관되어 있다. 평가자에 대한 신뢰가 높은 사회에서는 타당성이 높은 질적 평가전략이 용인된다. 추천에 의한 평가가 대표적이다. 추천서는 오랜 기간 피추천자를 관찰한 추천자가 평가자에게 응축된 질적 평가를 제공하여 실제 능력을 가늠할 수 있게 해준다. 반면에 추천자를 신뢰하기 어려운 경우 객관적이고 양적인 평가에 집착하게 된다. 평가자가 바뀌거나 반복되더라도 같은 결과가 나오도록 하는 방법은 사지선다형 문제처럼 철저히 객관적 점수로 평가하는 것이다. 그러나 이 경우 평가의 신뢰도는 높지만 타당하지 못한 결과를 얻을 수 있다. 영어 시험점수가 높은 것과 외국어를 써야 하는 환경에서 얼마나 업무를 잘 수행하느냐는 전혀 다른 문제인 경우가 많다. 스펙 관리를 잘해서 높은 학점을 얻은 졸업생이 현실세계에서 더 능력을 발휘한다는 것을 보장하기 힘든 것도 마찬가지이다. 사회적 가치는 대부분 무형의 가치를 다룬다. 사회적 기업이 창출하는 사회적 가치는 협력, 신뢰, 호혜성 등의 추상적 가치인데 정성적 평가를 피할 수 없다. 그래서 '사회의 질'은 사회적 가치 평가에 대해서도 중요한 함의를 갖는다. 불특정 다수에 대한 신뢰수준이 높고 시민 참여가 활발한 사회에서는 타당성이 높은 실질적인 평가가 용이하다. 반면에 신뢰격차가 크고, 정치적 역능성이 낮은 사회에서는 스펙 쌓기형 경쟁이 두드러진다. 그래서 계량화하기 쉬운 시그널에 주목하는 경향이 나타나는 것이다. 결국 사회적 가치 평가가 제대로 이루어지기 위해서는 사회의 질적 수준을 높이는 것이 무엇보다도 중요하다.

둘째는 무엇을 평가하느냐는 하는 가치의 문제이다. 사회적 기업들이 만들어내는 사회적 가치를 사회성과크레디트(social progress credit: SPC)로 명명한다면(최태원, 2014), 이때 성과가 무엇인가 하는 것은 철학적이고 가치론적인 논의의 대상이다. 진보와 발전의 차이는 무엇인가, 그리고 발전과 성장의 차이는 무엇인가 하는 문제를 개념적으로 정리하지 않으면 가치를 구체화하기 힘들다. 그런 점에서 사회성과는 이미 암묵적이지만 어떤 사회적 가치를 전제하고 있다. 예를 들어보자. 장애자 노동에 대해 보상한다고 할 때 이것은 이미 신체의 기능 유무에 따라 차별하는 것은 곤란하다는 것, 즉 사회적 포용성(social inclusion)의 가치를 암묵적으로 전제하는 것이다. 취약계층에 대한 간병서비스와 소득보전의 가치를 인정한다는 것은 롤스(J. Rawls)의 분배적 정의 개념을 전제한다. 국내외 소농이나 소상공인들의 소득을 증진시키고 대자본에 의한 유통이익을 최소화하는 일은 공정성과 투명성의 가치를 전제하는 것이다. 아울러 자원 재활용과 환경오염 방지를 가치 있는 일로 여긴다는 것은 세대 간 정의와 지속가능성의 가치를 전제하는 일이다. 이처럼 무엇이 바람직한 것인가 하는 규범적 질문에 답해야만 사회적 가치를 구체적으로 측정하는 기준이 만들어질 수 있다. 이러한 점들을 고려한다면, 무엇이 사회적 가치인가에 대한 사회적 합의가 중요한 문제로 남는다.

셋째, 어떻게 그 성과를 측정할 것인가는 투입에 대비한 산출의 문제뿐 아니라 즉각적인 성과(output)를 볼 것인지, 장기적인 결과(outcome)를 볼 것인지, 혹은 구조적인 영향(impact)을 볼 것인지 등의 문제로 나누어 생각할 수 있다. 근본적인 사회적 문제에 대한 해결일수록 구조적 영향을 보아야 한다. 그런데 이 경우에는 성과를 평가하기가 쉽지 않다.

넷째, 사회적 기업의 생태계가 어떤 구조인지, 그리고 사회적 기업의 생애주기가 어떠한지에 따라 평가의 기준이 달라져야 한다. 협동조합법이 개정되고 많은 조합들이 새롭게 만들어졌지만 실제로 작동하는 조합의 수는 매우 제한적이다. 생태계가 확장될 때 신생조직일수록 신생의 불리함(liability of new-ness)이 크게 나타난다는 것은 잘 알려진 사실이다. 그래서 이러한 단계에서는 정교한 측정보다는 목적에 대한 분명한 인식과 미래 비전에 대한 설명능력을 검토하여 미래의 발전 가능성을 가늠하는 일이 훨씬 더 중요하다. 반면에 일정 기간 성장하여 궤도에 오른 조직들의 경우에는 체계적인 평가의 잣대를 들이대는 것이 가능할 것이다.

다섯째, SPC 미래상과 관련해서 보면 제도 설계의 차원에서도 고민할 부분이 많이 있다. 예를 들면 기업의 탄소배출권 거래시장, 장애자 고용부담금을 통한 고용촉진, 도박장 출입자를 대상으로 하는 중독치료부담금 부과, 승용차 구입자를 대상으로 하는 지하철채권 매입요구 등은 모두 긍정적 혹은 부정적 사회적 가치를 거래하는 시장을 제도화한 것들이다. 따라서 사회성과크레디트를 교환하는 시장을 만드는 것도 충분히 가능한 일이라 생각된다. 그러나 이기심을 기반으로 하는 제도가 늘 효율적인 것만은 아니다. 티트머스가 이미 주장한 바와 같이 자발적 헌혈제도를 운영한 영국에서 혈액의 상업적 거래를 허용한 미국보다 훨씬 혈액의 질이 높았고 혈액을 얻기 위해 들이는 비용도 훨씬 적었다는 것은, 편협한 이기심보다 이타적 동기를 강화하는 것이 더 좋은 성과를 가져온다는 관찰과도 통한다. 그런 점에서 SPC를 활성화하는 방안으로 사회적 성과를 극대화고자 하는 자선사업(impact philanthropy)과 결합하는 가능성도 생각해보아야 한다.

여섯째, 사회적 가치를 교환하는 제도 설계와 관련해서는 나라별로 독특한 차이를 고려할 필요가 있다. 자본주의라는 이념형은 한 가지인데도 불구하고 자본주의 유형론에서 현실적으로 존재하는 자본주의 유형은 다양한 것처럼, 사회적 기업의 유형도 나라마다 다양하다. 당연히 사회적 가치를 측정하고 이를 교환할 제도를 만들어낸다 해도 그 성격은 나라마다 다양하게 진화할 것이다. 대체로 유럽형 제도는 다양한 협동조합 활동을 촉진하는 강한 사회적 자본을 특징으로 한다. 그래서 사회적 경제의 환경이나 여기서 만들어지는 사회적 가치를 측정하고 지원하는 절차도 사회적 합의를 거쳐 법제화하는 경향이 있다. 이에 따라 정부가 세제를 지원하기도 쉽다. 반면에 미국형 제도에서는 시장경제 환경이 주를 이루고 상법상 회사가 중심이기 때문에 사회적 기업에 대한 정부지원이 미약하며 사회적 가치를 법제화하는 경향도 약하다. 이들과는 달리 한국형 제도는 그동안 심각한 정부의존 경향을 보여왔다. 사회적 자본이 취약하다 보니 자생적인 발전노력은 상대적으로 뒤지는 반면, 관치경제와 유사하게 정부가 나서서 사회적 기업을 인증하고, 또 평가의 기준도 획일적으로 제시되는 경향이 많았다. 이러한 점을 고려할 때 사회적 가치를 누가 평가할 것인지, 그리고 어떤 제도화 과정을 거쳐 그 얼개를 짤 것인지도 대해서는 신제도주의적 관점에서 접근하고 대안을 마련하는 것이 필요하다.

참고문헌

AccountAbility. 1999. "Accountability 1000 Framework".

_____. 2008. "AA1000 Accountability Principles Standard".

Alter, K. 2007. "Social Enterprise Typology", Virtue Ventures LLC. http://www.virtueventures.com.

Anderson, Chris. 2009. *Free: The Future of a Radical Price*. Hyperion.

Anderson, Elizabeth. 1995. *Value in Ethics and Economics*. Harvard University Press.

Arrow, Kenneth. 1962. "Economic Welfare and the Allocation of Resources for Invention." *The Rate and Direction of Inventive Activity: Economic and Social Factors*, pp.609~626. Princeton University Press.

Ascoli, Ugo., and Costanzo Ranci. 2002. *Dilemmas of the Welfare Mix: The New Structure of Welfare in an Era of Privatization*. Springer.

Autor, David. H., and David Dorn. 2013. "The Growth of Low-Skill Service Jobs and the Polarization of the U.S. Labor Market." *The American Economic Review*, 103(5), pp.1553~1597.

Autor, David H., Frank Levy and Richard J. Murnane. 2003. "The Skill Content of Recent Technological Change: An Empirical Exploration." *The Quarterly Journal of Economics*, Nov. 2003.

Barábasi, Albert-László, and Reka Albert. "Emergence of Scaling in Random Networks." *Science*, 286(5439), pp.509~512.

Barbham, D. C. 2012. "Crowdsourcing: A Model for Leveraging Online Communities." *The Participatory Cultures Handbook*, Ch.13.

Bauwens, Michael. 2014. "Towards the Democratization of the Means of Monetization: The Three Competing Value Models Present within Cognitive Capitalism." *Journal of Peer Production*, Issue 4, Jan 2014.

Beck, U. 2006. "Living in the World Risk Society." A Hobhouse Memorial Public Lecture given on Wednesday 15 February 2006 at the London School of Economics. *Economy and Society*, Vol.35, No.3, August 2006, pp.329~345.

Beck, U., and E. Beck-Gernsheim. 2002. *Individualization: Institutionalized Individualism and its Social and Political Consequences*. Sage.

Beck, W., Laurent J. G. van der Maesen, F. Thomeses and Alan C. Walker. 2001. "Social Quality: A Vision for Europe." *The Hague: Kluwer Law International*.

Belfanti, Carlo. 2004. "Guilds, Patents, and the Circulation of Technical Knowledge: Northern Italy during the Early Modern Age." *Technology and Culture*, Vol.45, No.3, July 2004, pp.569~589.

Benkler, Yochai. 2007. *The Wealth of Networks: How Social Production Transforms Markets and Freedom*. Yale University Press.

Benkler, Yochai, and Helen Nissenbaum. 2006. "Commons-based Peer Production and Virtue." *The Journal of Political Philosophy*, Vol.14, No.4.

Boldrin, Michele, and David K. Levine. 2012. "The Case Against Patents." FRB Working Paper Series. Federal Reserve Bank of St. Louis.

Bollier, David. "Lessons from the Corporatization of Couchsurfing," February 14, 2014. http://bollier.org/blog/lessons-corporatization-couchsurfing

Bollier, David, et al. 2012. *The Wealth of the Commons: A World Beyond Market and State*. Levellers Press.

BOND. 2003. "Logical Framework Analysis." BOND.

Borzaga, C., and A. Santauri. 1998. *Social Enterprises and New Employment in Europe*. Regione Trentino-Alto Adige, Trento.

Botsman, Rachel, and Roo Rogers. 2010. *What's Mine is Yours: The Rise of Collaborative Consumption*. Harper Business.

Boulding, Kenneth. 1956. "General Systems Theory: The Skeleton of Science." *Management Science*. 2, 3, April 1956, pp.197~208.

_____. 1969. "The Grants Economy." *Michigan Academician* (Winter)[Reprinted in Collected Papers of Kenneth Boulding, Vol.II: Economics. 1971. Fred R. Glahe (ed.). Boulder, CO: Colorado Associated University Press, pp.177~185.

Browne, P. L. 2000. "The neo-liberal uses of the social economy: non-profit organi-
zations and workfare in Ontario." in E. Shragge and J.-M. Fontain(eds.), *Social
Economy: International Debates and Perspectives*, Montreal: Black Rose Books.

Callaway, Andrew. "Apploplitation in a City of Instaserfs." *Canadian Centre for Poli-
cy Alternatives.* 2016/1/1, https://www.policyalternatives.ca/publications/moni-
tor/apploitation-city-instaserfs

Carroll, G. R., 1985. "Concentration and Specialization: Dynamics of Niche Width
in Populations of Organizations", *American Journal of Sociology*, 90(6), pp.1262~
1283.

Castells, Manuel. 2000. "Materials for an Exploratory Theory of the Network Soci-
ety." *British Journal of Sociology*, Vol.51, Issue No.1(January/March 2000).

Chroman, A. 2010. "Social Return on Everything: You wanted to know in 30 se-
conds." http://ashoka.org/story/social-return-investment-everything-you-wanted-
know-30-seconds

Conference on Inclusive Capitalism Homepage. 2014. http://www.inc-cap.com/con-
ferences/conference-2014/general/

Dafermos, George. 2012. "Governance Structures of Free/Open Source Software Devel-
opment: Examining the Role of Modular Product Design as a Governance
Mechanism in the FreeBSD Project." Next Generation Infrastructures Found-
ation.

_____. 2014. "Open Design Commons and Distributed Manufacturing." Commons
Transition. http://commonstransition.org/open-design-commons-and-distributed-
manufacturing/

de Bruijn, Eric. 2010. "On the viability of the Open Source Development model for
the design of physical objects: Lessons learned from the RepRap project." MSc
dissertation, Tilburg University.

Defourny, Jacques. 2001. "Introduction: From third sector to social enterprise." in
C. Borzaga & J. Defourny(eds.). *The Emergence of Social Enterprise.* London:
Routledge.

_____. 2004. "Social Enterprise in an Enlarged Europe: Concept and Realities."

EMES European Research Network. http://www.ces.ulg.ac.be/uploads/Defourny_J__2004__Social_enterprise_in_a_enlarged_Europe__concepts_and_realities.pdf

Defourny, Jacques, and M. Nyssen. 2008. "Defining Social Enterprises." in M. Nyssen (ed.), *Social Enterprise: At the Crossroads of Market, Public Policies and Civil Society*, pp.3~27. New York: Routledge.

Defourny, Jacques, L. Favreau and Jean-Louis Laville. 2001. "New Directions in a Plural Economy." in R. Spear, Jacques Defourny, L. Favreau and Jean-Louis Laville(eds.), *Tackling social exclusion in Europe: The contribution of the social economy*, pp.329~349. Aldershot: Ashgate Publishing Ltd.

Defourny, Jacques, and Patrick Develtere. 1999. "Social Economy: the Worldwide Making of a Third Sector." in J. Defourny, P. Develtere & B. Fontenau(coord.), *Social Economy: North and South*, HIVA, KU Leuven.

Denning, Stephen. 2012. "How Agile Can Transform Manufacturing: the Case of Wikispeed." *Strategy & Leadership*, Vol.40, Issue 6, pp.22~28.

Easterlin, Richard. 1974. "Does Economic Growth Improve the Human Lot? Some Empirical Evidence." in Paul A. David and Melvin W. Reder(eds.), *Nations and Households in Economic Growth: Essays in Honor of Moses Abramovitz*. New York: Academic Press.

Einstein, Albert. 2009. "Why Socialism?" *Monthly Review*, Vol.61, Issue 01(May).

European Commission. 2013. "Guide to Social Innovation."

Everling, Clark. 1997. *Social Economy: The Logic of Capitalist Development*. Routledge.

Evers, Adalbert, and Jean-Louis Laville. 2004. *The Third Sector in Europe*. Edward Elgar.

Favreau, L. 2000. "Globalization and the Social Economy: A North-South Perspective." in Eric Shragge and Jean-Marc Fontain, *Social Economy: International Debates and Perspectives*, pp.176~191. Montréal: Institute of Policy Alternatives of Montréal (IPAM).

Fehr, Ernst, and Simon Gachter. 1998. "How Effective are Trust-and Reciprocity-Based Incentives?" in Louis Putterman and Avner Ben-Ner(eds.), *Economics, Values and Organizations*, pp.337~363. New York: Cambridge University Press.

Fontain, Jean-Marc, and Eric Shragge. 2000. "Tendencies, Tensions and Visions in the Social Economy." *Social Economy*, pp.1~15. Black Rose Books.

Frey, C. B., and M. A. Osborne. 2013. "The Future of Employment: How Susceptible are Jobs to Computerisation?" Oxford Martin Programme Working Paper.

Gates, Bill. 2008. "A New Approach to Capitalism in the 21st Century." Keynote speech at World Economic Forum 2008.

Gladwell, Malcolm. 2006. *The Tipping Point: How Little Things Can Make a Big Difference*. Little Brown and Company.

Goldenberg, Mark. 2004. "Social Innovation in Canada: How the non-profit sector serves Canadians ··· and how it can serve them better." Ottawa: Canadian Policy Research Networks.

Granovetter, Mark. 1978. "Threshold Models of Collective Behavior." *American Journal of Sociology*. Vol.83, No.6(May), pp.1420~1443.

_____. 1985. "Economic Action and Social Structure: The Problem of Embeddedness." *American Journal of Sociology*, Vol.91, Issue 3(Nov), pp.481~510.

Griffin, Angier. 2009. "Even More for Your Money." Pentagon Partnership, Tyne & Wear.

Hagiu, Andrei, and Julian Wright. 2015. "Multi-Sided Platforms." Harvard Business School. http://www.hbs.edu/faculty/Publication%20Files/15-037_cb5afe51-6150-4be9-ace2-39c6a8ace6d4.pdf

Hall, Jon., Enrico Giovanni, Adolfo Morrone, and Giulia Ranuzzi. 2020. "A Framework to measure the Progress of Societies." OECD Statistics Working Papers. 2010/05, OECD Publishing.

Hayek, F. A. 1944. *The Road to Serfdom*. University of Chicago Press.

Hess, Charlotte, and Elinor Ostrom. 2005. "A Framework for Analyzing the Knowledge Commons." in *Understanding Knowledge as a Commons: from Theory to Practice*. Libraries' and Librarians' Publications, Paper 21.

Hirsh, Fred. 1976. *Social Limits to Growth*. Harvard University Press.

Hollingsworth, J. Rogers and Robert Boyer(eds.). 1997. *Contemporary Capitalism: The Embeddedness of Institutions*. Cambridge University Press.

International Federation of Robotics. 2012. World Robotics 2012. August 30.

IMF. 2014. "IMF Policy Paper: Fiscal Policy and Income Inequality." The Staff Report on Fiscal Policy and Income Inequality.

Kaplan, R. S. 2010. "Conceptual Foundations of the Balanced Scorecard."

Kawano, Emily, T. N. Masterson and Jonathan Teller-Elsberg. 2010. "Solidarity Economy I: Building Alternatives for People and Planet." Center for Popular Economics.

Kerlin, J. A. Voluntas. 2006. "Social Enterprise in the United States and Europe: Understanding and Learning from the Differences." *Voluntas: International Journal of Voluntary and Nonprofit Organizations*, 17 (September 2006), pp.246.

Laville, L. L. 2015. "Social and Solidarity Economy in Historical Perspective." *Social and Solidarity Economy: Beyond the Fringe*. United Nations Research Institute for Social Development(UNRISD).

Lessig, Lawrence. 2008. *Remix: Making Art and Commerce Thrive in the Hybrid Economy*. Penguin Books.

Lloyd, P. 2007. "The Social Economy in the New Political Context." in *Social Economy: Building Inclusive Economies*. OECD. pp.61~90.

M. Evans, C. Lawson et al., 2000. "The Contribution of Social Capital in the Social Economy to Local Economic Development in Western Europe: Key Concepts, Measures and Indicators." Concise Project(Middlesex: Middlesex University).

Markoff, John. 2011. "Armies of Expensive Lawyers Replaced by Cheaper Software." *The New York Times*, 2011/3/4.

_____. 2012. "Skilled Work, without the Worker." *The New York Times*, 2012/8/18.

Martin, Elliot, and Susan Shaheen. 2011. "The Impact of Carsharing on Household Vehicle Ownership." *Access Magazine*.

Marx, Karl. 1867. *Capital: Volume 1: A Critique of Political Economy*. Penguin Classics.

Mauss, Marcel. 1925. *The Gift: The Form and Reason for Exchange in Archaic Societies*. W. W. Norton & Company.

McCord, A. 2013. "Shockwatch & Social Protection." ODI.

McKinsey Global Institute. 2013. "Disruptive Technologies: Advances that will Transform Life, Business, and the Global Economy."

Milgram, Stanley. 1967. "The Small-World Problem." *Psychology Today*, Vol.1, No.1

(May 1967), pp.61~67

Moglen, Eben. 1999. "Anarchism Triumphant: Free Software and the Death of Copyright." August 1999. http://moglen.law.columbia.edu/publications/anarchism.html

Moore, G. E. 1965. "Cramming More Components onto Integrated Circuits." *Electronics*, Vol.38, No.8.

Morell, Mayo Foster. 2013. "Governance of Online Creation Communities for the Building of Digital Commons: Viewed through the Framework of the Institutional Analysis and Development."(Working Paper).

Mulgan, G. 2010. "Measuring social value." *Stanford Soc Innov Rev*, 8(3), pp.38~43.

Mulgan, G. et al. 2007. "Social Innovation: what it is, why it matters, how it can be accelerated." The Young Foundation.

Mulgan, G., R. Murray and J. Caulier-Grice. 2010. "The Open Book of Social Innovation." The Young Foundation.

New Economic Foundation. 2002. "The Money Trail." NEF.

Ninacs, William. 2002. "A Review of the Theory and Practice of Social Economy." SRDC Working Paper Series 02-02. Social Research and Demonstration Corporation.

_____. 2003. "Community Based Poverty Reduction: The Quebec Experience." Ottawa: Caledon Institute of Social Policy.

Nowak, Martin A., and Roger Highfield, 2011. *Super Cooperators: Altruism, Evolution, and Why We Need Each Other to Succeed.* Basic Books.

OECD. 2013. *How's Life 2013: Measuring Well-being.*

Offer, A. 1997. "Between the Gift and the Market: the Economy of Regard." *Economic History Review*, 50(3), pp.450~476

Parigi, Paolo, and Bogdan State. 2014. "Disenchanting the World: The Impact of Technology on Relationships." Unpublished paper. Stanford University.

Payne, Jude, and Ross Burnside. 2003. "The Social Economy in Scotland." SPICe briefing. 30 July 2003. 03/56. The Scottish Parliament.

Pestoff, Victor A. 1992. "Third Sector and Co-operative Services: An Alternative to Privatization." *Journal of Consumer Policy*, March 1992, Vol.15, Issue 1, pp.21~45.

_____. 2005. "Third Sector and the Democratization of the Welfare State: Revisiting the Third Sector and State in Democratic and Welfare Theory." Mittuniversitetet. Mid Sweden university.

Plotz, T., and G. A. Fink. 2009. "Markov Models for Offline Handwriting Recognition: A Survey." *International Journal on Document Analysis and Recognition*, Vol.12, No.4, pp.269~298.

Polanyi, Karl. 1971. *The Great Transformation: The Political and Economic Origins of Our Time.* Beacon Press.

Porter, Michael E., and Mark R. Kramer. 2011. "Creating Shared Value." *Stanford Social Innovation Review*, Jan-Feb 2011 Issue.

Powell, Walter W. 1990. "Neither Market Nor Hierarchy: Network Forms of Organization." *Research in Organizational Behavior*, Vol.12, pp.295~336.

Quarter, J. 1992. *Canada's Social Economy: Cooperatives, Nonprofits and Other Community Enterprises.* Toronto: James Lorimer & Company.

RAND Europe. 2011. "Lessens learned from the planning and early implementation of the Social Impact Bond at HMP Peterborough." Ministry of Justice Research Series.

Reich, Robert. "The Share-the-Scraps Economy." *Huffington Post*, 2015/4/4. http://www.huffingtonpost.com/robert-reich/the-sharethescraps-econom_b_6597992.html

Restakis, John, and Margie Mendell. 2014. "Public Policy for a Social Economy." FLOK Society.

Rifkin, Jeremy. 2014. *The Zero Marginal Cost Society: The Internet of Things, the Collabovarive Commons, and the Eclipse of Capitalism.* St. Martin's Griffin.

Rodriguez, Sandra I., Matthew S. Roman, Samantha C. Sturhahn and Elizabeth H. Terry. 2002. "Assessment and Reporting for the University of Michigan's Ann Arbor Campus." Report No.CSS02-04. Center for Sustainable Systems. University of Michigan.

Sahlins, Marshall. 1974. *Stone Age Economics.* Aldine Transaction.

Scearce, Diana, Gabriel Kasper, and Heather McLeod Grant. 2010. "Working Wikily." *Stanford Social Innovation Review*, Summer.

Scholz, Trebor. 2016. "Platform Cooperativism: Challenging the Corporate Sharing Economy." Rosa Luxemburg Stiftung.

Schor, Juliet. 2014. "Debating the Sharing Economy." A Great Transition Initiative Essay.

Sen, Amartya. 1985. *Commodities and Capabilities*. Oxford University Press.

Sennett, Richard. 2000. *The Corrosion of Character: The Personal Consequences of Work in the New Capitalism*. W. W. Norton & Company.

Shirky, Clay. 2011. *Cognitive Surplus: How Technology Makes Consumers into Collaborators*. Penguin Books.

Smith, Adam. 1759. *The Theory of Moral Sentiments*. Gutenberg Publishers.

Sommerrock, K. 2010. *Social Entrepreneurship Business Models: Inventive Strategies to Catalyze Public Goods Provisions*. Palgrave Macmillan: Hampshire.

Stack, Carol B. 1983. *All Our Kin: Strategies for Survival in a Black Community*. Basic Books.

Stallman, Richard. 1985. "The GNU Manifesto." Free Software Foundation.

Stephany, Alex. 2015. "Business of Sharing: Making it in the New Sharing Economy." Palgrave Macmillan.

Swedberg, Richard. 2003. *Principles of Economic Sociology*. Princeton University Press.

Tapscott, Don, and Anthony Williams. 2006. *Wikinomics: How Mass Collaboration Changes Everything*. Portfolio.

The Guild. 2010. "Getting Started in Social Impact Measurement." The Guild.

The People Who Share. 2013. "The State of the Sharing Economy." Opinium Research.

Tincq, Benjamin. 2012. "From Henry Ford to Joe Justice: Wikispeed, Manufacturing in the Age of Open Collaboration." *Ouishare Magazine*. 2012/10/25. http://magazine.ouishare.net/2012/10/wikispeed-agile-manufacturing/

Titmuss, Richard. 1970. *The Gift Relationship: From Human Blood to Social Policy*.

Utting, Peter. 2012. "The Challenge of Political Empowerment." UNRISD. 2012/03/24.

Utting, Peter et al. 2015. *Social and Solidarity Economy: Beyond the Fringe*. Zed Books.

van der Maesen, Laurent J. G. and Alan C. Walker. 2005. "Indicators of Social Quality: Outcomes of the European Scientific Network." *European Journal of Social Quality*, Vol 5, Issue 1/2.

Wikispeed Homepage. 2015. http://wikispeed.org/

Wood, Claudia and Daniel Leighton. 2010. *Measuring Social Value: The Gap Between Policy and Practice.* Demos.

Wright, Erik Olin. 2010a. "The Social Economy: A Niche in Capitalism or a Pathway Beyond? Preliminary notes towards an analysis." Paper presented at the meeting of the Analytical Marxism Group, Oxford.

_____. 2010b. *Envisioning Real Utopias.* Verso.

Yee, Jaeyeol, and Dukjin Chang. 2011. "Social Quality as a Measure for Social Progress." *Development and Society*, Vol.40, No.2.

Zagmani, Stefano, and Luigino Bruni. 2015. *Economia civile: Efficienza, equita, felicita publia.* Il Mulino.

고르, 앙드레(André Gorz). 2015. 임희근 옮김. 『에콜로지카: 붕괴 직전에 이른 자본주의의 대안을 찾아서』. 갈라파고스.

고재우. "서울시 이중잣대 '우버는 안 되고 '유료 카풀'은 되고." 이데일리, 2014/12/16 http://www.edaily.co.kr/news/NewsRead.edy?SCD=JG31&DCD=A00703&newsid=01226726606319176

구혜란·이재열 외. 2015. 『한국 사회의 질: 이론에서 적용까지』. 서울대학교 사회발전연구소.

권영준·심상달·정세열. 2007. 「공동체자본주의와 사회적 기업」, 공동체자본주의 심포지엄.

기획재정부. 2013. 「사회적 경제의 특징과 정책적 시사점」.

김동준. 2014. "어떻게 혁신적인 사회적 기업을 만들 것인가." 베네핏 매거진. 2015/11/15.

김병연. 2014. 「사회적 위기를 성장의 기회로」. 한국사회 재설계: 공공성 그리고 착한 성장 사회. SBS 미래한국리포트.

김성기. 2011. 『사회적기업의 이슈와 쟁점』. 아르케.

김성기 외. 2014. 『사회적 경제의 이해와 전망』. 아르케.

김성윤. 2011. 「사회적인 것의 재구성: 사회자본론, CSR, 자원봉사활동 담론들의 접합」.≪진보평론≫, 48, 188~206쪽.

김순양. 2008.「사회적 기업에 대한 성과평가 지표의 개발 및 적용」.≪지방정부연
구≫, 12(1), 31~59쪽.

김아리. 2012.「국내 기업의 지속가능성 보고서 작성 현황과 개선방안」. CGS Report, 4.

김왕배. 2010.「신뢰: 갈등의 해소를 위한 사회자본」.『현대사회문제론』. 파란마음.

_____. 2011.「'호혜경제'의 탐색과 전망: 유형적 분류를 중심으로」.≪사회와 이론≫.
2011년 2호 통권 제19집, 177~213쪽.

김용학. "3.6명만 거치면 한국인은 '아는 사이'."≪중앙일보≫, 2004/1/9. http://news.
joins.com/article/281193

김우식. 2006.「연결망, 불평등, 위법행동: 비도덕성을 생성하는 사회적 자본」.≪한국
사회학≫, 제40집 5호, 29~60쪽.

김윤태. 2015.『사회적 인간의 몰락』. 이학사.

김의영·임기홍. 2015.「한국 사회적 경제 조직 지형도」,≪오토피아≫, 30(1), 61~92쪽.

김정원. 2010.「한국의 사회적 경제 현황 및 전망」. 김정원 외.『사회적경제의 이해와
전망』. 아르케.

_____. 2014.「사회적 경제와 호혜: 경제 행위를 통한 사회의 재구성」.≪지역사회연
구≫, 제22권 제2호.

김진우. 2015. "공유경제와 이삭줍기: 최저가와 최고만 살아남는 글로벌 양극화." 슬
로우뉴스, 2015/5/6 http://slownews.kr/40394

김홍중. 2013.「사회로 변신한 신과 행위자의 가면을 쓴 메시아의 전투: 아렌트의 사
회적인 것의 개념을 중심으로」.≪한국사회학≫, 제47집 5호, 1~33쪽.

노대명. 2007.「한국 사회적 경제(Social Economy)의 현황과 과제: 사회적 경제의 정
착과정을 중심으로」.≪시민사회와 NGO≫, 제5권 2호.

_____. 2010.「제3섹터의 정통성 위기와 사회적 경제: 유럽과 미국의 제3섹터를 중심
으로」.≪보건복지포럼≫, 제162호 4월.

_____. 2014.「사회적 경제와 지역재생」.≪지역사회연구≫, Issue & Focus 제263호,
1~8쪽.

노대명 외. 2010.「한국 제3섹터 육성방안에 대한 연구」. 한국보건사회연구원.

드 보통, 알랭(Alain de Botton). 2011. 정영목 옮김.『불안』. 은행나무.

라준영. 2013.「사회적 기업의 기업가정신과 가치혁신」.≪한국협동조합연구≫, 31
(3), 49~71쪽.

_____. 2015. 「사회적 기업 생태계와 사회적 가치 측정」. 심상달 외. 『사회적 경제 전 망과 가능성』. 에딧더월드.

리피에츠, 알랭(Alain Lipietz). 2002. 박지현·허남혁 옮김. 『녹색희망』. 이후.

머니투데이. 2016.7.2. "사회문제 해결하고 돈도 벌고 … 신기한 채권." http://m.mt. co.kr/renew/view.html?no=2016071051114467895&type=outlink

민가영. 2014. 「신자유주의 개인화의 역설」. ≪문화와 사회≫, 16권, 187~222쪽.

바우만, 지그문트(Zygmunt Bauman). 2009. 이일수 옮김. 『액체근대』. 강.

박기남. 2013. 「개인화 시대의 여성운동 방향 탐색: 한국여성민우회의 회원 인터뷰를 중심으로」. ≪페미니즘 연구≫, 제12권 제1호, 73~116쪽.

변동건. 2003. 「지속가능한 발전에 관한 세계정상회의(WSSD)의 평가와 한국의 환경 정책에의 영향과 과제」. ≪社會科學研究≫, Vol.16, No.[2003]. 국민대학교 사회 과학연구소.

보울스, 새뮤얼(Samuel Bowles)·리처드 에드워즈(Richard Edwards)·프랭크 루스벨 트(Frank Roosevelt). 2005. 최정규 외 옮김. 『자본주의 이해하기: 경쟁/명령/변화 의 3차원 경제학』. 후마니타스.

사득환. 2000. 「새로운 천년을 향한 지속가능한 발전」. ≪지역개발연구≫, 8, 125~ 143쪽.

사회투자지원재단. 2014. 「지역기반 사회적 경제 가치측정 연구」.

샌델, 마이클(Michael Sandel). 2012. 안기순 옮김. 『돈으로 살 수 없는 것들: 무엇이 가치를 결정하는가』. 와이즈베리.

_____. 2014. 김명철 옮김. 『정의란 무엇인가』. 와이즈베리.

샤니알, 필리프(Philippe Chanial)·장-루이 라빌(Jean-Louis Laville) 외. 2008. 「프랑 스 시민사회의 경험: 정치, 경제적 차원 간의 간극을 잇기 위한 시도」. 아달베르트 에베르스(Adalbert Evers)·장-루이 라빌 편저. 『세계화 시대의 새로운 복지: 사회 적 경제와 제3섹터』. 서울: 나눔의 집.

서동진. 2009. 『자유의 의지 자기계발의 의지』. 돌베개.

서은주. 2010. 「지속가능경영보고서가 기업의 재무적 성과에 미치는 영향」. 인천대학 교 석사학위논문.

세넷, 리처드(Richard Sennett). 2002. 조용 옮김. 『신자유주의와 인간성의 파괴』. 문 예출판사.

_____. 2009. 유병선 옮김. 『뉴캐피털리즘』. 위즈덤하우스.

_____. 2013. 김병화 옮김. 『투게더: 다른 사람들과 함께 살아가기』. 현암사.

송백석. 2011. 「사회적 경제 모델과 한국의 사회적 기업정책」. ≪공공사회연구≫, 第1 卷 第2號, 5~32쪽.

송위진. 2014. 「사회적 경제 조직의 혁신활동 특성과 시사점」. ≪동향과 이슈≫ 제14 호, 1~22쪽.

송위진·장영배·성지은. 2009. 「사회적 혁신과 기술집약적 사회적 기업」. ≪정책연구≫, 12월호, 1~100쪽.

스콧, 제임스(James Scott). 2004. 김춘동 옮김. 『농민의 도덕경제』. 아카넷.

스티글리츠, 조지프(Joseph Stiglitz). 2003. 강신욱 옮김. 『시장으로 가는 길』. 한울아 카데미.

신경아. 2013. 「'시장화된 개인화'와 복지욕구」. ≪경제와 사회≫, 통권 제98호, 266~ 303쪽.

신명호. 2009. 「한국의 '사회적 경제' 개념 정립을 위한 시론」. ≪동향과 전망≫, 2009년 봄호(통권 75호), 11~46쪽.

신창균. 2013. "사회책임투자(SRI)와 사회투자수익률(SROI)." CGS Report, 70.

심상달 외. 2015. 『사회적 경제 전망과 가능성』. SK SE Center.

아이젠스타인, 찰스(Charles Eisenstein). 2015. 정준형 옮김. 『신성한 경제학의 시대: 한계에 다다른 자본주의의 해법은 무엇인가』. 김영사.

액설로드, 로버트(Robert Axelrod). 2009. 이경식 옮김. 『협력의 진화』. 시스테마.

엄형식. 2008. 『사회적 경제와 사회적 기업: 유럽 경험과의 비교와 시사점』. 실업극복 국민재단 함께 일하는 사회.

오용선·송형만·신승혜. 2007. 「독일의 사회경제 발전모델과 사회적 기업의 특성」. ≪환 경사회학연구≫, ECO 제11권 2호, 81~120쪽.

유종근. 2013. 『신뢰와 사회적 자본 어떻게 축적할 것인가』. 청어출판사.

유홍준·정태인. 2011. 『신경제 사회학』. 성균관대학교출판부.

윤형근. 2008a. 「사회적 협동의 호혜경제와 생명민주주의의 주체 형성」. 『녹색 대안을 찾아서』. 아르케.

_____. 2008b. 「신뢰와 호혜성의 통합의 관점에서 바라본 사회자본: 사회자본 개념의 이념형적 구성」. ≪한국사회학≫, 제38집 6호, 97~132쪽.

이성록. 2007. 『사회적 인간의 본성』. 미디어숲.

이승규·라준영. 2009. 「사회적 기업 가치측정 및 평가」. 함께 일하는 재단.

이원재. 2012. 『이상한 나라의 경제학』. 어크로스.

이은선. 2009. 「사회적 기업의 특성에 관한 비교 연구: 영국, 미국, 한국을 중심으로」. 《행정논총》, 47(4), 363~397쪽.

이재열. 2009. "'사회의 질'과 '삶의 질': 사회발전의 지표와 측정." 통계개발원(한국사회학회 특별심포지엄 "한국의 사회동향과 삶의 질", 프레스센터, 2009.4.24).

이재열·남은영. 2008. 「한국인의 사회적 자본: 인맥의 특징과 중간집단 참여 효과를 중심으로」. 《한국사회학》, 제42집 7호, 178~214쪽.

이재열 외. 2014. 『사회통계 프레임워크』. 통계청.

이창우. 2002. "리우+10 회의의 쟁점과 과제." 서울대학교 환경대학원 "이론과 실천 세미나".

자마니(Stefano Zamagni)·브루니(Luigino Bruni). 2015. 제현주 옮김. 『21세기 시민경제학의 탄생』. 북돋움.

장용석 외. 2015. 『사회적 혁신 생태계』. CS 컨설팅 & 미디어.

장원봉. 2006. 『사회적 경제의 이론과 실제』. 도서출판 나눔의 집.

_____. 2007. 「사회적 경제의 대안적 개념화: 쟁점과 과제」. 《시민사회와 NGO》, 제5권, 제2호.

장종익. 2014. 『협동조합 비즈니스 전략』. 동하.

장효안. 2007. 「사회적 기업에 대한 사회적 회계 적용에 관한 연구: 컴윈의 사례를 중심으로」. 한신대학교 석사학위논문.

전병길·김은택. 2013. 『사회혁신 비즈니스』. 생각비행.

정태인·이수연. 2013. 『정태인의 협동의 경제학』. 레디앙.

정혜영. 2002. 「BSC 성과보고서: 현행 재무보고서의 새로운 대안」. 《경영론집》, 36(2), 665~694쪽.

조계완. 2012. 『우리시대 노동의 생애: 자본, 시장, 그리고 노동』. 앨피.

《조세일보》, 2013.12.10. "한국기업, 'GRI 가이드라인' 활용률 세계 1위." http://m.joseilbo.com/news/view.htm?newsid=203936

조주현. 2012. 「후기 근대와 사회적인 것의 위기: 아고니즘 정치의 가능성」. 《경제와 사회》, 통권 제95호, 163~189쪽.

주성수. 2009. 『직접민주주의: 풀뿌리로부터의 민주화』. 아르케.

_____. 2010. 『사회적 경제: 이론, 제도, 정책』. 한양대학교 출판부.

주요섭. 2009. 「삶의 위기와 '호혜'의 상상력: 자립과 연대의 민생경제를 위하여」. 《환경과 생명≫, 2009년 봄호(통권 59호), 85~96쪽.

최나래·김의영. 2014. 「자본주의의 다양성과 사회적 기업: 영국과 스웨덴 비교연구」. ≪평화연구≫, 제22권 제1호, 309~343쪽.

최배근. 2012. 「경제의 네트워크화와 호혜영역 확장의 경향성」. ≪건국대 상경연구≫, 제37권 제1호, 171~200쪽.

최석현 외. 2011. 「지역친화적 사회적 기업의 지속가능성 연구」. 경기연구원.

최석현 외. 2015. 「경기도 사회적 경제 혁신을 위한 사회연대경제 모델 구축방안」. 경기연구원.

최정규. 2009. 『이타적 인간의 출현』. 뿌리와이파리.

최종렬. 2004. 「신뢰와 호혜성의 통합의 관점에서 바라본 사회자본: 사회자본 개념의 이념형적 구성」. ≪한국사회학≫, 제38집 6호, 97~132쪽.

최태원. 2014. 『새로운 모색, 사회적 기업』. 이야기가 있는 집.

칼레츠키, 아나톨리(Anatole Kaletsky). 2012. 위선주 옮김. 『자본주의 4.0: 신자유주의를 대체할 새로운 경제 패러다임』. 컬처인스토리.

크로폿킨, P(P. Kropotkin). 2008. 구자옥 옮김. 『상호부조 진화론』. 한국학술정보.

킨슬리, 마이클(Michael Kinsley) 엮음. 2011. 김지연 옮김. 『빌 게이츠의 창조적 자본주의』. 이콘.

폴라니, 칼(Karl Polanyi). 2009. 홍기빈 옮김. 『거대한 전환: 우리 시대의 정치경제적 기원』. 길.

한국임팩트평가. 2013. 「사회적 성과 평가의 역사와 현황 및 국내 적용에 관한 연구」. 한국사회투자.

홍석빈. 2009. 「사회적 기업의 지속 성장 가능성」. ≪LG Business Insight≫, 2009.5.6.

찾아보기

지은이

고동현   연세대학교 사회학과를 졸업하고 동 대학원에서 사회학 석사/박사학위를 받았다. 현재 서울대학교 사회발전연구소 선임연구원이며, 서울시교육청 홍보기획팀장, 문화체육관광부 전문위원을 역임했다. 주요 연구 주제는 정보사회학, 시민사회론, 사회적 경제 등이며, 최근 논저로 『경제사회발전모델의 사회적 합의 구축방안 연구』(2008, 공저), 「한국의 시민사회와 세대갈등」(2013), 「온라인 신뢰: SNS시대 루머확산의 문제와 대책」(2014), 『세월호가 우리에게 묻다: 재난과 공공성의 사회학』(2015, 공저) 등이 있다.

이재열   서울대학교 사회학과를 졸업하고 동 대학원을 거쳐 미국 하버드대학교에서 사회학 박사학위를 받았다. 현재 서울대학교 사회학과 교수이자 아시아연구소 한국사회과학자료원 디렉터로 재직 중이다. 한국사회의 연결망, 사회의 질, 사회적 웰빙 등에 대해 연구하고 있으며, 최근 논저로 "Social Capital in Korea: Relational Capital, Trust and Transparency"(2015), 『당신은 중산층입니까』(2015, 공저), 『한국사회의 질』(2015, 공저), 『아시아는 통한다』(2016, 공편) 등이 있다.

문명선   미시간대학교 사회학과를 졸업하고 서울대학교 사회학과에서 석사학위를 받았다. 이후 서울시사회적경제지원센터에서 근무하며 사회적 경제에 대해 큰 관심을 가지게 되었다. 현재는 여론데이터기업 칸타퍼블릭코리아에서 연구원으로 재직 중이다. 주요 관심 분야는 사회적 경제와 공공정책, 정책평가 등이다. 석사학위 논문 제목은 「주민운동의 활성화 요인에 관한 연구: 도시 아파트 단지 사례를 중심으로」(2014)이다.

한솔   스와스모어대학교(Swarthmore College)를 졸업하고 서울대학교 사회학과 석사과정 이수 중이다. 사회적기업가포럼의 (전)공동운영진으로서 사회적 경제 생태계를 활성화화는 일을 해왔으며, 사회적 기업가/사회혁신가들과 함께한 인터뷰들을 담은 『우리에게는 또다른 영토가 있다』(2014, 공저)를 썼다. 사회학적 통찰을 바탕으로 한 동적인 정치경제학적 이론화 작업에 관심이 있으며, 주요 관심 분야는 경제사회학, 노동사회학, 조직사회학 등이다.

사회적기업연구소　　한국고등교육재단 부설 사회적기업연구소는 사회적 기업에 대한 특화된 연구 기능 수행과 지원을 통해 관련 분야의 이론을 체계적으로 정립하고 해외 선진 기관들의 사례를 조사·전파하는 한편, 국내외 기관과의 협력을 통해 사회적 기업 관련 지식을 확산하고자 2013년 설립되었다. 국내외 주요 대학 내 사회적 기업 관련 연구 센터와의 협력 연구 사업, 정부-민간-학계 네트워크를 활용한 연구 과제 수행, 한국고등교육재단 주관 국제 학술 포럼에서의 사회적 기업 세션 운영 등 다양한 방식의 사회적 기업 관련 활동 및 연구 과제들을 수행하고 있다.

한울아카 1944
사회적기업연구소 연구총서 2

사회적 경제와 사회적 가치
자본주의의 오래된 미래

ⓒ 사회적기업연구소, 2016

지은이 ┃ 고동현·이재열·문명선·한솔
펴낸이 ┃ 김종수
펴낸곳 ┃ 한울엠플러스(주)
편 집 ┃ 배소영

초판 1쇄 발행 ┃ 2016년 12월 30일
초판 3쇄 발행 ┃ 2020년 11월 20일

주소 ┃ 10881 경기도 파주시 광인사길 153 한울시소빌딩 3층
전화 ┃ 031-955-0655
팩스 ┃ 031-955-0656
홈페이지 ┃ www.hanulmplus.kr
등록번호 ┃ 제406-2015-000143호

Printed in Korea
ISBN 978-89-460-6988-6 93330

* 책값은 겉표지에 표시되어 있습니다.

* 이 연구는 한국고등교육재단 부설 사회적기업연구소의 지원을 받아 수행됨.